高效运营

——企业运营最佳实践方案

章旸 著

ZHEJIANG UNIVERSITY PRESS
浙江大学出版社

图书在版编目(CIP)数据

高效运营：企业运营最佳实践方案 / 章旸著.
—杭州：浙江大学出版社，2016.11
ISBN 978-7-308-16367-5

Ⅰ.①高… Ⅱ.①章… Ⅲ.①企业经营管理—研究
Ⅳ.①F272.3

中国版本图书馆 CIP 数据核字（2016）第 247576 号

高效运营
——企业运营最佳实践方案

章旸 著

责任编辑	李玲如
责任校对	余梦洁
封面设计	雷建军
出版发行	浙江大学出版社
	（杭州市天目山路 148 号　邮政编码 310007）
	（网址：http://www.zjupress.com）
排　　版	杭州林智广告有限公司
印　　刷	杭州日报报业集团盛元印务有限公司
开　　本	710mm×1000mm　1/16
印　　张	15.75
字　　数	265 千
版 印 次	2016 年 11 月第 1 版　2016 年 11 月第 1 次印刷
书　　号	ISBN 978-7-308-16367-5
定　　价	56.00 元

序

几天前，和友人聊起一个话题：今天的中国有很多企业在国际舞台上取得了很大的影响力，也有了更多的"中国模式"在被世界各地的企业和机构关注与学习，但是，中国的管理学和认知能力却没有得到相似水平的认可，也还没有诞生真正有国际影响力的管理学大师……

中国在当代市场经济发展进程中当属"后来者"（late comer），其后发优势是学习快，不确定性低，不用做高风险的尝试性开拓，等等。管理学的发展与情境密切相关。众多中国企业利用后发优势，从一个落后的学习者，成长为快速的追赶者，甚至蜕变成为超越"追赶"的领先者。如此情景，应该且必须催生出与特定的情境相结合的现代企业管理理论。

正是如此，中国正处在一个基于中国实践的管理理论大发展的前夜。三四十年前，日本的崛起，伴随着很多的企业管理模式和理论，比如"丰田模式""Z理论""精益生产"等。而今中国崛起，我们的理论在哪里？沉寂背后，我们欣喜地看到了一大批学者正在潜心地研究这些中国特定情景下的管理问题。

章旸，高级工程师、高级经济师，科技部创新管理中心专家成员，正是这样的中国管理学的潜心研究者之一———在企业管理实践领域摸爬滚打多年，从未放弃钻研和创新，抱着对管理学研究的执着和热情，致力于提升源自中国实践的管理学发展。

管理既是一门科学又是一种艺术。章旸是我所认识的、对这门艺术的总结和提升最为热衷的人士之一。作为长期从事企业管理专业认证的运营管理专业人士，他还担任了CMC国际注册管理咨询师、国际劳工局专家培训师等。在广州汽车零部件集团、杭州依维柯汽车变速箱公司、杭州前进齿轮箱集团、北京金风科技等企业管理实践一线有着丰富实战运营管理经验的他，还是个爱写会写会讲的专家。他积极投身于清华大学、上海交通大学的授课，常深入浅出地将其独到的见解和经验结晶分享给大众。2011年，他出版了个人专著：《成本驱动精益生产》；2012年，其专著《助推制造方式升级的齿轮箱企业精益生产》获国家级管理创新成果二等奖；2011年起，专业管理论文均每年刊登在清华大学年刊《清华IE纵横》。

令人印象深刻的是，他说："一个世纪前，也许你只需要拥有一定的知识和投身科研的精神，你就可以对一整片未知的领域独自进行科学探索，并成为一个伟大的发明家或发现家。但是当今的商品社会却是一个复杂的信息交互系统，唯有联结他人的能力和贡献，才能促成自身的进步和目标的达成。这种跨边界的协作形式，正是互联式管理企业的一个特征。"他还指出："现代杰出的制造型企业，在价值链中都毫无例外地体现着创新管理的深厚理念和卓越成效，因此能够获得长期可持续发展。在现代以'互联网＋'为基础的新商业时代，企业能够加快产品、技术、知识等领域的创新速度，成为一个全新的智慧型与敏捷性兼备经营实体，在面向客户的服务中，能够以为客户创造价值为中心，提供整体解决方案，为客户提供定制化的产品和服务。"

…………

在汽车制造领域从业多年的他，有着自己对运营管理的独到见解。本书《高效运营——企业运营最佳实践方案》就是他长期在实践一线用心、用情专注研究的成果。

"高效运营"是任何一家公司的董事会、老板、管理层乃至员工们都希望做到的事，而绝大部分公司却又普遍存在着管理效果和发展速度偏离预期目标的现象。因此，高效运营是任何一家公司都在极力追求的管理目标，也是优秀经理们脱颖而出的不二法门。

本书从架构到战略，再到战术，案例精彩，步步递进，环环紧扣，专业性、科学性极强。它首先从矩阵组织与项目管理方面解读企业运营并加以拓展，帮助读者建立高效运营的管理目标——始终将关注点放在可实现盈利的价值流程建设上；然后系统介绍了价值流程化与知识共享，又务实到目标管理体系、平衡计分体系、经营计划管理等先进工具；最后上升到企业文化与创新管理的高度，并加以丰富的案例阐述。

在本书的最后，章旸经实地考察后向读者详解了德国工业 4.0。我去过德国多次，同行交流的普遍意见认为，工业 4.0 不仅体现在产品的个性化上，而且是从根本上改变了生产的流程——利用物联网新技术，对整个生产线进行智能化改造，实现从传统的推动式生产系统，转变为体现新型人—机关系的拉动式生产体系。在这种改造中，"灵活性和效率"是其核心，管理架构是其基础。章旸对此的想法也正是如此。

很庆幸有章旸这样一批为中国企业管理水平的提升而孜孜不倦、潜心研究的专业人士。中国企业从来不乏激情，但是缺少理性的制度架构建设和非人格化的科学结构。这就需要我们在认真学习、借鉴前人理论和经验的同时，深入中国的企业，以国际化的视野，用科学的观念和方法去研究事物的本质规律。随着中国龙头企业的崛起，伴随着新的产业革命的兴起，相信以中国同仁的智慧和努力，一定会涌现出一批源自中国、又能影响世界的管理理论和管理大师；在中国，乃至全球，会涌现出更大一批在源自中国的管理理论指导下取得全球性成功的新型企业；让源自中国的现代企业管理理论在全球企业健康发展的新阶段中真正占有重要的一席！

吴晓波

浙江大学管理学院院长

2016 年 6 月

前　　言

所有企业都受到数据时代消费形态或客户需求形态的挑战，不能适应的企业将发生瓦解，释放出能力元素，而能力元素将重新组合为能够适应新商业环境的业务形态。试图利用行政体制去掌握或整合资源，将因为低效率和缺乏敏锐的商业感知能力而远离商业本质，难以形成对客户有吸引力的差异化服务及产品竞争力。

作为企业的高级管理者，当你面临行业的竞争格局发生变化、商业规则正在被重新编写、业务盈利模式在发生变化以及看到新的成长机会时，你能够充分应对还是会产生无力感？你能否有足够的能力去驱动组织把握新的业务逻辑、是否可以敏捷转型并捕捉商业机会？

管理者产生无力感的本质在于，自上而下的企业内部个人主义（权威）盛行，跨部门的团队协助基本不存在。企业和个人的能力大多用于磨合行政体制和权力通道，而不是体察客户的需求、培育能力和制订解决方案。

无力感的企业一般拥有稳固的行政中心架构，如图 1 中的 A 模式，每一层的管理者忙于指挥、管控和审批；而敏捷型的企业拥有紧密互联的能力中心架构如图 1 的 B 模式，管理者忙于激励、培训和优化过程。行政中心架构内的个体，遵循指令操作，唯唯诺诺，执行力优先符合行政逻辑；而能力中心架构中的个体，面对不同客户需求互联合作，制订解决方案，执行力首先满足业务逻辑。

毋庸置疑，企业要想达到高效运营的目标，我们采用（图 1 - B）的模式或向这种模式转型。对与处于 B 模式中的个体，我们可以简要描述他们的心智与行为特征：

（1）理解商业模式，以能够制定具体业务的解决方案的专业能力立足；

（2）能够审视外部环境，有独立判断、采取应对或捕捉机会的能力；

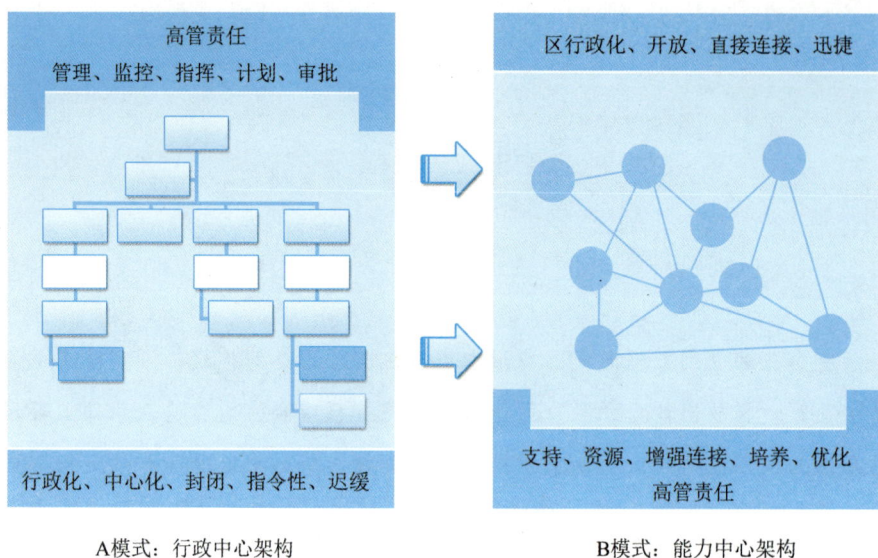

A模式：行政中心架构   B模式：能力中心架构

图 1   两种企业架构模式

（3）能够主动组织或参与各种协作，这些协助很可能是跨边界的，例如客户和供应商，享受技术生态繁荣带来的个人进步；

（4）拥抱数据，感知真实，积极反馈；

（5）不会满足现状，时常产生改进并渴望成功的冲动。

处于 B 模式中的组织，它的特征是：

（1）客户价值和社会价值并重，前者优先；

（2）组织的商业模式清晰，易于理解并富有吸引力；

（3）组织全力以赴提供一套支持能力有序运行的管理平台，充分授权；

（4）组织可以提供或协调各种有利资源，破除复杂边界，保持业务通道通畅；

（5）组织培养和促进能力的提升，以能力和业务贡献为导向实施激励；

（6）组织建立鼓励创新和迎接挑战的文化。

如果你认为 B 模式的组织形式可以满足你高效率的运营管理需求，就让我们沿着本书开启转型之旅。

目录
Contents

1

绪论　高效运营的管理目标

现代企业高效运营的管理目标是什么？个人认为，管理目标的制定者能够充分理解市场变化和客户需求，对创新性的商业模式有充分的理解和主张，并设计出满足市场商业价值和提供客户解决方案的运营管理模式。管理目标的出现，反映了互联网经济与万物互联的思维模式对企业运营管理的新需求。

21世纪，随着互联网经济的崛起，大数据分析和云计算的应用，客户从功能性产品需求转向产品＋服务综合解决方案的需求，而传统行业基于产品＋销售的商业模式的盈利能力已逐渐消退，客户期待供应商能够快速响应并提供多种增值服务。这种商业模式的转变要求企业对客户的经济系统有着高度的敏感性，能够及时预测和分析客户的需求和偏好，为客户提供综合解决方案，同时设计出符合客户价值需求和满足股东利益的领先商业模式。

企业商业模式将从产品导向过渡到服务导向，例如，在销售产品的前期，提供咨询服务或融资服务；在销售产品的后期，提供运维服务；在产品整个生命周期，提供整体解决方案。因此，企业的价值获取方式将发生很大的改变。

通用电气原首席执行官韦尔奇认为：对于市场上任何产品而言，其周围都存在一个更大的经济领域，产品自身仅仅是其中的一个子系统，产品是产生利润的催化剂，是驱动这些业务运转起来的启动装置。客户购买产品以后，还需要维修保养，融资，更换零部件，升级，等等。通常情况下，与这些"非产品"和"产品后"活动相关的收入是直接销售产品收入的许多倍。在盈利能力方面，二者的差异就更大了。企业的利润区正从产品转移到产品引发的下游活动中。因此，韦尔奇改变了通用电气企业设计的经营范围和价值获取机制，从而抓住了利润区转移的机遇。由于获得了这一部分产品的售后收入和利润，通用电气的售后服务和融资贡献了整体运营收入的40％。自20世纪80年代中期以来，通用电气的金融服务部门，即通用电气资本公司的年均净收入增长率为 18%，而同期通用电气其他业务的年均净收入增长率仅为 4%。

客户商业模式的创新给企业运营系统带来的挑战是前所未有的。传统的运营模式花费了大量的时间和精力用于调和内部管理缺陷和利益冲突，然而收效甚微，企业创新转型步履蹒跚，不断被更具创新精神的企业超越，最终丧失了商业活动价值。因此，企业高效运营的首要目标是充分检视现行管理的不足，将客户的价值诉求带入到企业内部运营管理的各个方面，创新性地吸收有益的管理思想，与企业优势活动有机结合，将知识运用到实践中，并实现管理模式的创新转型，为重构有竞争力的商业模式提供内核支持。

企业高效运营的关注点包括：

• 是否了解客户的真实需求是什么，能够超越竞争对手的要素在哪里？

• 是否为满足客户长周期和宽覆盖的价值诉求而制订了解决方案？

• 是否能提供智慧型的信息化界面与客户互动？

• 竞争要素是否嵌入到流程中并被准确执行？

• 如何在信息化的基础上对涉及市场营销、技术研发、供应链、制造与服务的流程实现高效的协同管理？

• 重要价值机会点和风险点是否得到评审？

• 运营的瓶颈环节/痛点在哪里？如何建设基于价值流程上的支持能力？

• 是否可以实现知识的积累并转变为一种专有的优势？

• 企业治理架构是否能够演绎为数字化架构（虚拟世界对物理现实的重构程度）？

企业对关注点的识别，意味着需要对现有工作不断加以改善，同时需要不断观察市场与客户的价值取向、技术发展方向、竞争者的产品及其制造流程以及供应商的选择取向。企业运营需要不断主动调整并适应市场与客户的价值取向，从中把握商业机会，并获得发展机遇。

高效运营管理架构的核心是客户需求的满足和产品体验的满意，分为客户价值产品需求和客户运营价值需求（见图1）。

客户价值产品需求

企业要全面分析并定义客户几乎所有的需求，全面掌握客户全资产寿命周期中

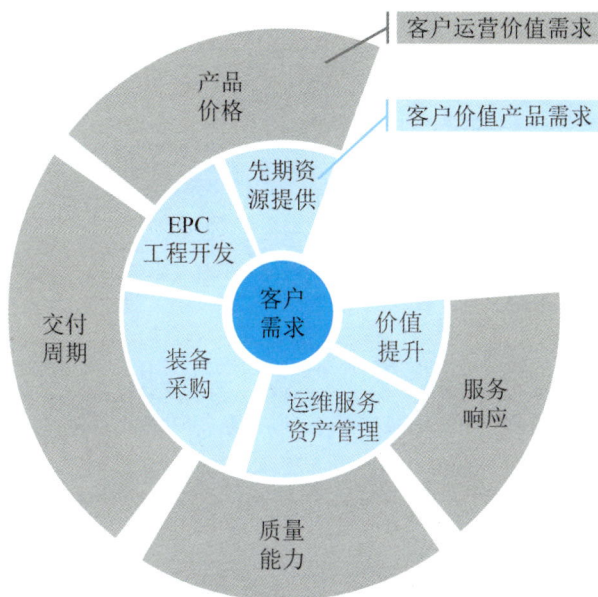

图 1 客户的需求模型

对于各种产品的需求强度和满足状况，并分析其商业合作模式的特点、采购偏好、购买能力等相关因素。价值产品包括具体的交付物，例如各类实体产品、工程项目、金融解决方案、运维服务等。相对而言，客户价值产品需求比较容易识别。

在数字化时代，企业通过大数据与云计算推进制造/服务过程全面升级，整合数字化产品与智能制造，推出智慧产品，解决客户痛点。这是满足客户深层次价值产品需求的重要途径。

客户运营价值需求

把客户的需求定义为对产品的购买欲望是不够深入的，只有深入地了解客户的商业管理模式和其在运营管理上的需求，甚至其员工生活、工作、交往的各个环节，企业才能设计出符合客户真正需求甚至超越其期望值的产品和服务。客户运营价值需求包括产品价格、交付周期、一站式服务、技术支持、质量保证和响应能力等。

客户运营价值需求需要通过对标才能进行识别，其管理范畴也更宽，且不同的客户对运营价值的敏感度是不同的，例如产品价格，即要求供应商拥有强有力的价格管理体系，在资源价格、物流价格、制造费用和资产占用费用方面必须做到最优（见图2）。

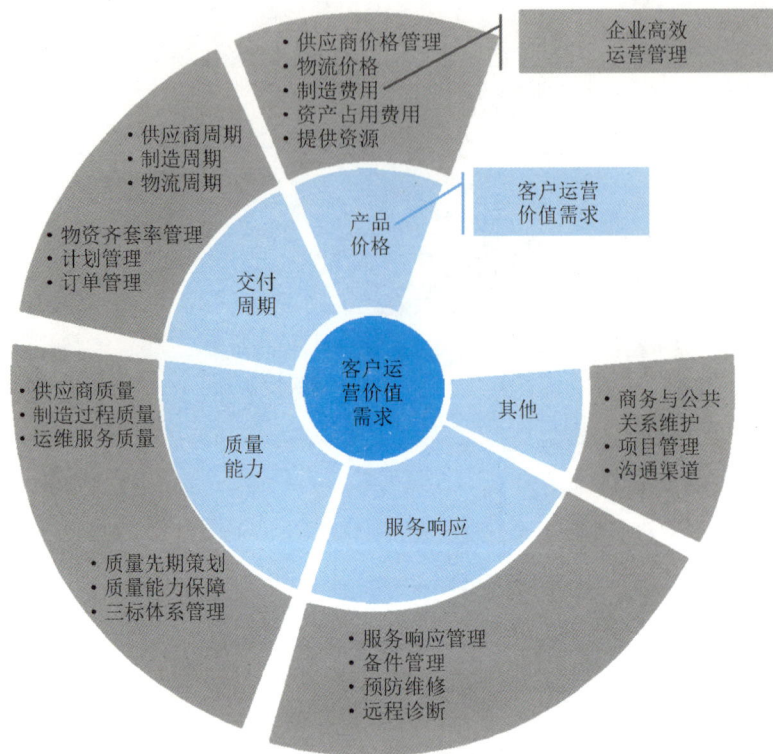

图 2　客户运营价值需求与企业高效运营管理的关系

提升企业运营价值的一项重要方式是，利用大数据对制造→服务过程和运营系统的效率进行分析并持续进行改善，通过提高产品和制造过程的智能感知技术，不仅能够大幅度提升人均劳动效率和质量水平，而且能够提升交付敏捷度。

基于客户价值产品需求和运营价值需求，企业需要设计全新的商业模式。

商业模式

企业的商业模式设计的关键是，你能为客户带来什么不能替代的价值，如何从为客户创造价值的过程中获得利润，其实质就是企业解决方案与运营管理如何汇聚资源来为客户提供超出期望的价值。也就是说，只有使企业的解决方案及运营管理与客户的价值需求高度契合，才能使企业获得更高的客户满意度。现代的商业模式设计需要与互联网融合并建立在数据模型上（见图 3）。

下面我们来研究高效运营的管理架构（见图 4）。本书的主要章节将依据此管理架构详细阐述。

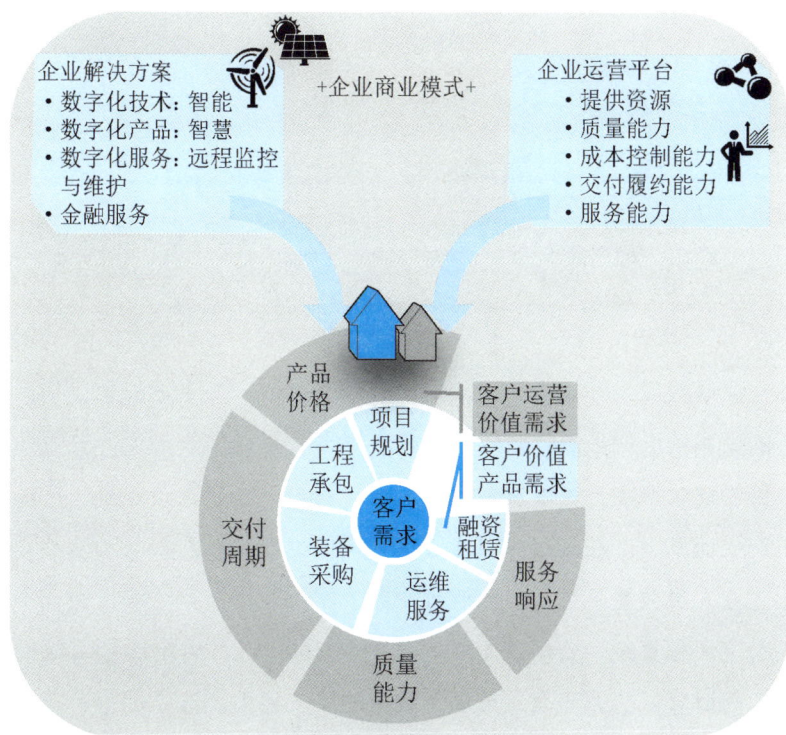

图 3 企业商业模式与客户需求的关系

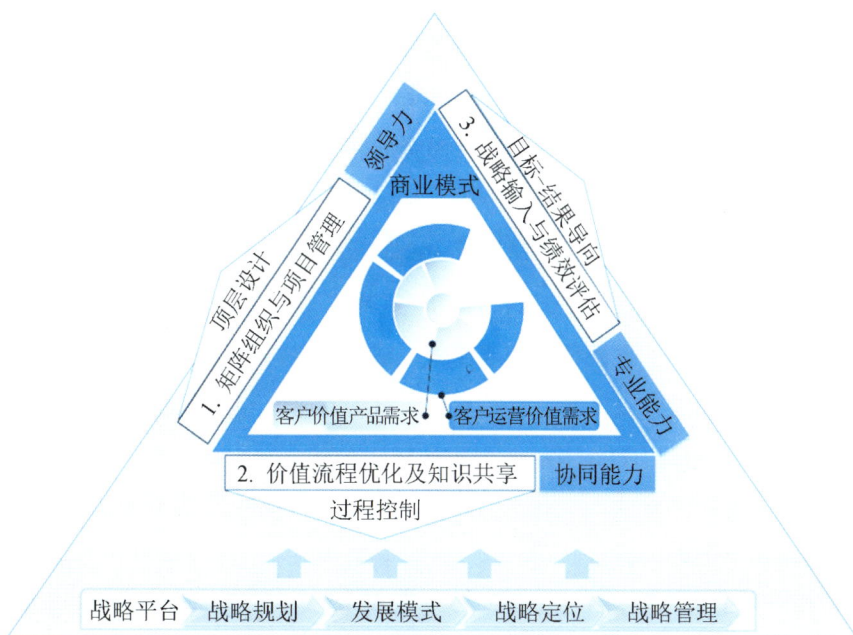

图 4 高效运营技术架构

1　矩阵组织与项目管理

在基于互联网应用和技术快速迭代的新经济时代，如果你的企业依旧保持着垂直向下的金字塔形的多层行政组织结构，那么我可以向你的竞争对手恭喜，因为你的项目管理效率将不足以提供竞争优势，而对手将在执行效率、产品交付周期、知识迭代速度、产品创新能力方面迅速将你抛在后面。

由于企业人员数量不可避免地随着业务的发展而增加，组织也会在不知不觉中变得更为庞大和复杂。公司从 100 人发展到 1000 人，组织的可驾驭程度将会大大降低，同时降低的，还有对市场的敏捷的反应能力。这是因为，随着人员数量的增加，业务流程和行政管理会相互交错，沟通方面的复杂程度将呈指数式上升，许多要素需要内部进行协调，涉及风险防范的任意一个事件都需要层层决策。组织内协同效率之低会让技术创新可能带来的规模经济徒劳无功，会让发现客户和市场的机会一再错失，会让创新人员充满激情的想象力一次次归于沉寂，而这一切，在客户看来，根本就是一种愚蠢的浪费资源的行为。

我们来观察这类金字塔形多层行政结构。如图 1.1 所示，在企业一个业务管理中心内（比方说销售中心、产品开发中心、工艺技术中心、制造中心、采购中心……），根据需要设立了副总监，再往下，根据业务需求设立了两个部门，那么就有两个部长，部长根据自身管理需求，很可能会向下设立副部长一职，那么再往下设立主管，主管以下才是执行层，而且，在各个级别还会设立名目众多的管理人员，例如助理或秘书，如此，这个中心内的行政架构就成型了。为了便于按级别管理，各级领导层自然会逐级向下设置授权，也就是说，中心总监按照管理幅度将权力适当授予副总监和部长，而部长按照类似的方案授权至副部长、主管。与之相对应，来源于执行层事务的审批将按照授权的路径从下往上递阅审批，最终可能会到达总监一级。而且这种架构，必然会出台一系列复杂的规章制

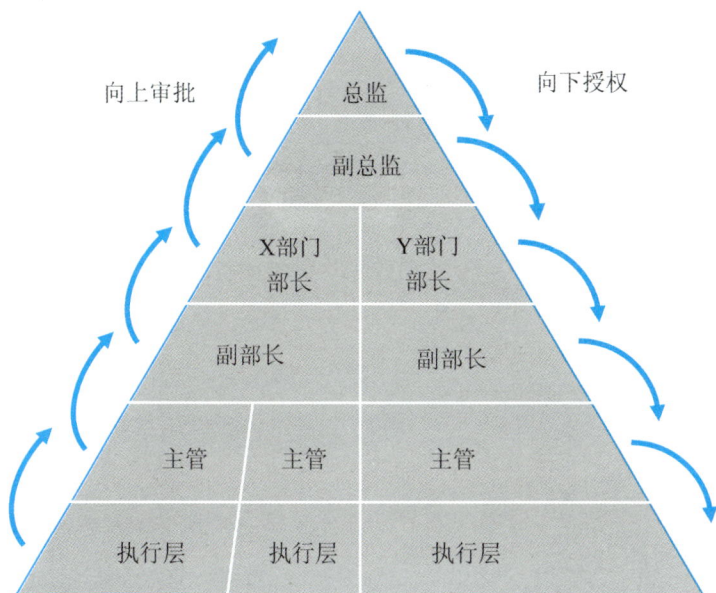

图 1.1 企业的行政层级

度来保驾护航。

从单一业务中心的内部管理中我们已经可以确切地推断出，虽然业务管理表面看来得以层层严密把关，但出现的后果是，业务信息的传递和交流将花费大量的精力和时间，这部分的时间企业并未计入管理成本，而且，在一个行政体系内上下级信息的传递极容易产生信息的失真和丢失。

如果在一个项目的执行流程中都是通过类似这样一种多层次的行政机构，那么执行的效率就可想而知了（见图1.2）。另外还有一种低效率的原因，就是在项目的执行环节中出现各个行政系统之间的扯皮和推诿，利益均沾而不愿意付出，责任则尽量推卸，关注本行政体系内的绩效结果而忽视整体的指标，使得许多关键事务的执行深陷泥潭。有一个例子，商务经理根据客户定制化的需求设计了一个产品项目，这个项目从企业总体的能力上是可行的。于是，商务经理将这个项目交给产品开发部。而产品开发部在审核这个项目时发现，由于是客户定制，项目中有几个部件需要进行技术匹配设计和制造可行性分析，而解决这个问题根据绩效指标须在可控的项目成本下进行，于是开发部会将设计方案再传递到工艺技术部门和制造部门。

我们一般会设想这样一个场景，产品研发部召集客户商务部门、工艺技术部

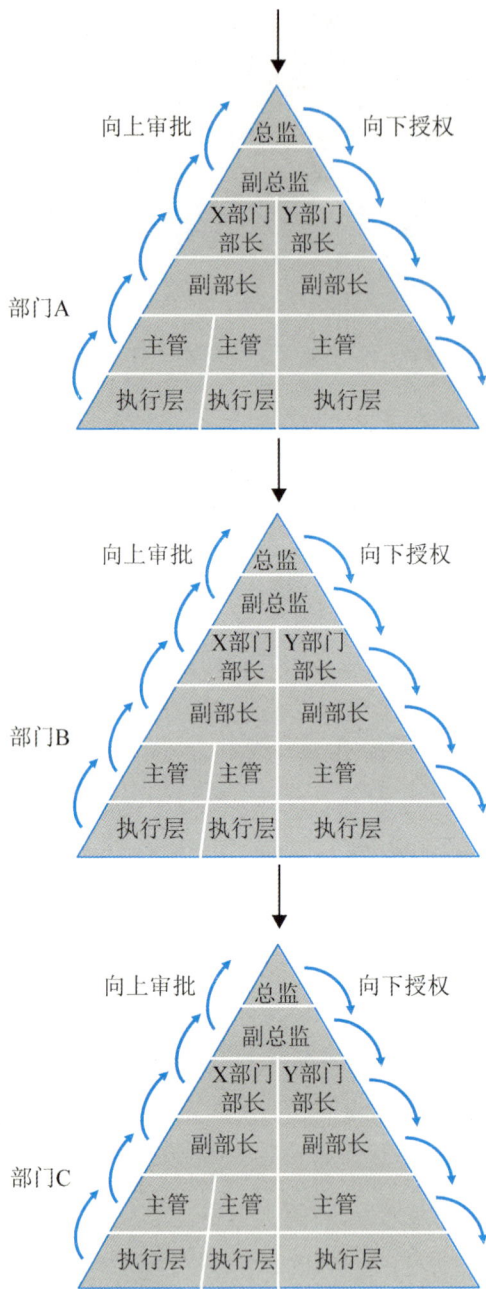

图 1.2　项目执行流程
——复杂的信息传递机制

门、制造部门一起开会讨论，通过一个或多个会议的沟通直至找到一个各方都满意的解决方案。在企业领导的意识中，因为已经进行了充分的授权，所以愿意相信相关部门的专业人员基于职业素养和良好的问题处理能力，通过协商和沟通使问题最终得以完满解决。然而在实际操作中却事与愿违，项目总在拖延，各方却无明确的说法。问题在于，大多数领导者忽略了一个重要的事项——沟通成本。

首先，复杂的行政结构本身就会阻碍信息的横向沟通。各级别人员倾向于采取部门上下利益一致的意见而非横向专业协同一致的方案，因此在会议上就会形成利益的博弈。尽管表面上不明示，但参会的各方都会优先考虑方案对自身管理难度、运作效率和指标上带来的不利影响，这样无形中就会在会议上人为地制造本部门的"通过条件"。当会议达成一个初步方案后，非直接受益方，例如工艺技术部会将方案拿回部门及中心内部重新商议和审定，而这个结果是不确定的，技术部长也许会考虑到人力资源的不足提出再修改，中心总监甚至认为技术开发的风险太大而提议重新制订一个方案，那么下一个会议在召开前，

我们已经预见到，研发部门的解决方案需要重新审议，直至各方再次达成一个平衡。

通过这样一个例子我们得出这样一个结论，在复杂的山头林立的行政架构内，解决方案倾向于关注部门的局部利益，而非基于客户端的整体收益；倾向于获取部门管理效果最优而非实现整体效率最高；倾向于获取领导者的首肯大于得到客户的满意。这种例子在一个行政化的企业内部比比皆是，员工创新的构思终于等到某个主管批准时，当初提出构思的人说不定早已经忘记了，或是构思本身已经被改得面目全非，以至于所有人都失去了兴趣。而这一切，作为最高行政领导者虽有所闻，但却没有客户一次次失去耐心的切身感受。

如果客户有幸到这个企业并参与项目的组织管理，面对这一切一定会大为惊奇，客户会说："噢，不，我只需要一个项目团队为我的产品负责，请立即移开你们的官僚机构。"

尽管，我们的领导者已经意识到这一点，但大多数仅对管理层提出"要求"和"希望"，例如："管理必须实现转型，要实现领导思维的变革和行为方式的转变"，"要用户导向，要拥抱变革"，等等。然而我们自己很清楚，这种仅停留在口边的变革实质上并无任何意义。

为此，必须考虑对上述的组织架构采取较为实质的变革。我设计了图1.3的组织模型，这个架构可作为一个解决方案去理解企业各级行政系统如何适应互联网新经济时代。

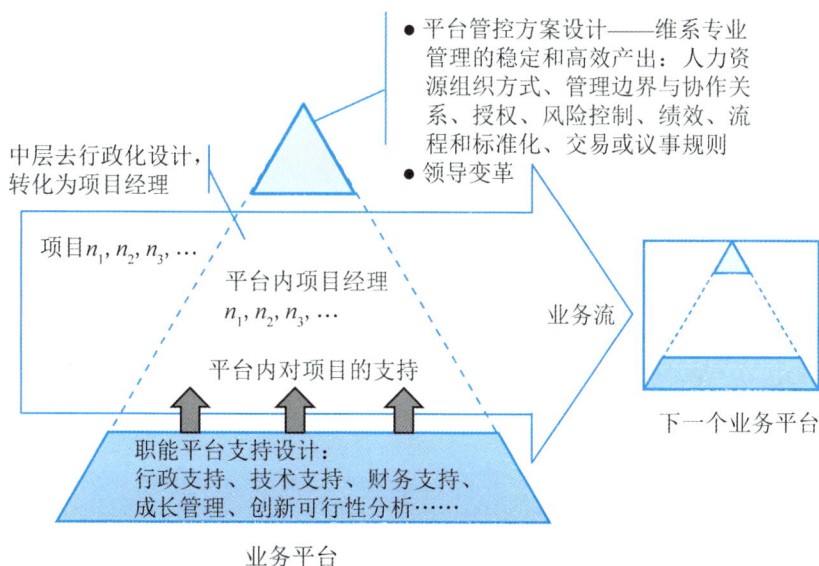

图 1.3　在平台中去行政化

　　如图 1.3 所示，类行政结构被裁分为三部分：规则的拟定者、专业事项执行者和提供支援服务人员。首先，我们将类行政中心转化为一个管理平台。例如将销售中心、产品开发中心、工艺技术中心、制造中心、采购中心转化为销售平台、产品开发平台、工艺技术平台、制造平台。在平台的最高层，我们使用最卓越的人员对平台的顶层管理进行设计——我们这样理解，他是业务平台管控模式的设计者，是项目执行的推动者和支持者，也是业务人员的激发和联结者。他管理的是平台内人力资源、组织关系及活动规则、业务授权方式（从行政授权转为项目经理授权，例如，从金额控制的授权方式转向按事务交易规则授权）、决策审议方案（将一部分决策权力让渡给项目团队经理，让团队经理对业务流转的信息进行评价并做出决策，这样就可以将悬而未决的对手抛在后面），确认本平台与其他平台的专业界限，以及相互之间的交易/信息传递规则、内部风险判别与控制方案、内部绩效评估方案、内部项目执行与支援流程及标准化管理等。设置的结果是，平台内具备行政管理职能的人员数量控制在整个平台组织人力资源的 10%～15%。

　　此外，该角色还有一个重要的任务：领导变革。通用韦尔奇认为，尽管大家都乐意标榜自己是一个变革者，但在全部商业人士中，真正的变革者不到总数的 10%，他们才是变革真正的拥护者和忠实的追随者，他们知道应该如何发起变革，并且热爱整个革新的过程。这些人富有勇气，他们有某种内在的东西，能使变革得以顺利地进行，而不需要为自己编织安全网，如果失败了，他们也清楚自己能够爬起来，继续前进。在风险面前，他们能屹立不动，这使得他们能够在缺乏足够资料的时候敢于做出冒险的决定。要发动变革，公司必须积极地招募和提拔变革的忠实追随者。

　　行政管理的下层，也就是平台的功能性核心分为两个部分：最基础的部分将在平台内向项目经理提供业务支持的环境，可能的支持包括信息管理、行政支持、技术支持、财务支持、成长支持（如培训、学习与知识管理）等；另一部分将平台内大部分人员将转化为参与项目组的专业人员，即在一个项目在流程中通过一个平台时，代表平台职能直接参与项目并完成节点工作任务的平台项目经理，并向项目核心经理汇报。

　　这种管理方案会令到所有的项目信息可在项目经理的掌握之中，而依据决策管理（项目授权）方案，大部分的决策可以由项目经理完成，这样，项目经理大部分时间可以进行平台间的协同管理，而不需要将时间花在令人筋疲力尽的上下级关系的协调上。换言之，通过信息对称度的提高和信息传递匹配方式的调整，改变管理者之间的关系。

这种组织形式，尽管在专业的组织领导上仍然存在管理边界，但是在项目管理中却是无边界的，信息在营销人员、研发人员、工程人员和制造部人员之间能够自由流通，完全透明。这种管理方式下，项目团队很容易便会将供应商和客户联结为一个整体，在同一个生态平台上处理信息、做出快速反应和决策，在管理边界的风险控制机制下，独立进行交付项目管理或新产品立项、试错、复盘和快速迭代。

通过业务平台的联结，即可产生拥有执行效率的矩阵组织。通过上面的描述我们可以了解到，矩阵组织的目标是为了便于形成项目专业工作组。项目组由若干个平台专业经理组成，在同一个目标下工作；项目团队人员较少，十分灵活，但调动资源的能力却十分强大，进而有助于摆脱繁复的行政组织的约束。此外，项目组处于市场和客户端的最前沿，接受的信息最为完整和可靠，所做的决策自然最为理想。

最后，企业领导者需要极力鼓励项目小组的管理方式，给予项目成果的激励，逐步减少行政体系内的绩效奖金。在我看来，项目小组管理越是成熟，平台的管控功能就越为简化，伴随而来的就是精简的人事。

1.1 客户价值定位与需求识别

Jack：我经常听到客户价值定位、客户需求识别这一说法，如何去理解？

Frank：在现代商业环境下，客户通常面对着众多可选供应商及支持其业务的各种可用解决方案。客户更多的时候会问"为什么要选择这家企业进行合作？""这家企业的产品有什么优势？""他们的服务能否及时解决产品应用过程中出现的问题？""使用他们的产品是否有助于提高我们自身的竞争优势？"这些问题的提出反映了一个问题，就是客户都有核心价值需求。识别客户价值点的过程就是客户价值定位，而制订解决方案，充分满足客户的价值需求就能提升客户的满意度。

Jack：充分实现客户价值定位的企业具体表征是什么？

Frank：有不同的表现形式，我们来看某电信设备制造商的营销理念：

• 我们提供的解决方案是为支持客户的产品升级周期而设计，我们使客户可以无缝、低成本高效地升级安装系统，并获得新的性能及功能，而无须进行昂贵的交叉式升级。

• 通过我们的努力，我们能够使客户减少固定投资，延长现有通信网络设备设施的使用周期，我们的服务可以融入客户的管理方案中。

• 我们提供的解决方案中所集成的接入管理系统可轻松实现客户访客、员工和设备的管理。IT部门可以透明于供应商和用户设备实现独立管理。

• 我们提供的远程设备检测报告和质量升级体验计划可以为客户挖掘自身网络的更大潜能。

• 我们在业内提供了独一无二的性能及标准切换功能，如网络流量和访问数据分析、基于用户的竞争策略管理方案。

从这些解决方案中不难找出客户价值定位的一些关键要素。

Jack：我明白了，分析客户产品及延伸价值的需求，通过有效的解决方案为客户提供全方位的价值体验，就是企业的"客户价值定位"。

Frank：是的，企业在为客户提供产品或服务过程中，需要紧紧牢记"我们为客户带来的效益远非仅限于此"这一信条，只有这样，才能不断挖掘客户潜在价值需求，进而尽可能地为企业创造商机。

什么是客户价值有效定位

企业提供的产品及服务能够满足客户需求的商业与经营活动，称之为客户价值有效定位。如果企业的价值定位具有充分的吸引力，顾客将会产生一系列的购买行为从而为企业创造出优胜于竞争对手的综合价值。客户的价值需求是否得到满足可通过客户的满意度进行测量。

见图1.1.1最下面一条曲线，如果企业提供的产品和服务只是能够覆盖客户

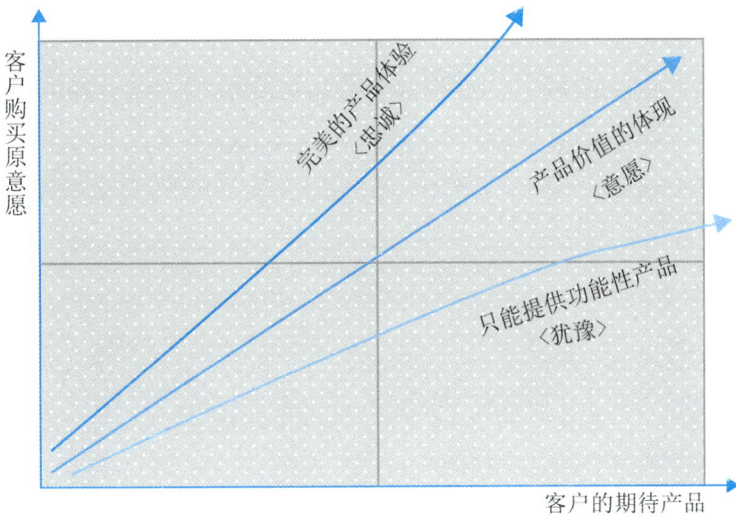

图 1.1.1 客户购买意愿

所期待的功能性需求，那么客户将具备很宽广的选择空间，这样企业的产品将成为备选方案。图中中间的线条为客户在产品采购活动中可获得的价值体现，但是在一个产品忠诚度正逐渐下降的新商业环境下，如果客户意识到供应商产品与其他对手相比并无太大的差异，那么很可能会在下一次采购中尝试其他供应商的产品。也就是说，企业提供产品的价值是一种"可替代的"价值。在最上面的一条曲线中我们看到，由于企业提供了一种产品和服务的整合方案，能够深度满足客户的多层面的价值体验，这样客户会与供应商建立一种深层次的信赖关系，这种情形下，我认为企业就充分满足了客户价值定位的要求。

客户价值定位的基准

- 整体成本最低：在产品使用周期内，为客户提供最佳性价比的产品。

- 产品领先与服务体验最佳：为客户持续提供可覆盖多个需求领域的产品和完善的全生命周期服务管理能力。

- 客户解决方案：为客户提供一系列定制化的产品和服务或整体解决方案，并结合相关知识帮助客户解决问题，为客户赢得价值。

- 完整的系统平台：为客户提供的平台成为产品和服务的行业标准。

企业必须对客户价值定位有深刻的理解和产生实践应用，才能获得最佳的客户体验，这是一个因果关系。通用电气公司前 CEO 杰克·韦尔奇描述了他们的做法：

> 过去，在大多数情况下，我们使用的是销售人员与客户和工厂双方商谈后承诺的交货日期。但我们却没有测量客户真正想要的是什么，以及他们什么时候要。今天，我们又向前迈进了一步，我们测量的数值范围是从要求交货日期到我们的客户第一次实现收入的日期，例如 CT 扫描仪的周期是客户要求的到货日期到机器第一次为患者服务的时间，飞机引擎维修车间的周期为引擎从飞机机翼上拆下到飞机再次上天的这段时间，发电厂的交货周期为客户订购时间到开始发电的时间。
>
> 于是，每一份订单都附上了客户启动日期的标签，跟踪方差的图标挂在了所有的工厂里。这样，对所有人来说都一目了然。运用这些测量方法，方差的概念活了，客户能够看见、感觉到我们所做的一切。
>
> 一旦得到了客户的认可，我们便取得了成就。2000 年，飞机引擎领域在 50 家航空公司做了 1500 个项目，帮助客户获取了 2.3 亿美元的经营利润。医疗设备系统的项目有将近 1000 个，为他们的医院客户创造了 1 亿美元以上的经营利润。通过将我们的内部测量与我们的客户需求并轨，我们赢得了更密切的客户关系和更多的客户信任。

基于互联网的新经济时代，客户能够从全球众多的优秀供应商中挑选自己真正需要的产品，这些产品不仅包括商品本身，还包括前市场（产品信息的接受和理解）、后市场（提供运维服务、增值服务的能力）和综合服务能力。此时，每一个环节都能影响客户的满意度，满意度决定了客户是否在下一次采购中与供应商再度合作。

我们来分析一下客户对产品的前市场的需求。对于供应商来说，前市场包括品牌塑造和销售渠道建设两方面内容，是将产品信息销售给客户的一个重要环节，例如，通过企业网站维护一个产品平台，或通过谷歌、百度、必应等搜索引擎搭载最新的信息并让客户和资源尽可能接近我们。但是我已经意识到，由于网络化数字基础设施的迅捷发展搭建一个更为高效和智能的信息平台，客户通过信息化的方式获取产品和服务的能力正在成倍增加，这种情况必然带来客户和供应商之间信息交互的变革。以往，一般由销售人员和采购员掌握的关于产品特性的信息的重要性正退居次位，更多的信息交流来自双方的产品开发和技术工程师，以及来自专业解决方案的团队。比方说，现在客户启动一个产品开发项目，基于产品寿命周期的缩短，会考虑到要在尽可能短的时间内开发成功。在供应链协同体系内，最好的方法是要求供应商具备同步开发的能力。此时，多个参与竞争的供应商的技术信息将会通过技术交流融合到客户的开发团队中，最终，只有满足客户深层次个性化的需求、能够为客户提供整体解决方案的供应商才能获得订单。

换言之，企业在前市场的成功，需要通过能够提供解决方案的产品经理（或销售工程师）的销售，而非传统意义的客户经理。这是因为，信息化与供应链协同管理的迭加，已经淡化了客户经理带来的产品使用信息的价值，客户关注的重点是供应商科技创新的加速度、技术协同平台的能力以及可能带来的增值服务。此外，客户对于产品信息的接受是一方面，而形成理解并产生兴趣又是另一方面。前者通过客户经理即可取得，而后者只能通过密切的技术交流才能获取，在新的商业时代，绝大部分客户基于后者，特别是能够为客户提供整体解决方案的产品组合而签订采购订单。

我在这里无意贬低客户经理的重要性，但是传统客户经理的职能确实需要进行调整，即使现在你的产品占据市场份额第一位，但又能说明什么问题呢？喜上眉梢的客户经理带来令人满意的市场的销售数据，市场高级分析师依靠历史销售数据和客户档案数据制订未来的产品发展战略，总裁从过往的一系列的成功经验中推断出新的产品战略又会将企业带到另一个销售高峰，但是一段时间过去后，你会逐渐发现每一个细分市场的份额或客户销售占比已经不是最高了。当然，你可能依旧沉浸在市场总体份额持续保持最高的场景中，认为目前的困难只是产品配置或性能表现出现些许瑕疵，客户当然会有抱怨，但也许并不严重，也或许是市场促销方案不够完美，只要稍做修改，即可将市场补救回来。但不用很久，却很可能像诺基亚手机事业部一样，在你对产品战略还在怀揣梦想的时候，忽然发现自己已经被对手远远超越。

简单分析一下诺基亚手机的失败并对比苹果手机的巨大成功的典型案例。我们看到，从营销策略上，诺基亚公司沿用了传统的方式，特别强调对市场应用属性进行细分切割，对于不同的消费群体，诺基亚手机分为商务 E 系列、娱乐 C 系列、游戏 N 系列、Oro 系列、Asha 系列、Asha 系列等，每一系列的还根据使用者的偏好进行了丰富的外观设计。但是在客户体验上，诺基亚公司没有做好。对于手机制造商来说，最核心的有两个客户：一是消费者，二是开发应用软件提供商。对于消费者而言，诺基亚公司没有理解或预测到客户对手机应用体验的渴望。过往，消费者对功能的诉求即使不能满足，但没有其他办法，除非购买其他功能类似的产品，但这并不能表明消费者没有传递出信息。结果信息被苹果捕捉到了，2007 年 1 月，苹果设计出让客户拥有图形界面极致流畅且具有全新操作感受的触摸屏手机，改变了全球业界对智能手机的理解，苹果公司 CEO 史蒂夫·乔布斯将这种具有全新操作体验的产品称为手机的"重新发明"，苹果手机从此走向成功。在对待软件提供商方面，诺基亚公司所拥有的 Symbian OS（塞班系统）尽管在技术稳定性方面做得不错，但却在提供一种开放性系统平台的策略上一直饱受质疑，大部分的商业软件公司并不能在这个平台上挖掘价值，甚至是多媒体交互这种基本的娱乐功能都难以实现，这就极大地限制了手机平台向其他应用平台扩展的能力。2008 年，谷歌发布了智能手机操作系统 Android，由于其良好的第三方商业软件的兼容性，立即成了市场手机操作系统平台的主流。至此，iPhone 和 Android 引导的智能手机风潮成为市场主流，2011 年，诺基亚智能手机市场的份额已经从 2010 年的 33％降至14％，远低于苹果手机和三星手机，诺基亚手机在其本国芬兰市场上的受欢迎程度也锐减，市场份额从 76％降至 31％。

这个案例中，我们看到，向客户提供最优的产品体验应当摆在所有商业活动的第一位。而满足客户体验最关键的是能够对客户采购的行为模式进行研究，而非仅仅揣摩客户的采购意图。但目前我们可以发现，大部分的企业还没有走出客户分类和业绩管理的传统方法，对客户个性化的需求，使用产品的体验和感受并无真正的理解，售前售后获取的信息绝大部分没有理性地转化为企业的行动方向。比方说，没有合适的市场数据收集方法和分析模型，我们又怎能判断客户的忠诚度，我们怎样知道客户的下一步打算呢？因此，正由于你不知道也不设法去了解客户内心真实需求及采购行为模式，你的产品销售计划在远未达到目标之前客户已经失去了兴趣。

在产品后市场，竞争关系主要表现在向客户提供产品运维服务、增值服务的能力。我认为，产品形成销售后，带动价值创造的过程需要在另一个商业生态系统上完成，这个生态系统对大部分传统制造型企业来说，是一个新的领域。与产品销售不同，向客户提供的产品服务是一个融合客户价值的崭新的产品，它的商业模式理应得到尊重。

爱立信公司是一家电信设备制造商，初期的商业定位在于为电信运营商提供设备、安装和售后服务，然而产品面临市场的激烈竞争使得公司发展步履维艰。此后爱立信公司开始面向客户提供电信托管业务，服务涉及电信运营、容量管理和服务托管。爱立信公司是制造商，因此比运营商更了解设备，所以提供的服务效率更高、成本更低。而电信运营商则可以专注于开发新的应用市场和维护终端客户。爱立信公司通过软件和服务获得的利润比销售设备还高出 3 倍，并与运营商捆绑了紧密的商业关系，通过后市场的服务，2003—2009 年年间，爱立信手机全球市场的份额由 30％升至 43％，销售额增加了 50％。

20 世纪 90 年代初，对 IBM 而言绝对不算是好日子，1990 年 IBM 盈利超过 60 亿美元，而后三年，IBM 连续的亏损总计达 168 亿美元，公司步入严重的衰退期。主要问题在于其主营业务均遭到了强劲对手的侵蚀，而业务模式和行政管理毫无建树。1993 年，郭士纳接手 IBM，发起了引人瞩目的公司变革。公司治理方面，通过削减开支、精减人员和实现组织架构扁平化的方式提升了运营效率。但最成功的，是 IBM 商业模式的转型，有几个例子非常有说服力：1998 年，IBM 将全球网络业务（IGN）以 40 亿美元卖给了 AT&T 公司，而 IBM 获得 AT&T 公司 100 多个数据中心的 10 年运营业务，此项业务的金额也是 40 亿美元。IBM 为 AT&T 管理数据中心，而 AT&T 为 IBM 提供通信网络服务。另一个例子是，在 2000 年，IBM 将网络设备全部卖给了思科。不仅卖出硬件设备，IBM 还将 200 余项核心技术专利也转让给思科。此后，思科每生产一个相关设备都要支付 IBM 相应的专利使用费。与此同时，思科将系统集成与服务业务交给了 IBM，成为 IBM 另一个外包服务的大客户。我们看到，IBM 之所以剥离部分硬件业务，实质上为后续提供的集成服务铺路。

最后，我们来观察服务价值链。企业综合服务能力及盈利的商业模式体现在服务价值链上。服务价值链可划分为三类：第一类是项目前期服务，目标是面向市场竞争，发现需求价值；第二类是项目设计服务，实现客户需求的获取；最后一项是运维服务，目的是面向最终用户，推动客户价值需求的持续满足和实现企业运营增值的过程。在项目前期服务中，项目销售工程师通过延伸项目建议书、可行性分析报告的咨询范围，通过客户定制化的咨询服务切入客户更深层次的需求，优先把握项目的投资前景、盈利可能性、风险因素等，并提供本企业掌握的政策、技术、财务等优势咨询项目，以期协助客户实现项目投资，并推动客户进入有利于本企业经营环境的项目招投标阶段。项目设计服务是在客户的需求上，分析项目规模、资源供应、设备选型、资金筹措等难点，为项目提供最优综合设计方案，甚至包括融资方案。在项目运维阶段，能够为客户提供一站式的工程服务和增值服务，保障客户的长期投资收益。

1.2　价值平台

巴纳德[①]（Chester Barnard）曾经说过，组织的创造力即在于协调。组织是合作活动组成的一个系统，而各种活动的协调需要无形的个人力量。

我们知道，管理人员大部分的工作时间都要与别人接触，而他们的沟通对象，包括了平行与垂直的人员。决定管理人员工作成效的是他的"关系范围"（span of relationships），而不应当是阶级制度中的控制范围（span of control）[②]。在高效运营

---

① 巴纳德，现代管理理论之父。巴纳德将社会学概念应用于分析经理人员的职能和工作过程，并把研究重点放在组织结构的逻辑分析上，提出了一套协作和组织的理论。巴纳德认为，社会的各级组织包括军事的、宗教的、学术的、企业的等多种类型的组织都是一个协作的系统，这些协作组织是正式组织，都包含三个要素：协作的意愿、共同的目标和信息联系。所有的正式组织中都存在非正式组织，两者是协作中相互作用、相互依存的两个方面。一个协作系统是由相互协作的许多人组成的。对于个人目标和组织目标的不一致，巴纳德提出了"有效性"和"能率"两条原则。当一个组织系统协作得很成功，能够实现组织目标时，这个系统就是"有效性"的，它是系统存在的必要条件。系统的"能率"是指系统成员个人目标的满足程度，协作能率是个人能率综合作用的结果。

② 权力对商业本质的扭曲。阶级制度中的控制范围在企业中形成的关系受传统的中国文化影响非常深远，虽然我们有意无意地期待在企业中通过某些控制力（权力）形成有效的向心力和凝聚力，以此作为管理的基础，但是实际上我们在权力下反而无法实质性地把握经济关系中这些商业特性的性质和力量，即组织分工、互助与协同，而逐渐倾向于通过权力缔造一个具备执行力的组织，所以最终会形成类似计划经济的效果——要么出现职权滥用，要么职能僵化而不作为。

中，对于在企业经常性项目中功能目标一致且能够采取决策行为①的一组专业人员形成的团队，称之为价值平台。价值平台同时围绕两个中心开展工作：一是以客户为中心，二是以利润为中心。多个价值平台支撑起完成一个项目的所有资源。

价值平台建设

企业价值平台是一个基于价值流程上的实现价值的集成管理方案，是由一组职能相近的专业人员组成的组织。在企业内部，为了令到作业流程更加高效和流畅，需要在价值流程上按价值管理区域建立功能相对独立的管理单元，通过完成解决方案，驱动或促进价值流程的协同管理。综观全球许多重新定义产业架构的企业，我们往往就会发现它们成功的关键——建立起良好的"平台生态圈"。例如，销售平台可以作为区域销售管理、大客户销售管理、集团不同产品销售管理的一个平台，提供与销售活动相关的环境。

企业价值平台提供了企业可持续发展的运营支撑环境。它既能够满足部门的日常职能管理需求，也能够为企业的管理者和职能人员提供一个超常规的工作环境，让分布在不同地方的不同时间工作的管理者和职能人员，可以在价值平台上共享知识并协同工作，从而极大地提升企业内外部资源的利用效率。

从价值流程上可以发现，企业的各个价值平台是高度关联的，而不是相互割裂的，它不是信息孤岛的简单集合。企业所有的管理者和专业人员都能够在价值平台优势上找到自己的位置，并利用自身的平台优势加工"信息"，产生有用的知识和输出成果，并形成诸如营销、研发、制造、服务等不同属性的业务。

良好的企业价值平台能够以人为中心，实现项目目标管理、过程监控与绩效评估，体现"任务、决策与知识的一体化"，最终实现客户、项目的全寿命周期管理。

在新的商业模式中，传统管理模式将发生极大的调整，这将凸显平台管理的重要性并导致平台与平台之间的联系和合作更加紧密。由于市场竞争的加剧和客户在产品全寿命周期内追求最佳价值体验等消费理念的变化，围绕客户的管理变得更加重要和深入，而有效应对客户需要的工业管理模式，在新一轮工业管理革

---

① 业务平台应当被充分授权或得到清晰的业务授权范围，以便进行业务决策。在实际项目管理中，行政决策需要被识别并尽可能从业务决策中剥离，只允许极小数且必要的人员从事行政决策。

命中称之为"工业智能",包括各种智能应用,比方说智能工厂、智能产品、智能服务、智慧能源解决方案等。而在智能工厂中,所配置的高度复杂的、动态、灵活的、具有一定自适应能力的工业系统意味着工厂原来的操作人员可从复杂的工序加工中解放出来而成为管理者,这样的管理者需要被授权以充当决策者和控制者,这就意味着,在实现智能化生产的工厂中,作业人员的角色将出现调整。最终,以明确分工为特征的传统制造工艺和过程控制将被嵌入到另一种新的组织管理架构中。这种管理架构即为价值平台。这个平台需要配之以业务决策、协调控制和支持方面的服务功能。而通过平台与平台之间的紧密合作,则可在一个更高的管理层面(例如客户—企业—供应商层面)提供一个高效的、连贯的项目解决方案,该方案专注于贯穿整个价值链,并在员工管理(与授权)、技术操作层面、智能数据系统之间提供合作和自我组织的相互协调机制。

未来的竞争不再是个体之间的竞争,而是商业生态平台之间的对抗。

运用关联组织的能量组成一个新的竞争系统,从而去突破成长的上限!对于这种能量的聚集方式,我们称之为"竞争平台"。

在未来5~10年内,不善于经营"平台"的企业、组织甚至个人,必将遭遇严峻的发展困境。

但凡在事业上取得持续辉煌的企业和组织,绝不是靠一己之力去谋求自身的发展,而是平衡地利用关联组织的能量和价值组成一个新的竞争平台。

当今世界范围内的竞争由过去的国家与国家、企业与企业、团队与团队之间的竞争,逐渐演变成联盟与联盟、系统与系统、平台与平台之间的竞争,大平台在竞争中的优势日益凸现出来。

——哈佛大学 马可·扬西蒂(Marco lansiti)

价值平台的核心作用

• 一个价值平台能够快速传递客户需求,支持或实现客户某方面的商业价值,与此同时,提供了企业最佳的盈利模式;

• 价值平台提供的是能力,这些能力用于为满足客户需求而引发的解决方案;

• 价值平台是孕育价值流程的母体，二者相辅相成，共同构筑现代企业高效运营的核心架构；

• 基于价值平台可以形成真正扁平化的组织，并支持经常性项目实现矩阵式的管理；

• 价值平台能够穿越组织壁垒，及时快速地传递信息，为项目团队提供决策支持，能够有效控制价值活动的周期和作业效率，并能够控制风险和降低支付成本。

价值平台上参与项目的专业人员的目标在于制订具体的解决方案，而不是仅仅提出构思。例如，研发平台的项目经理的职责在于：主持产品开发、技术优化和创新的实现。哈佛大学著名的营销学教授李维特有如下的看法：

当今虽然有许多人呼吁企业应该积极发挥创意，但问题是，这些人往往未区分创造力和创新之间的差异。创造力是构思新的事物，创新则是从事新的事物……强大的新构想可以在公司流传多年，但一直没有付诸实施，这不是因为公司没有认识到这个构想的好处，而是因为没有人负起责任，采取行动实现这个构想。构想如果没有实际运用，就毫无用处。这些构想的价值唯有通过执行才能够获得印证。执行之前，它们都是处于进退维谷的状态。各位只要跟下属谈谈，就会发现美国企业不乏充满创造力或创意的人物，缺乏的是"创新者"。人们往往以为创造力自然会产生创新，可是事实并非如此。有创造力的人往往会把实现这些构想的责任推给别人，他们并不会努力说服别人接受这些构想，或略加尝试……其实只要把十来个没有经验的人丢到房间里开动脑筋，照样能激发出许多有意思的新构想。这个事实显示构想的本身的相对重要性有多么低……满脑子都是点子的人老是跟别人讲他有哪些提案、备忘录，这些构想虽然足以引起别人的注意和兴趣，但却不够完备，没有对执行面提出任何负责的建议。真正少见的人才是那些具备实现构想所需技术、精力、胆识和毅力的人……因为企业是"完成事情的机构"，有创意但是缺乏行动力的人并不可取，从某些方面来看，这是种不负责任的行为。

如何在客户价值需求中设计价值平台

首先我们要对企业的运营的价值链进行梳理，企业内部各业务平台的联系构成了企业的价值链，价值链上的每一项价值活动都会对客户的购买体验以及企业最终能够实现多大的价值造成显著的影响。图1.2.1显示的是一家典型的制造型企业的业务价值链。

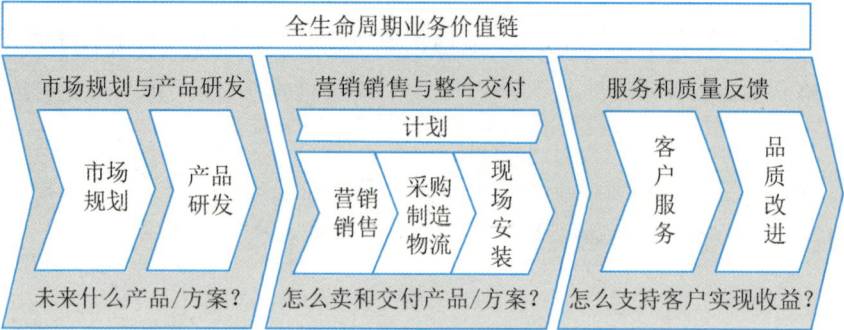

图 1.2.1　业务价值链

其次，对价值链按照公司实际的业务逻辑关系展开，并进一步确认支持价值实现的业务平台（见图1.2.2）。

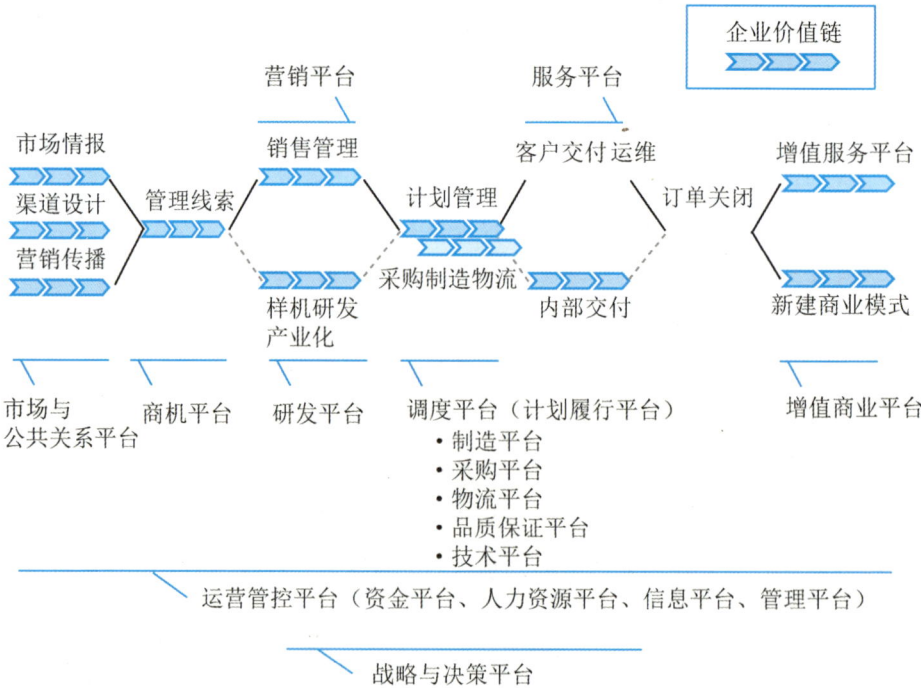

图 1.2.2　支持价值实现的业务平台

如果将企业整体管理架构考虑在内，即可将图 1.2.2 优化为如图 1.2.3 所示的平台管理体系。

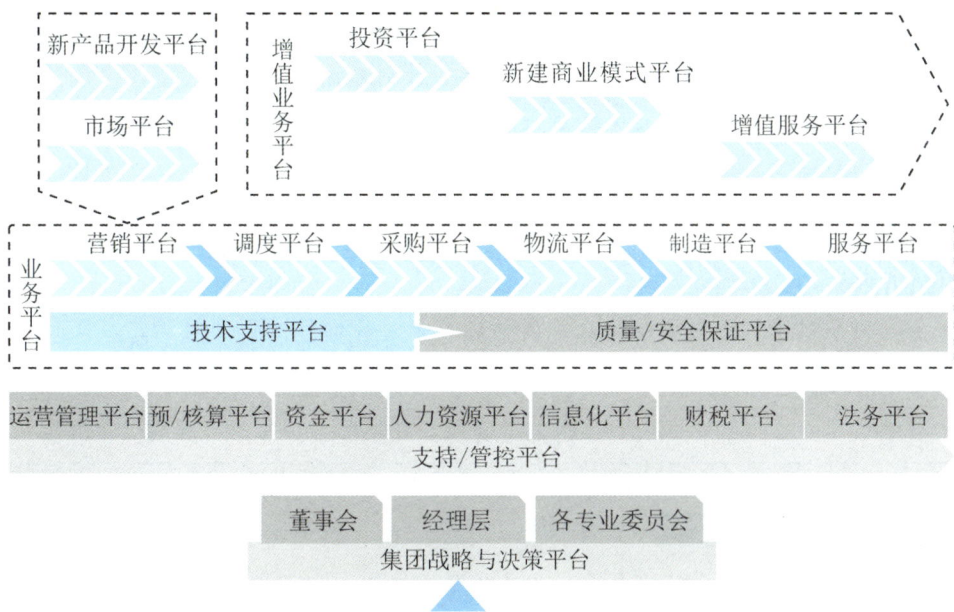

图 1.2.3　企业价值平台管理体系

在图 1.2.3 企业价值平台管理体系的设计中，我们看到，企业的平台可以划分为四种形式：第一种是基于客户需求，为了实现业务过程而形成的，例如市场平台、销售平台、制造平台、采购平台、技术平台、质量平台等；第二种是对业务提供支持和管控的平台，也称之为职能平台，例如运营平台、预算平台、人力资源平台、信息化平台等；第三种是创新性平台，例如研发平台、投资平台、增值服务平台等；第四种是决策平台，由公司最高负责人指定，通过各类决策委员会（如价格决策、质量决策）实施。

特别说明，职能平台有三项工作内容：第一项是确定各项业务的治理规则，例如资金申请办法、报销流程、培训流程等；第二项是提供职能支持与服务，例如协助评审合同，界定风险，提供培训机会；第三项是评估治理规则的有效性。其中第一项和第三项意味着最小限度的"监管与控制"。

各平台的核心职责参考如下：

营销平台核心内容

- 组织收集和分析市场信息，挖掘客户需求，明确未来三至五年的产品需求
- 制订并组织实施公司营销策略和竞争战略（以核心产品为主体及相关联产品），建立有效的营销模式，实现年度经营计划目标
- 培育产品解决方案、一站式解决方案和整体解决方案的销售能力，推动销售模式的创新
- 通过CRM完善客户关系管理体系，寻求并建立与主要客户长期的实质性战略合作关系
- 合同商务管理。负责合同付款条款和机组销售合同标准条款的优化，提高回款比例，缩短回款周期，保障公司现金流
- 营销运营管理（营销激励管理、信用管理、订单管理、执行管理和资金管理）

新产品开发平台核心内容

- 分析行业整体水平和研究今后行业产品发展趋势
- 主持基于中长期规划下的产品开发、技术优化和创新的实现
- 负责公司专项科研项目计划的执行和完成
- 建立与产品相关的标准、完善认证体系
- 负责拟定产品及标准的性能和品质标准工作
- 负责研发相关知识（新机组产品知识、故障处理、技术支持等）向销售、生产、采购和供应商、服务环节的转移
- 建立并维护公司技术资源和技术数据
- 配合市场部门和营销部门实施品牌和产品推广战略及项目拓展工作

调度平台的核心内容

- 依据年度销售计划编制年度制造和交付计划及预算
- 按照运营平台批准的年度预算和产品出货计划，编制生产月度、季度计划
- 采用拉动式生产管理模式，对组织生产所需的设备设施、原辅材料、人员等与相关部门协调并实现精准调度，保障生产计划的顺利实施

- 控制原辅材料、在制品、产成品库存量以及能源供应等方面的情况，做好计划综合平衡，实现及时化生产（JIT）

采购平台核心内容

- 编制和组织实施供应链布局与发展规划
- 建设供应商开发管理及关系维护体系，保证供应链生态体系的稳固性和经济性
- 通过对采购进度和库存控制，实现准时精确供货
- 建立供应商质量成本考核及全成本评估体系，提高供应链整体质量水平
- 持续优化采购管理信息平台
- 由采购管理向供应链经营转型，提高采购业务与公司商业链下游业务的协同协作效率

质量保证平台核心内容

- 制订并组织落实公司质量战略计划，评估和考核各单位质量工作
- 负责公司质量安全管理，落实各级质量责任，提高产品质量水平和客户满意度
- 建立标准化和三标管理体系，监管体系有效动作
- 建立并维护质量事务系统（进货检验、过程检验、出厂检验、供应商质量保证、客户质量投诉处理），保证质量事务系统的有效运转
- 建立质量策划体系（研发与技术先期质量策划、制造过程质量策划、售后服务与维修质量策划）

质量管理平台核心内容

- 编制并组织实施公司资金管理和金融服务策略
- 实现公司资金统一管理和企业信用风险集中管理
- 负责为公司及相关客户提供系统性金融解决方案

- 开展租赁业务
- 负责产业和金融结合盈利模式的创新及开拓
- 提升公司资金周转率，解决业务量增加产生的资金缺口

人力资源平台核心内容

- 组织管理。使企业组织结构和职位结构符合集团管控模式，有力支持公司各项业务的发展。科学合理地设置内部职能机构，明确各机构的职责权限
- 人力资源计划管理。结合企业战略规划的制订和实施，定期对人力资源内外部环境进行准确评估，科学合理地制订和执行公司年度人力资源工作计划，合理控制人员规模
- 人力资源配置管理。保证人力资源数量、结构的合理，通过公开招聘、竞争上岗等多种方式选聘优秀人才。根据企业发展要求，促进员工合理流动
- 员工关系管理。建立劳动用工关系
- 绩效管理体系。完善人力资源的激励约束机制，设置科学的业绩指标评估体系，确保员工队伍处于持续优化状态
- 薪酬管理体系。制订与业绩考核挂钩的薪酬制度，规范分配行为，调动员工工作积极性和创造性
- 员工发展体系。重视人力资源开发工作，建立员工培训长效机制，进行后备人才队伍的建设

对价值平台的理解

随着企业产业链的延伸和内部价值创造过程中职能分工的细化，客户高级管理层之间的协同将成为常态而非分割而治，这种协同的特点是对客户的商业需求具有高度的敏感性，能够给客户带来及时响应的感受和体验，并促进集团进行商业模式的创新。对于未来的大型企业集团，建立于价值平台上的首席执行官的管理模式将得到普遍的认可并成为互联网社会组织分工的优秀管理模式。

1977—1981 年，通用电气公司首席执行官韦尔奇直接负责金融服务部门下

的融资平台的变革与再造。预期到企业的商业价值已经从制造转移到服务上，韦尔奇没有仅仅将融资当成销售更多产品的手段，而是将融资当成能够给客户带来利益的解决方案的核心。例如，通用电气公司制造飞机喷气式引擎，为购买它们的买家提供融资支持，对它们进行维护和检修，并提供零配件等。通过融资平台建立的商业模式，通用电气公司不仅为新产品赢得市场占有率，而且在某些领域的售后服务创造出超过 30％的利润率。与此同时，通用电气公司通过融资平台提供的支持，建立了美国最大的非专属汽车租赁商，成为全球最大的装备管理公司、最大的初级抵押保险业务运营商。为了促进融资平台的发展，通用电气资本公司每年都要收购 30 家保险、信用卡和其他金融公司，到 1995 年底，该公司的资产总值已经达到 1860 亿美元，成为美国第三大银行。

企业价值平台的协同从关注企业单一产品的销售（或独立的部门提供的独立的商业服务内容）转换到关注客户的整体技术解决方案，从较为单一的价格与成本取向转换到为客户提供更好的系统经济方案。选择后者的企业将不得不关注企业价值平台的协同，以便为急促转型的商业环境（实质上是客户的需求和偏好、对于商品与服务的理解发生了根本性的变化，比方说，以产品性能或服务的"新体验"部分代替了对于使用功能的满足）提供管理架构的支持。

比方说，某企业有效地建立了产品销售平台、物流平台、服务与运维平台、资金管理平台、投融资平台。当业务经理与客户推介产品时，业务经理的关注点就不会仅仅局限于满足客户的产品需求（事实上，能够满足客户产品需求的优秀的竞争对手可不止你一个），他的视野会更宽广，他的关注点会从客户对单一产品或服务的需求透视到客户对整体商业方案的需求，尽管客户也许并未意识到这一点，但这并不妨碍业务经理对商业价值的理解，业务经理会从侧面多角度地了解该公司的运营情况，比方说，购买设备需要占用多少资金，大约的融资成本是多少，运输与物流的成本是多少，现有设备产能的损耗率是多少，设备的运维成本是多少，将来设备可能在哪几方面进行扩展应用，等等。如果客户在某几方面表现出某些需求或兴趣，那么该业务经理就会带着客户的"价值需求"回到公司，并召集销售平台、物流平台、服务平台、投融资平台的经理商议，最后通过平台的价值协同，拟订出一个为客户量身定做的"整体解决方案"，方案中除了提供具有创新性能的设备外，还提出了就如何通过双方业务模式的协同，减少客户的资金占用、降低融资成本，并在一个产品的寿命周期内为客户大幅度减少设备的运维成本的解决方案。显而易见，如果客户看到这份建议书，肯定会马上激发其关注与兴趣，因为供应商不仅提供了产品解决方案，而且还帮助他解决了单一产品采购背后隐含存在的一系列问题。这时候客户往往会主动提出对该方案进行更深入的探讨，后面就是双方一系列的技术交流，此时，业务经理也许离成功就不远了。

在这个例子中我还需要特别指出，销售平台的业务经理与以往的产品推销员有明显的差异，前者不仅明了所提供产品的核心竞争力，且具备了洞察客户的能力，基于这样的洞察力可以准确识别客户的偏好和价值需求，并调动企业内部的平台资源拟订解决方案，最终引导企业的团队生产出客户愿意为之支付的产品。

完整的企业价值平台可以获得规模化的收益成效。某企业集团下属有很多分公司，每个分公司都有一套财务管理体系，但是，基于业务模式进行细致分析，可以预见到或看到每个分公司内部的资金状况是不一样的，有的现金流充裕，银行账户上存有大量的资金，却只能收取存款利息；有的需要依靠银行贷款，同时支付高额的银行利息；有的公司挖掘出商业机会，但苦于无法筹措到大笔的资金而使项目搁浅。如果依靠集团指导子公司进行内部资金调配，则必须小心谨慎地编制一系列制度和规范文件，并会产生大量的复杂的内部交易。如果该企业集团及时提出建立一个资金平台和投融资平台，那么情况就会大不一样。首先，资金平台会规范管理子公司的财务结构和资源（例如，把银行的结算/信贷/风险控制机制引到入公司内部，审计监控公司的资金预算），同时，在集团内实行统一结算与资金内部调剂，使到资金的使用效率达到最高；其次，企业会逐渐倾向于将手上的资金向投融资平台转移，由投融资平台衍生出更具价值回报的商业模式。

出现这两个平台的结果是，通过集团内部资金的集中管理，将有可能通过规模交易实现融资成本的下降和有效提升资金的使用效率及投资回报。这是因为，随着平台上资金交易的增大，实际上完成每一笔交易所支付的成本的增加的幅度要小于获得收益的增加的幅度，特别是，将有可能出现能够产生出极低交易成本的或获取高额回报的大额资金交易。例如，从银行处理10亿元的融资投入成本并不比处理 1 亿元的成本高出多少，然而，10 亿元的投融资回报可能是投资 1 亿元的回报的数十倍甚至百倍。

值得注意的是，建立资金管理平台并非是取消子公司的利润中心，只是相对弱化子公司利润中心的调配功能，并决定子公司的利润的提留和资金的调配过程的规则。保留子公司利润中心的管理结构表明子公司的领导者对公司的经营发展仍然负有直接与完全的责任。

价值平台与绩效管理

价值平台的业绩可以通过平衡计分卡的绩效指标进行评价，以衡量其充分发挥协同内部和外部资源使用效率的水平。

通过组织绩效考核的部门一般被认为是优秀的部门，而达成绩效目标的员工被认为是"稳健的人员"，然而，企业最高级管理人员在追求最高目标的管理过程中，需要尽力去发现组织中特别优秀的人员，并赋予重任。然而，通过日常的绩效考核结果只能发现工作的成绩（在平衡计分卡中只能出现多维度工作职责能力的平衡考核的结论），而不能发现个人的能力。但是在价值平台中，某些员工在项目管理中具备超强的平台间协同能力，不断超越组织的期望，能够找到以往没有预料到的机会和问题，采取行动有效地应付这些状况。这种员工在平台中最可能受到瞩目，并得到最高管理者的赏识而晋升。因此，可以说，价值平台为具备优秀能力的员工提供了另一个晋升的通道，而有这样一个通道，员工即明白，要想成为杰出的人员，只能够在竞争中做出预料之外的事，才能有大突破，也就是说，需要在工作竞争中因为获胜而获得荣誉，而非考核排名靠前。

价值平台与管理者的权力

我们一向认为，作为管理者即意味着拥有"支配"和"控制"下属的权力，并通过权力处理组织内的问题。这在自上而下垂直式（正三角形）的管理架构中是普遍盛行的，但是我发现，随着企业营业规模的扩大，组织和专业分工日渐细化，企业内部会产生出两种产物：一是在细分管理层级中产生越来越多的权力和控制，二是产生越来越多的专业知识。正是前者通过复杂的授权系统形成了正三角形从上至下的治理架构。很多时候，当最高管理人员察觉到企业对客户反应迟钝的时候，企业已经形成了一个在复杂权力控制下的官僚结构。然而，在自下而上提供支持的价值平台（倒三角形）的管理中，这种情况得到了改善。在价值平台中，拥有合资格的知识管理者（高级别的技术专才）得到的尊重要超出仅拥有行政权力的人员，并成为真正的领导人物。多数情形下，他并不需要通过权力达到目标，而是采取较为自然的"最佳追随者"作风，以自己的追随者的利益和意见为依归；他能够鼓励别人，因为他会首先考虑到别人的需要和顾虑，进而采用运用资源和尽一切力量达成目标的能力，并只在必要的时候运用权力。由于拥有被下属普遍认可的符合资格的专业知识并非易事，因此这类管理者并不太担心权力会受到挑战或取代。这就带来一个好处，即在很大程度上避免了体制内因为对权力的过分追逐所导致的人性的扭曲。

在金字塔形式的企业行政体系中，随着企业规模的逐渐扩大，现行管理取得的成功将使企业不知不觉走向故步自封，表现为越来越形式化和官僚化。无论是空间上还是时间上，管理层都逐渐与客户拉开了距离，进而决策会变得越来越慢，规模效应带来的成本降低的优势变得不明显，复杂的专业化分工反而降低了作业流程的效率，客户的直接反馈被听取的机会越来越少，客户信息的传递不是被选择性接收，就是遭到忽视。由于越靠近金字塔的顶端意味着有着更多更大的控制权力，地位的不安全感会驱使管理人员不断追逐权力，专业化的管理和知识的积累反而被忽视。这样又会带来另外一个严重的问题，所有的企业最初的发展实质上依赖于企业人员的专业知识，但随着企业的发展，必然会更深入不同的产品领域或其他市场的开拓。这个时候，行政管理上的优势感往往会使管理者做出超出自身控制力的决定——在自身并不擅长的领域进行投入；这时候由于缺乏新领域专业性的人员，企业即使在收入上取得增长，但利润却未必增加。

卡尔森被召去拯救美国联合航空公司时，该公司几乎要倒闭，账面上一年有4600万美元的亏损，是该公司成立46年来最大的一笔亏损。该公司逐渐失去市场占有率，譬如，来往夏威夷的班机受到竞争对手的打击。在这样的颓势下，卡尔森接任了总裁和董事长。此时，公司薪水册上有47000名正式员工，其中18%是管理人员，每天有380多班飞机，在19300千米里的航线内，航程达120多万千米。

卡尔森的前任主管使这个庞大的系统变成一个步履蹒跚的官僚机构。决策由层层指挥的最上层负责拟订，低层员工提出建议往往会碰壁。波士顿一位前任顾客服务处经理说："公司非常集权，要花很长时间去说明一件事情，到说清楚的时候，事情已经没有必要了。"这种情形只会打击员工的士气：到 1970 年夏天，员工士气陷入最低潮，联合航空公司的飞行员、地勤人同、旅客服务人员、空中服务人员甚至都不掩饰他们的散漫情绪。一位资历深的飞行员说："事情突然变得一团糟。"

作为担任美国联合航空公司董事长和最高主管的卡尔森决定削减令公司窒息的繁文缛节。他想要为组织注入进取的新空气，同时使一切均在掌握之中。他没有采取严密控制方法，把层层叠叠的资料都集中在自己手中。相反，他采取的是比较温和的方式。他需要改善联合航空公司的组织结构，但他并不是只重视结构。他拆散了已往由上而下的行政体系，设计出一种建立在管理平台基础上的平等的新组织。

卡尔森的管理方法首先是"以人为主"，但是他也强调，"两种企业都有最重要的因素——人"。而他所谓的"人"包括顾客和 UAL 的员工。

卡尔森的哲学是，在任何一个组织里，最高主管虽然可以通过行政手段和权力影响他的下属，但是一定要把他们当作值得尊敬和信任的人。他同意"权威是由下级授给上级"。卡尔森自己说："一个公司的总裁就像政治家一样有他的选民。一个公司的选民就是员工，他们不一定真的会去投票，但是每一位员工可以'选择'把自己的工作做得更好或更坏。组织中每一阶层的人一定要了解你的'政见'。否则你就不会得到员工全心全意的合作。像这类服务事业，如果你得不到他们的支持，那么不论你控制得多么紧，都无法把工作做好。"

卡尔森设计了一整套平台管理架构，在平台的基础上开展团队作业。此外，将所有的业务都放到平台上，并让平台向业务的运作提供最大的支持。一位资历深的副总裁说："卡尔森到此地时，他面临的问题是，如何改变此地的气氛，而又维持公司的作业和服务水准。如何打破僵局，让人们自动自发，而又让他们尊重最高管理当局的决策责任和权威。"这段话暴露出团队作业方式的一个问题，团队作业在原则上似乎很理想，可是管理人员却需要投入很多时间来培养一个能干的团体。只是命令下属照团队方式行事是行不通的。卡尔森必须花很多时间工作才能建立一个能干的团队。同时，一旦团队成立之后，它就有了自己的身份，会削弱行政当局的权威和控制。卡尔森知道会有不利的影响，但却准备承担此一风险。

一位高级主管说："卡尔森不仅自己实行看得见的管理，而且要求所有替他做事的人都这样做。结果，我们不让许多主管坐在各地办公室里。我们到处巡视，听取他们的意见，我们和员工因此可以更无顾忌地沟通。"另外一位主管说："卡尔森来后一年内，部门之间的隔阂消失了，人们变得同心协力。我们的中级管理人员最为兴奋。他们发现自己确实有了影响力。最重要的是，这不只是一个假的'接近群众'运动而已。一旦他们发现他们已被重视，他们也就开始重视自己的工作。"

卡尔森看得见的管理作风使管理人员采用了一个必然的策略——"走动管理"。一位资历深的副总裁说："在总公司这里有一点改变。以前我们有太多层层行政审批的关卡。卡尔森来了之后，如果你有一个问题要问部门主管，或是他有问题要找你，双方面都不必经过中间人员或需要征求行政经理的同意，我们可以直接会面。以前我们总是发通知或是打电话；卡尔森来了以后，大家比较会走出去，和一个人面对面谈话，交流彼此工作的方式，达成工作目标。卡尔森并不赞成死板的行政授权。我们不是把工作交给一个人，然后静候成果。我们要参与，关心，问问题，提供最充分的支持。在平等的基础上，认清人的重要性，是实行此一哲学的关键因素。我们花了很多心血才逐渐消除盘踞此地的沉闷气氛。好的结果是行政阶层减少，上下沟通良好；潜在的缺点是控制范围扩大，中央权威削弱。"

平台授权。一位主管说："在卡尔森来此之前，各部门都有其势力范围。如果你是行销部门的主管，你就是这块领地的主人。除了非常正式的高阶层会议外，你不必和其他单位接触。平台授权使情况大变，较低阶层开不完的计划会议，也因为形成快速的决策而大幅度减少。"

在一个决策会议上，卡尔森说："我希望大家考虑一下，依据不同区域的决策平台建立几个利润中心，以解决制订决策时间太长的问题。"成立利润中心的构想，经过两天的讨论，到会议结束时，画成了一张将美国一分为三的地图。管理人员研究这个提议时，找出了 UAL 目前制度中的要素。行销工作作为一个平台授权给一位直线副总裁，他直接接触高阶层管理当局。各部门的行政权力要消减，飞行作业采用矩阵式组织，指挥权直接上达总公司。但是有一些重要作业，譬如修护和餐饮服务，也要同时向新设地区副总裁和各地机场主管报告。时间可以证明，重新设计组织结构的结果，是在总公司的支持平台下，把一个完整的组织分成三个非常成功的中型企业，每一家都和其他航空分公司竞争客源，而三家互相竞争成果。

透过平台利用项目管理接触基层成为联合航空公司大半决策的先决条件。在卡尔森的分权制度下，这种保护措施可以使高阶层管理当局能进行指导，而不破坏直线行政人员的权威地位。一位高级主管附和卡尔森的哲学说："诀窍在于透过员工来完成工作，不是下命令，而是让人们了解计划的价值、理由和目标。当然，有时候你别无选择，只好下命令，因为事情必须'立刻'解决。放松集权控制以后，组织变得比较不灵敏，这是一个缺点。但是命令只能使人服从，而不是全心全意的支持。在服务业里，这一点分别可以造成很大的不同。"

平台的计划和控制。卡尔森为了使所有项目的计划和控制制度圆满进行，乃根据各专业平台的人员按项目管理拟订计划实施后的绩效成果分发奖金，这种奖励措施刺激了管理人员之间的竞争，显然产生很好的影响。一位中级管理人员说："事情会有所改变，这种情况愈来愈明显。首先，我更加了解一切情况。其次，卡尔森和他的团队对于绩效考核比较精明。我们所得到的鼓励是由下而上，所以我们真的有所感受。如果你提出你自己的计划，你就可以负起责任。以前你根本没有控制权，尽管你说要为自己的成果负责，也没有人理你。现在如果你不提出计划，就对自己不利。"

一位联合航空公司的高级计划主管说："卡尔森的计划方法能够奏效，是由于不断沟通所致。制度本身不如意见的沟通重要，管理计划是根据在现场工作的项目管理人员所提出的资料和建议而定。这种方法必须非常明确，才能促使员工提出争论的重点。然后面对面加以讨论。这种做法会使各部门在业务平台上互相斗智——有些人在这一方面比其他人厉害。尤其是飞机时间的安排最容易引起争论。如果班次太紧凑，我们不得不自行取消班次，修改时间表，这时我们就要设法取得协调。这并不是一个完美的制度。"

对联合航空公司来说，卡尔森的计划和控制制度能够不断得到可靠的报告。平台上管理人员会注意到执行与计划的差异。最重要的是，这个制度成为直线行政人员与平台专业人员沟通的途径，促成团队作业的管理方式。

经过短短 6 年时间，依仗卡尔森的苦心经营和独特管理，这家公司奇迹般地起死回生，一跃为年创收入 29 亿美元的企业，不仅重新占有了原来的市场，而且还扩大了经营范围，重新跨入美国著名企业之列。

企业价值平台设计拓展

在图 1.2.3 企业价值平台设计中，为了完成某一类重大管理项目，平台可以进行拓展。图 1.2.4 展示了某企业对产品可靠性管理建立的平台型管理组织，图 1.2.5 展示了新产品开发平台可靠性分析的控件，图 1.2.6 展示了可靠性数据平台分析的控件，供读者参考。

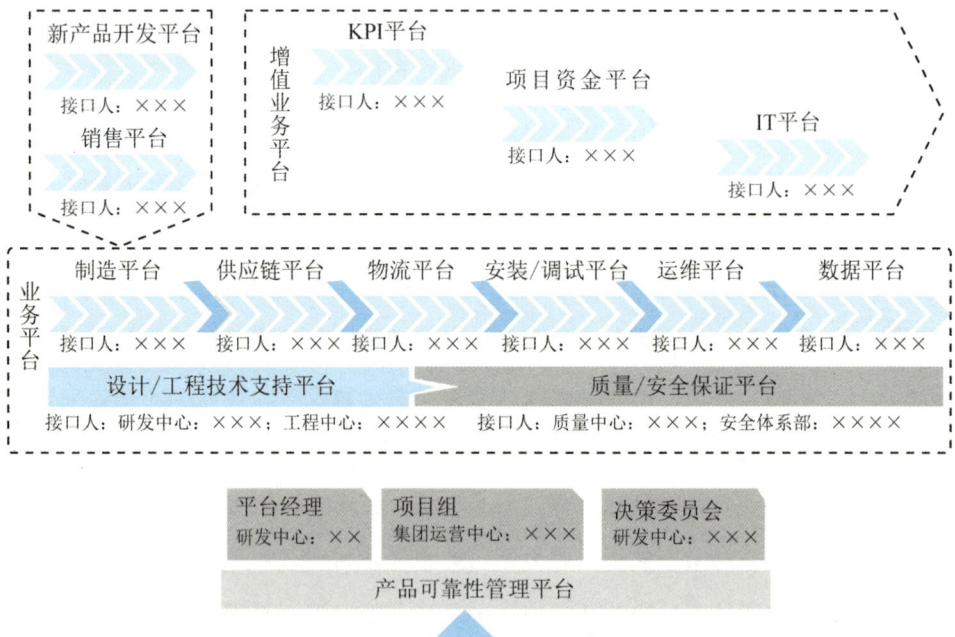

图 1.2.4　产品可靠性管理平台

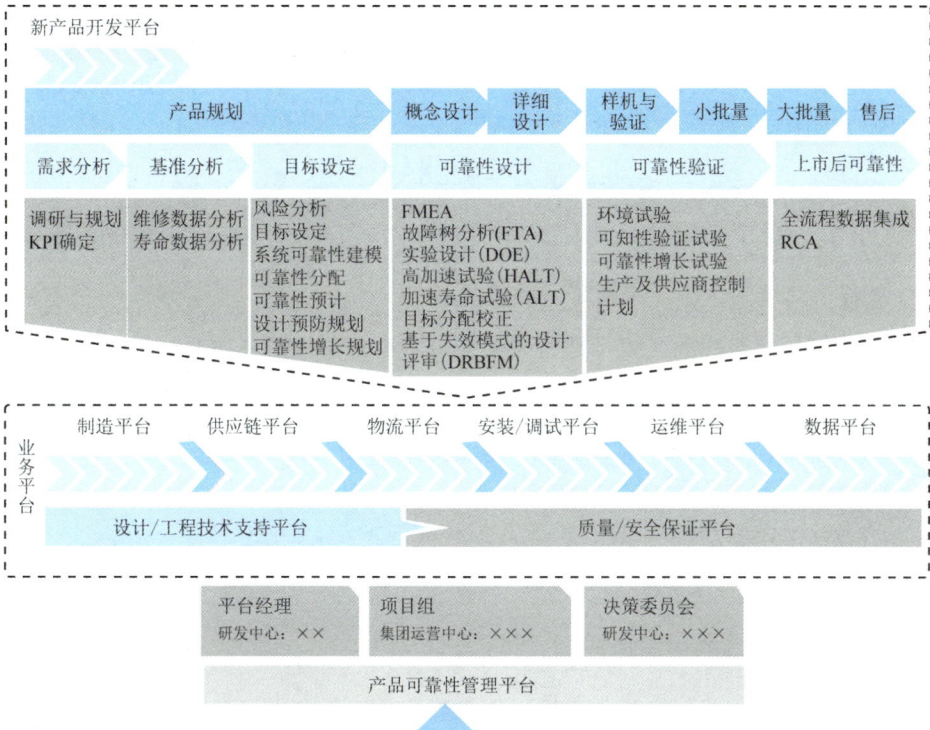

图 1.2.5　新产品开发平台可靠性分析控件

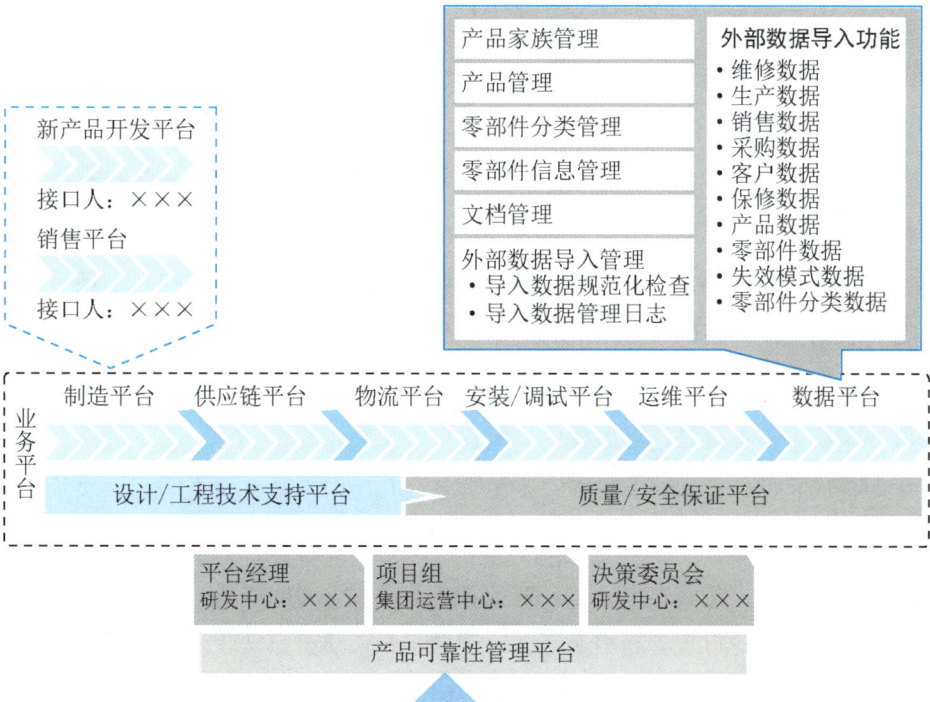

图 1.2.6　可靠性数据平台分析控件

1.3 强化组织协同（治理架构规划），
建立矩阵型组织架构

新经济环境下，企业有两种协同模式：

• (内部) 组织协同，目标是执行项目 (或客户整体解决方案) 过程中在企业内部建立业务履行/职能支持平台；

• (外部) 价值协同，目标在客户价值驱动下建立价值生态环境 (供应链生态、第三方服务生态)。

本章论述的是第一种协同方式，即组织协同。

基于价值平台的组织协同

如今多数大型企业都是由不同的业务单元或共享职能单元组合而成。如果公司想要为业务单元和共享职能单元增加附加值，那么公司需要协同这些运营单元并利用协同效应增加"过程"创造的价值。如何在组织协同中产生这些附加值便成为企业运营层面的一项首要内容。而通过组织协同，企业的员工能力、组织能力、技术水平和创新能力、关系管理能力等核心能力会得到不同程度的提升。

在协同的业务平台中，为了应对市场竞争和产品快速开发的需要，需要建立项目组的形式来实现这一过程。称为项目组，可见它并不是一个常设的组织，这个组织是弹性设置的，为了应对新的产品项目或某个市场挑战而存在，但是它却是公司长期组织计划的一部分。项目组成员最初产生自不同的业务平台，然后在各自的领域里自行采取行动，在最靠近竞争的前沿开展工作，具有相当高的判断力和决策权，而不是等待组织内的行政许可 (见图 1.3.1)。

前首席执行官康迪特上任前，美国波音公司组织中垂直关系明确，决策权集中，而且有许多繁文缛节，偏重经由指挥链来控制管理，组织上呈现一种固化而低效的行政结构。康迪特上任后，面临着再造波音公司的挑战，其改革方向是将既有的工程技术与行政管理相融合，以迥异于原来的组织文化。方法是将组织内分属管理的部门通过项目管理组成跨功能团队，业务平台上下层级关系不再有明

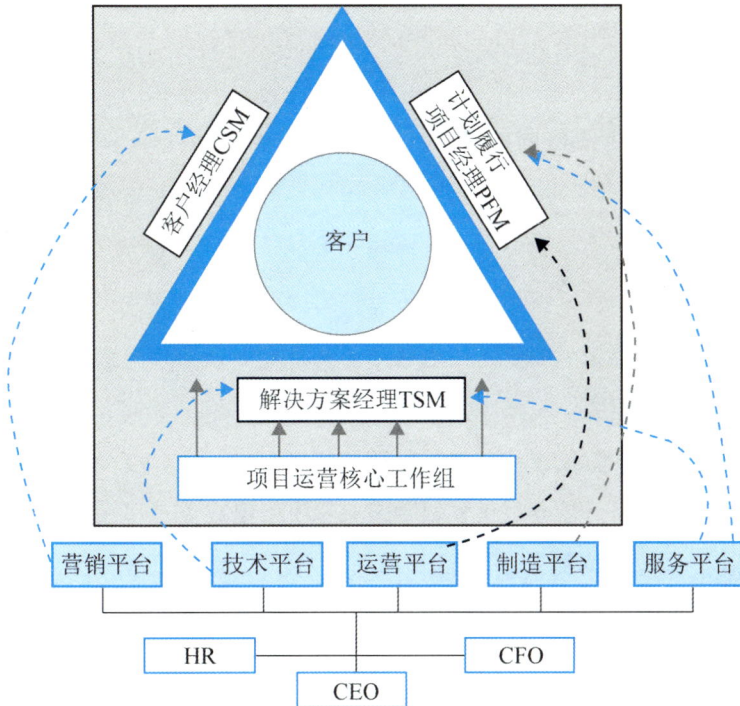

图 1.3.1　价值平台上的项目管理

确的界限，权责随时视需要弹性调整，大力削减各类规章制度，看重非正式渠道的信息沟通，将提升决策的效率作为各级管理者遵循的目标。

　　康迪特认真分析波音公司以往经营上的每一环节，结论是该公司过时的职务设计乃是工作上最大的障碍。以往设计工程师与组合零件制造飞机的技工是各自独立的个体，即工程师勾勒计划后传给制造人员，于是这些生产线上的员工对"投入"的来源毫无机会弄懂，假如技术工人发现新零件在设计上有问题，须向领班报告，再逐级上呈，直到该信息抵达原蓝图的绘制者，高阶设计师针对问题修正后还得费劲地遵循原渠道下达改良指示。康迪特了解到这种传统的方法落伍了，于是改以专项任务式的组织，使相关部门自始至终都得以协同工作。假如波音公司想为飞机设计新款的行李储藏隔间，即会建立专项小组来推动此方案，项目组包括设计工程师、制造部经理、工业营销部经理、财务专家，甚至人力资源好手均会为这个团队提供服务。凭借上述新方法，波音公司能够因才适用，并且瓦解了组织中的障碍，促进了跨业务平台技术专业团队之间更频繁、更直接的沟通。例如，现今制造装配的技工如对零件设计书质疑，他能电话联络此工程师，或者他可于会议上见着此人，直接请他"说清楚，讲明白"。

新经济蓝图下组织协同的特性

基于价值平台，在业务配置中建立稳定的工作流程、信息加工、传递与发布机制（信息工具集成、规则、讨论、邀请、协助等功能）及在此基础上形成的高效工作流，能够在项目生命周期管理中满足不同区域、不同部门、不同专业发生的快速沟通、精密协调的需要。而集成的业务信息平台为项目管理提供了一个独特而具有高度生产力的协同环境，确保每个员工、小组、部门、团队在产品和项目的生命周期的每个阶段都拥有他们需要的信息。

全球分散式协同所需要的可扩展性定义：项目组成员在"任何时间、任何地点"都可以安全地访问到所有项目和产品信息。分散的团队、部门、小组、员工、供应商和合作伙伴都能够无缝地共享不同类型的产品和项目信息，而不管地域、组织或者技术边界。

波音公司作为美国最大的出口供应商，已将项目管理运用到极致，以至于业务的矩阵结构愈加简化。波音公司将各种机型如 B737、B747、B787 的研发和制造作为独立的项目分别进行管理，项目管理体系始终贯穿于公司生产运营的各个具体环节。波音公司将项目种类分为长期项目（program）和短期项目（project）两种类别。长期项目由一系列相关的短期项目聚合组成。如 B747 机型的研发生产作为长期项目，而每一具体型号飞机的研发过程如 B747-400、B747-800 等则是组成 B747 这一长期项目的各个短期项目。短期项目只作为一种阶段性的成果，随着新产品的研发与问世，短期项目管理流程结束，产品即进入常规生产运营阶段。

在项目实施过程中遇到技术难题，随时由项目经理召集有关人员进行快速的集中研究、集中攻关、集中解决。以长期项目 B787 为例，从了解客户需求到整合原材料供应商，从建立项目组织架构到编写商业计划，从执行项目控制到风险评估，从内部团队建设到外部力量支持，波音公司都建立了集中统一的整体流程体系。之后，再把整体流程分解为若干项小流程，进行逐层分解，一直细化到每一个环节和每一项具体任务。同时流程和决策点也会随着项目的进展不断加以必要的调整。

对于具体短期项目而言，波音公司也分别为每种新型号飞机制订了项目流程，包括项目概述、任务分解、责任落实、时间和经费预算、任务相关性研究、进度跟踪、资源整合、风险评估和项目监督执行等环节，各环节环环相扣，都有具体的表格和量化指标。在 B787 的 3 个短期项目管理进程中，有 400 多名项目经理负责编写项目流程，分门别类制订项目计划，然后将项目逐层分解为多达 10 万余项具体任务，并列出了相关任务的先后逻辑关系。在此基础上，整合优化各种资源，确定工作分工，将工作职责明确到 1.8 万名工程师和技术人员身上。同时建立起各项任务的风险评估和规避体系以及实时的监控系统，每一天都由分管的项目经理来负责监督和控制流程，评价每项任务是否按照计划和进度完成。项目结束后，项目经理还要对项目进行评价和总结，优化流程设计，为以后新项目的研发奠定基础。这样，开始实施下一个新的短期项目时，将原有工作流程和技术模板略做调整，即可推广使用。

高淼、陈曦光、尹湛《美国波音公司项目管理浅析》

核心的项目协同组织结构模式

在图 1.3.1 中，我们可以观察到，一个比较典型的、面向产品开发或客户产品应用的项目团队的核心成员有三名：第一名负责客户和商务工作，第二名负责产品或技术解决方案，第三名负责合同交付履约。通过这种项目组的管理模式，即可调动企业内部各个系统高效协同工作。项目组成员的职责定义如图 1.3.2 所示。项目组需要解决十分具体的问题，并完成一系列解决方案，比方说，产品解决方案、面向特殊环境下的技术解决方案、面向不同信用等级的客户的付款方案、融资方案、面对高风险环境下的法务解决方案等。我们要清晰地列出这些可能存在的需求，并提供过往解决问题的经验。然而，不同客户或在不同经济环境下提出的条款是有差异的，当项目组核心经理不能够完全理解或做出判断时，即需要向下调动资源，通过业务平台寻找最专业的建议。

客户和商务工作组 CSM——营销中心	解决方案工作组 TSM——研发与技术中心	履行与交付工作组 PFM——计划运营部
负责客户总体营销项目的策划和销售	负责向客户提供技术与服务解决方案	负责合同履行的客户满意度

客户关系
- 管理市场各种机会点
- 负责建立并维护客户关系

盈利性销售
- 驱动盈利性销售，确保合同成功
- 负责财务概算和预测、定价策略、融资策略、条款及相关风险识别
- 制订合同谈判策略，并主导合同谈判
- 确保交易和PO签署、回款

客户技术和服务解决方案
- 负责拟订产品/技术/服务解决方案
- 制订满足客户需求的技术管理策略，引导客户接受我方方案
- 确保解决方案与企业产品/服务组合战略协同
- 识别客户端/解决方案风险，采取适当的规避措施
- 负责与客户共同解决有关技术与服务方案的存疑问题
- 支持客户关系维护

履行和交付
- 总体负责合同履行、项目管理和服务交付
- 协同履行团队在售前阶段早期介入，保证合同质量及可交付性
- 负责合同执行策略，以及过程相关风险的识别和规避
- 保障合同履行，确保企业和客户双方都履行合同义务
- 负责解决与客户之间履行中的争议

KPI绩效方案	KPI绩效方案	KPI绩效方案

1.3.2 项目组职能定义

　　之前已经说明，业务平台是一组职能相似或相关的专业人员的组合，为了组织透明和信息公开的需要，我们在业务平台上要定义出符合业务管理规范的专业职能，职能对于业务的支持作用要十分清晰。这样面对特殊的需求时，项目组核心团队即会提前对内部的支援能力进行评估，挑选最为恰当的专业人员加入到项目协作团队中。

　　现在可以透视一下现代商业社会的本质的变化。我们看到面向顾客的销售，已经从原来的产品销售，转变为一组基于提升客户满意度（或客户体验）的解决方案的销售。对于专注于商业收益的成熟的客户来说，供应商提出的解决方案应该是一个基于资产全寿命周期上最佳投资收益率的方案，从而，客户的关注点不会聚焦于工程建设、产品制造、运输、安装、调试的标准模块和具体过程，而是从一开始就要求企业提供满足行业最佳实践的一整套解决方案。例如，满足于最

佳收益的产品解决方案，满足于特殊地域特征的技术解决方案，满足于财务收益的融资方案，满足于工程施工的 EPC 方案，满足于无忧服务的运维方案。这些方案，由供应商不同的价值平台提供，通过价值流程的驱动获得。能够提供最佳方案的供应商将获得订单，并通过某种产品作为载体在客户价值链中多个商业领域同时获取利润，与此同时，客户在产品（转化为资产）全寿命周期的投资收益率也得到提高。一种有意思的销售理念是，我能向客户提供一个在全寿命周期内获取最高价值受益的资产，而不仅仅是一个产品。

现代商业社会的本质的变化与项目协同组织结构、价值平台有什么关联呢，我们来看解决方案与价值平台的关系图，如图 1.3.3 所示。我们看到，在客户和商务工作组中，需要完成的职责包括拟订销售方案、财商方案和法务方案。上述解决方案由不同的价值平台予以提供，例如，市场平台和营销平台提供销售方案，由商务平台、资金平台和核算平台完成财商方案，法务平台审议法务方案。

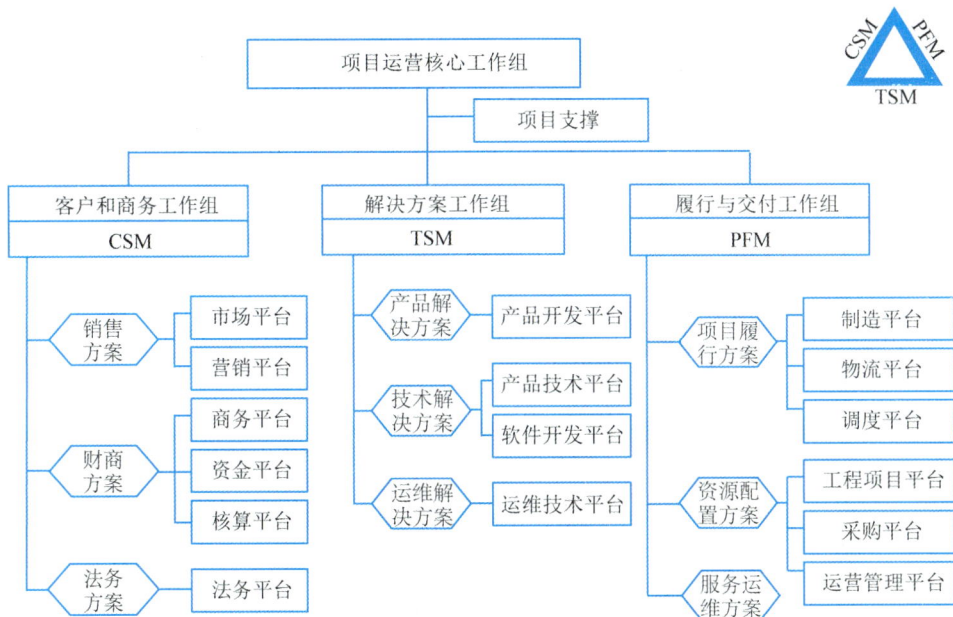

图 1.3.3　解决方案与价值平台的关系

那么，营销平台如何具备提供销售解决方案这样的职能呢？如图 1.3.4 和图 1.3.5 所示，我们将营销平台的职能拆开，可以看到它具备客户经理职能、整体解决方案经理职能、分析师职能等。为了满足客户的需求，我们必须以客户为导向，设计企业本身的项目运营架构。

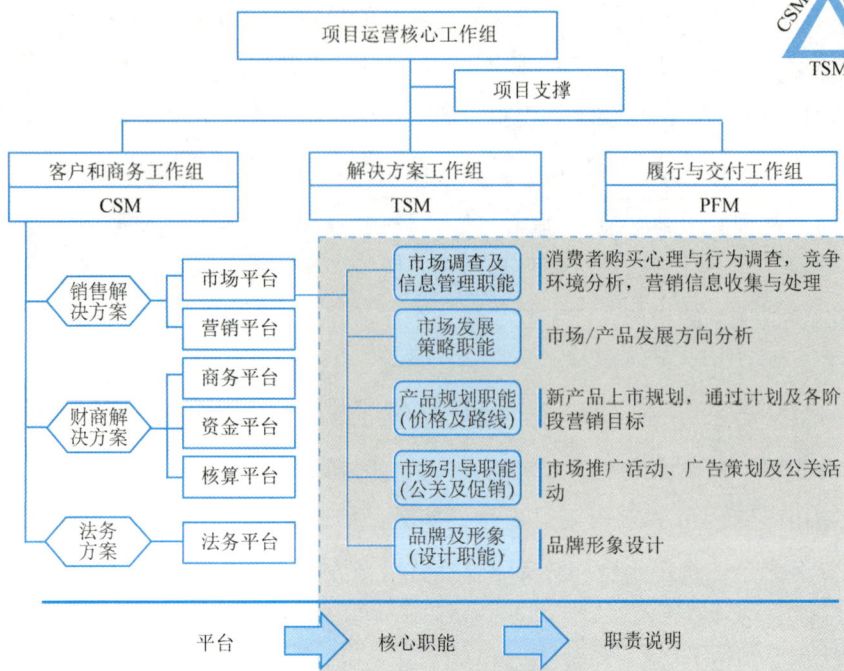

图 1.3.4　项目管理组织协同方案（一）

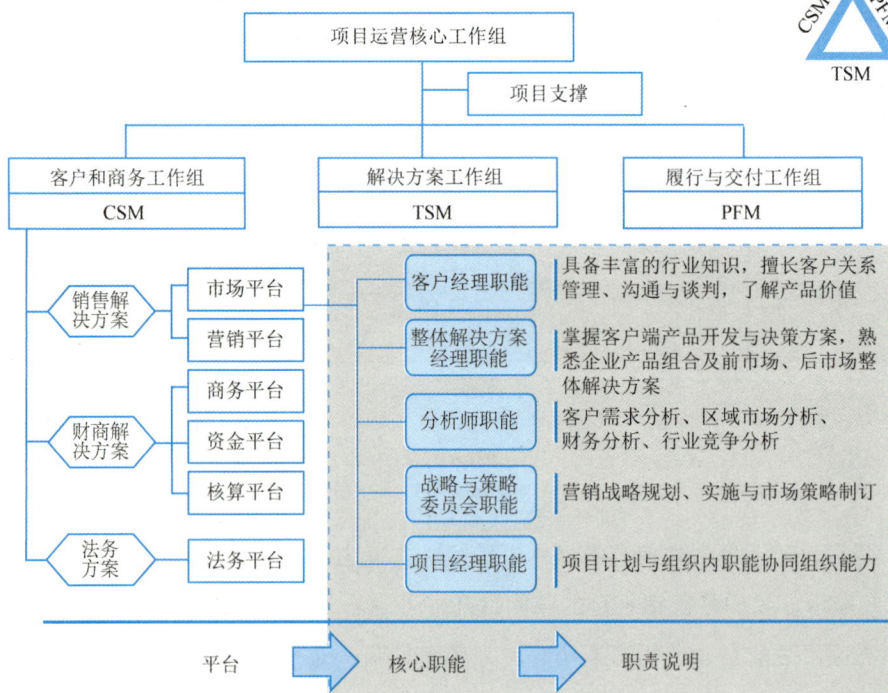

图 1.3.5　项目管理组织协同方案（二）

对于平台下的职能，需要进行较为精确的定义。如果不进行定义，对解决方案经理可以有两种不同的理解：一是产品的解决方案，属于企业内部由研发中心主导的职能；另一类是客户端的组合销售方案，是基于满足客户多种价值需求，提供整体解决方案。可见，前者属于狭义的定义，后者是价值平台的核心。下面我们就基于客户端的客户经理职责进行定义：

（客户端）整体解决方案经理职责

• 熟悉客户端产品开发和决策过程方案。负责专业产品与解决方案的规划工作，熟悉产品解决方案的业务计划制订（如市场分析、竞争分析、产品规划等），进行专业产品/解决方案的路标制订和管理。

• 客户需求挖掘与分析。通过业务交流，产品经理不但需要想到客户在一个产品寿命周期内会有哪些收益或是体验的需求，还要深刻地分析这些需求的优先级是什么，应该如何做。

• 解决方案设计。依据客户需求，跨业务、跨行业界限开展产品组合设计。

• 推动解决方案的实施。解决方案经理完成了项目路标的规划和设计后，利用各方资源推动项目按路标实施。解决方案经理需要了解企业相关资源，同时协调项目团队成员同心协力完成目标。

整体解决方案经理能力（熟悉或掌握）需求

• 前市场管理（目标市场分析、目标客户分析、组合产品体验分析、融资方案、EPC 解决方案、数据解决方案、项目盈利模式与收益预测）；

• 产品管理（客户需求评估、适应性分析、产品选型）；

• 后市场管理（运维服务解决方案、性能提升解决方案、备件解决方案、大数据分析与预警、远程智能解决方案）；

• 能够依据客户内部不同的目标受众进行产品独特价值的推广。

我们通过如下案例来理解整体解决方案经理的能力。

（客户方采购代表）我讲讲过去两个月中经历的三次不同的促销活动。

第一位销售人员来自一家大型化学公司，这家公司制造了许多种化学原料，我的企业在生产中也用到他们的许多化学原料。这位销售人员既温文尔雅又专业，他对产品的技术性能和特征都非常熟悉，他不断地向我们介绍他们公司产品的优势。

当然，他说的没错，他的公司的产品确实非常棒，但是，我们其他供应商的产品同样也很棒。他的卖点在于他说能为我们提供一站式服务。这当然是个好主意，但对我而言同样没什么吸引力，因为其他供应商也有同样好的产品，而且运输成本也很低。对我而言，只从一家供应商那里购买多种产品有什么好处呢？

第二位销售代表与第一位非常不同，他销售的是塑料。我们公司会使用大量塑料。这位销售人员的技术能力也很过硬。他对自己的产品和企业充满着激情，一直在谈他的公司正在开发的新的增值项目。这听起来不错，但对我们有什么意义呢？他说这些项目能在将来给我们带来收益。我说，那就以后再来找我吧。

第三位销售人员来自通用电气公司。尽管他的工作是推销塑料，但是，他丝毫没有谈及他的产品。他只是问了我一些问题。比如，我在购买设备方面占用了多少资金？产能损耗率有多少？在生产工厂里，使用目前的原料和加工设备，我遇到的最大问题是什么？我在运输和物流方面占用的资金有多少？

我们谈得很好。当我谈起我们所面临的经营问题时，我们聊起了不少很有意思的话题。

两周之后，这位销售人员又来了，他带来了通用电气公司提出的如何减少资金占用和降低融资成本的建议，这些建议涉及我们公司的生产装备和物流。他还就我们如何节省仓储空间给出了建议。同时，他还提议由通用公司的工程师和我们的工厂工人合作，一起就如何优化原料的使用做出改进。

接着他谈到了全球性支持的问题。我们正在全球大力拓展业务。他向我们介绍了通用电气公司会如何支持我们的全球性扩张。

我盘算了一下，他所提出的建议能给我们的运营在资本、融资和产能损耗方面节省一大笔钱。当然，他拿到了我们的塑料订单——几乎是全部订单。而且，他们的塑料还将随着我们的产品卖向全球各地。

喜欢这种做生意方式的人不只有我一个，我们工厂里的人也喜欢。他们与许多产品推销人员打过交道，其中只有通用电气公司的推销人员花时间倾听他们的问题，并帮助解决了问题。当决定哪家公司将成为我们的供应商时，结果是显而易见了。

而且，通用电气公司提供的全球性支持让我们的运营变得更容易了。在服务于我们苛刻的客户——汽车制造商方面，通用电气公司提供的这种支持帮了我们的大忙。

我们来观察一下美国3M公司的创新产品项目小组的组织形式。这种小组具有三大特色：一是由各领域专业人员全力共同参与的无限期的任务，二是参与的人员都是自愿的，三是参与人员具有工作保障。3M公司成立创新产品项目组后，项目组领导者即会迅速依据产品开发需求从各部门召集人员加入，至少会包括技术、制造、营销、销售，也许还有财务人员，参加的这些人员都是自愿加入的。有位主管表示："团队成员并不是公司指派的，而是招募的。这两者之间的差异十分巨大。如果我是制造部门的人员，而公司指派我去评估技术人员的新产品开发构想，我为了早日摆脱这个苦差事，大可挑出所有的缺点，然后说这个构想很差……不过如果我是自愿加入的，这样的情况就不可能发生。"3M公司还赋予产品创新小组极大的自主空间和工作保障。公司坚持团队成员从一开始加入，一直坚守到产品问世为止。3M公司对创新小组成员表示，公司将他们视为整个团队。只要他们的活动成果符合公司绩效评价准则，公司自然会让他们随着产品问世，步步升迁，随着产品销售量的增长，获得应有的利润。万一失败，公司承诺他们有工作保障，至少还能够回到当初加入小组之前的原有职位。

在此，我们重新来辨析职能和岗位的异同，许多人会混淆二者的概念。概念上职能与岗位是不同的，职能属于专业定义范畴。一般而言，有怎样的业务活动就会有相对应的各种专业职能，它不能缺失，也不会被移走。例如，采购业务中的供应商质量工程师SQE。相类似的职能组合起来，就会起到一个支撑平台的作用。对于每一个价值平台上的不同职能，如果将其有效组合，即成为不同的"岗位"。因此我们可以这样理解岗位，即岗位是由一系列职能的组合而形成的显性的个人或团队。在一个完整的营销—制造系统中，职能是相对固定和稳定的，能够通过科学的专业分工方法确认，而岗位设置却是人为指定的（特别受影响于行政领导的个人判断和企业发展规模），岗位内的职能可以进行调整、组合，岗位可以因为行政管理方案的变更而随时发生变化（所谓因人设岗），如图1.3.6所示。实际应用中，如果我们将岗位作为流程的执行方，则必然为流程的编写和可持续的业务履行带来了相当大的不确定性。因此，在高效运营中，项目化的运营流程必须以价值平台——职能作为其基础执行架构，以保持其稳定和有效。

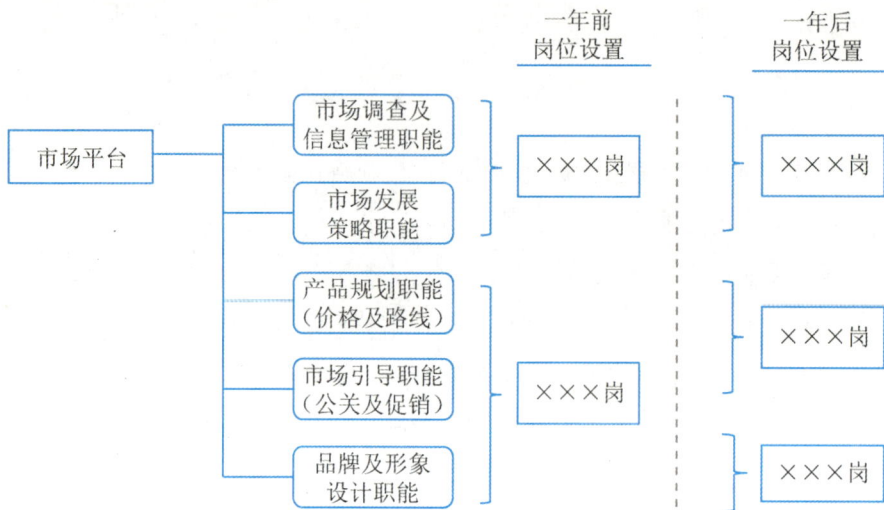

图 1.3.6　职能与岗位的对应关系

从项目运营中，我们看到基本的领导角色包括客户和商务工作组、解决方案工作组、履行和交付工作组，这三个组将由不同的经理来担任，并根据项目实施的不同阶段对主导角色进行调整（见图 1.3.7）。

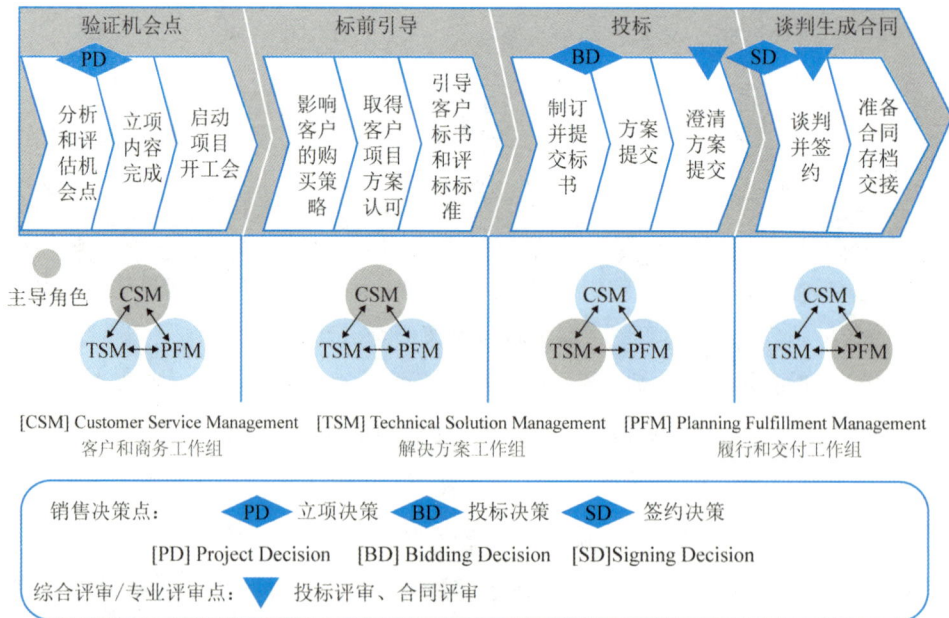

图 1.3.7　项目运营核心工作组在价值流程不同节点上的主导角色的调整

对于一个项目内的不同角色，需要在不同的平台上遴选。较小的企业，平台间紧密合作，项目经理对成员角色非常熟悉，因此每次组建项目团队时，直接联系并任命即可。然而，更大企业，由于同一时间运行的项目很多，各个平台上的专业职能分工趋于细化，加上人员众多，各人的任务负荷不一致，平台成员间的互动就复杂得多。因此，企业建立可以公开查阅的平台—职能—人员数据库，为项目经理选择成员提供最大的便利（见图1.3.8和图1.3.9）。

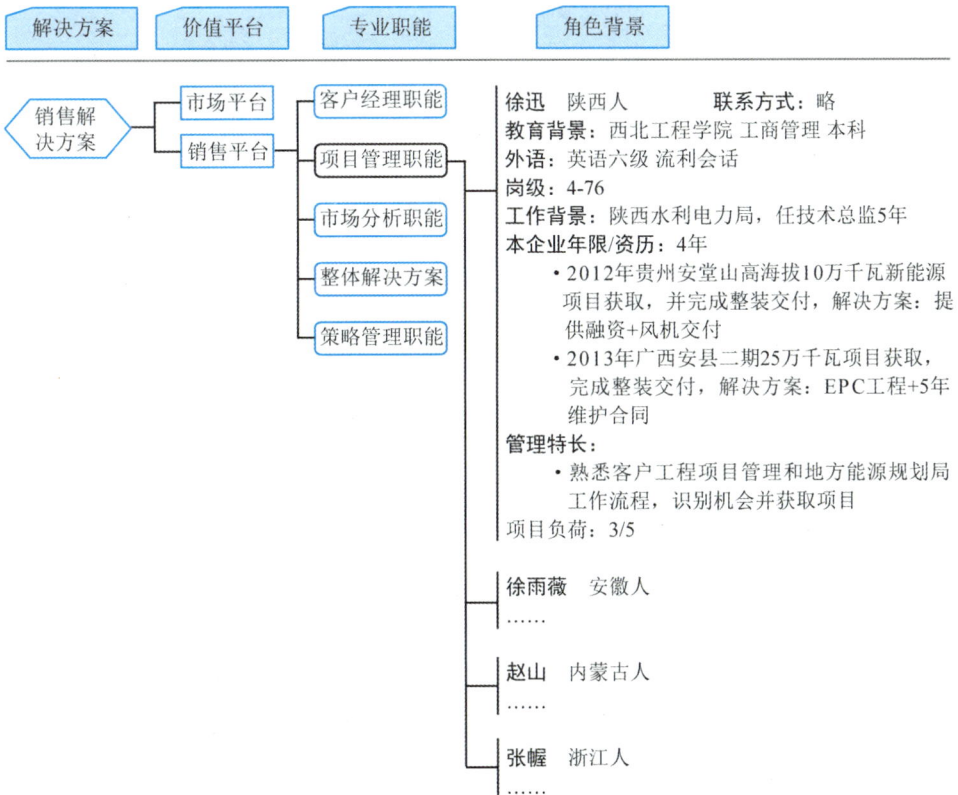

图 1.3.8　销售解决方案角色背景

组织协同的市场优势

通过组织内相类似的职能协同，可以增加企业的市场机会点和收入。例如，通过市场营销部门和售后增值部门对客户需求信息的分享，可以重新组合或定位客户潜在的价值需求，通过销售重新设计的产品（整体解决方案）提高市场份额

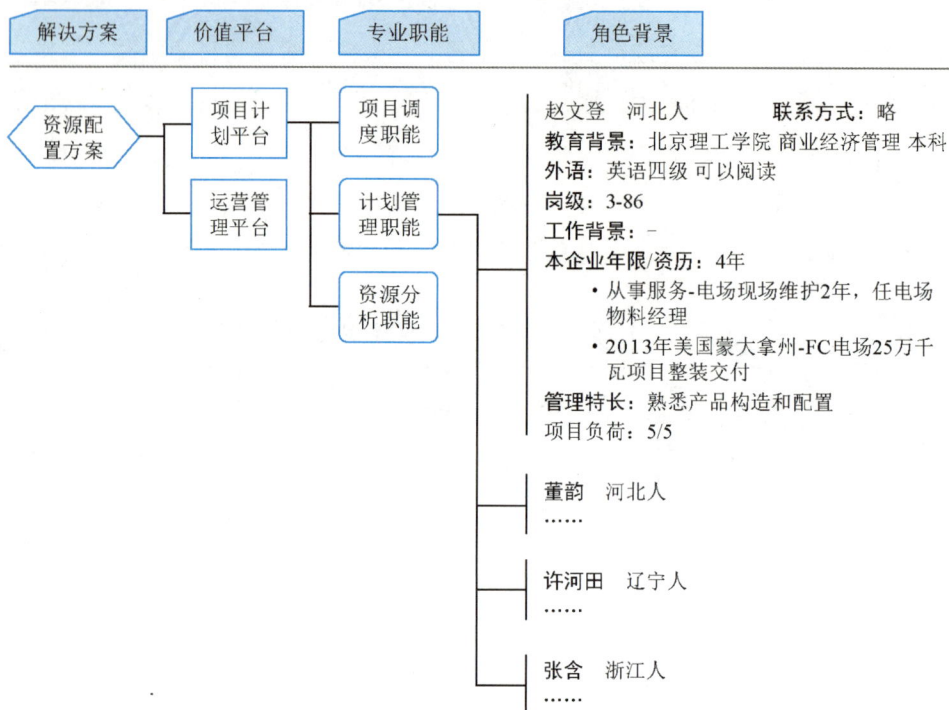

图 1.3.9　资源配置方案角色背景

和对市场的控制能力，激发客户的购买欲望。在这种协同模式下，当其产品在客户的价值链上达到一定程度的覆盖面时，企业有可能在某些环节获得高额利润。而将营销或服务一方信誉良好的品牌或商标借用到另一方的产品或服务上，可以提高其销售价格。通过共享的市场或创新产品的需求信息，可以提高公司的面向客户需求的技术创新能力，开发出更新的产品或者提高产品质量。通过营销和创新协同，可以建立强大的客户关系网络，使企业形象和品牌实力得到广泛的传播。

通过组织协同，可以降低产品开发费用。组织协同首先降低了企业的学习成本和协作成本。例如：不同产品平台和技术团队之间专利、技术诀窍等知识产权的共享可以使产品工艺设计和生产的成本降低，共享的技术模块的重新组合可以在规避质量风险的基础上实现产品的快速迭代。

集团企业分治的业务主体，如各营销公司（或事业部）、业务公司、制造公司、服务公司之间通过组织协同能产生的积极的资本/财务收益。这种协同的方案是，通过资源的配置，当各法人主体间的投资机会和现金流上存在互补性时，可以根据税法、会计处理惯例及证券交易办法等有利规则，对经营活动进行调整而为企业带来财务上的收益。如形成合理的避税，由于不同类型的资产所征收的税率不同，企业可以采取某些财务处理方法（如利用税法中亏损递延条款）达到避税的目的。又如形成综合杠杆效应，通过法人主体间的资金综合管理或财务协同获取公司长期负债与资本比率变化，使得集团偿债和举债能力增加，资本成本降低。

如图 1.3.10 所示，采购平台和服务平台的协同可以共享相关资源，从而降低采购成本、物流成本和服务成本。市场平台、销售平台和研发平台的协同可以降低开发新客户的成本和市场推广费用，减少市场研究费用和营销成本。计划体系实现年度计划到季度—月度滚动计划、新增订单计划、销售计划、生产计划、运输计划、施工计划的协同。

通过组织协同提升运营效率。通过管理经验、信息系统、业务流程和企业标准的共享可以提高管理效率、

协同内容　　　　　　　　　项目价值

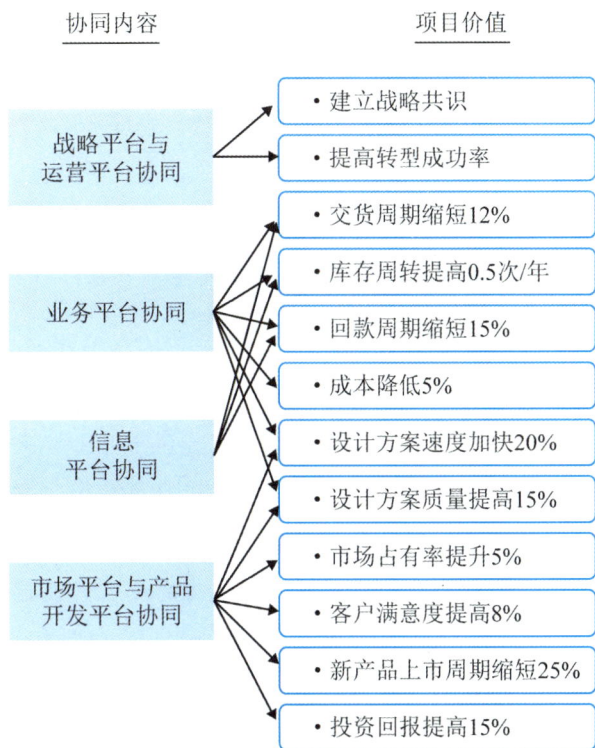

图 1.3.10　平台协同的价值

商业效率和信息沟通的质量。在协同的组织内的个人能更快地获得和使用知识，最大限度地减少重复，达成更短的产品和技术开发时间。当一方效能在本业务平台中未能得到充分利用（例如，富余的加工能力、存货、销售渠道、物流运输、人力资源、资金等），或在另一平台的利用效率更高，以及在不同时间的使用强度不同时，就可以通过对资源的调动实现运营效率的充分利用。

通过组织协同降低面向市场开发的风险。不同的组织管理信息的互补和融合可以使企业的管理表现更为出色，增强了抵御风险的能力。

组织协同过程中需要避免的管理风险

由于各个业务/职能部门的管理设计泾渭分明，在过往的管理经验中，各种创新尝试的失败形成了挫折的教训，逐渐自发形成了不利于外部协同的自我封闭和自我保护的管理流程，仅留下少量的接口与外界交流信息，这种情况在中国大企业中表现得特别显著。因此，如果我们要求业务/职能部门在现行的组织框架下，主动地寻求跨部门协同管理，在面对放开一些领域就已经惴惴不安的管理部门，得知可能要牺牲本部门预期利益或增加局部工作量，此时将会采取消极的应付态度，可想而知，这种变革几乎不太可能实现。

另一种比较隐蔽的风险是，管理人员习惯于向下控制的思维，属下任何一种做法如果出现在现行控制范围之外，管理者立即检视并加以行政干预。

一天早上，我在办公室与销售总监讨论来自德国博世汽车公司的一款ABS刹车系统的新产品报价，要求我们在五个月时间内提交满足设计要求的样件，包括建立可实现量产的制造设备和检测手段。我们知道，这款产品的竞争对手至少在国内有两家，国外有三家，而根据我们的经验，对于这种风险性和安全性要求极高的产品，设计—验证周期一般不会低于九个月。"来吧，"我对有点为难的销售总监说："我们要么放弃这个产品，要么组建一个超常规的产品开发团队，我希望通过后者释放压力。"一整个上午，我与研发总监和制造总监都在商议如何组建这样一个团队和可能面临的变革压力。下午，我们终于拿出了一个方案，我们全新设计了一个团队，团队经理由一名颇有工作激情的销售经理担任，专责成员包括一名开发经理，一名制造工程师、一名供应商开发与检测工程师，还有两名兼责的设备和车间经理。这个团队由我直接授权，包括各项开发和试验费用等，可以独立运行。

我告诉这个团队，如果我们成功开发这个产品，将极大地提升企业的信誉度，我们会成为行业的标杆。然而，我们所面临的压力和不确定性也是极大的，"不过我愿意尝试一下，即使失败也不要紧。你们放手去做吧，我乐于看到你们的成功"。

当项目推进到差不多五周后，焦虑不安的人力资源总监找我谈话，说这个项目成员太自由了，几乎没有人知道他们上班的去向，合作的供应商的技术人员常常逗留在我们的车间内。"工厂内议论纷纷，这样可不行，"他说，"他们的去向、工作内容必须进行登记，我还要通过各种渠道进行核实。另外，我还考虑对这样的项目进行制度化管理，这样就能够避免他们滥用职权。"

财务总监也找到我，心事重重地说："这样放手去做也不是不好，但是很可能会超出我们的开发预算。而且，我听到车间主任说他们这些个奇思妙想在生产上根本行不通，在这样的项目上投资会很有风险，我们要不重新做一份可行性论证？"

我的回答则是："我了解了，但请再等等看。我们要坚定支持我们的工程师团队，不要怀疑他们的动机，他们在做正确的事情。也许，我们现在还不能完全理解。"

不过，上面的谈话提醒了我，我马上召开特别会议，会议上强调了公司所有部门要对这个开发团队的工作开绿灯，取消非必要的行政干预。我说："也许我们在后方各个部门的人员可以为他们提供更大的支持，而不是本能的控制和干预，我们采取更积极的协助方案，这样会提升他们的工作热情，产品的开发效率自然会更高。"

四个半月后，项目团队带着他们的作品向公司高层做了一个汇报。我们都很吃惊，因为他们除了带来符合博世汽车公司图纸要求的样件外，他们还在短短的一个半月时间内改造了一台设备作为将来批量生产的原型机，甚至，他们已经制作了产品疲劳测试需要使用的工装。

第五个月，我们如期地向博世汽车公司提交了我们翔实的开发报告和样件，三周后，我们获得了采购订单。

思维的局限是组织变革面临重重困难的主要原因。我们可以看到，组织协同实现困难的企业在应对比较平缓的市场变化和较弱的竞争关系还勉强可以适应，而在快速变化的市场环境下，不能够进行快速转型的企业必然会被边缘化。在这种情形下，作为企业家需要考虑通过全新的项目经理制授权替代以往惯用的行政授权，并依据战略规划实施组织变革，尽力压缩层级，去除不必要的中层管理及控制，形成扁平化的组织。以"企业整体利益高于部门利益"为原则，在满足客户价值体现的方式下紧扣企业核心业务能力建设，方有可能打破部门边界，重新整合部门的管理职能，实现有价值的组织协同。

　　组织协同并不一定意味着组织间的合作，也可能出现互为约束，具体情形需要从公司战略层面对价值平台内的职能定位引出。集团内部，在一个价值创造活动的链条上的不同部门一般情形下会形成协作的关系，然而，企业内部同样需要"立法部门""执法部门"和"实施部门"，三者形成相对独立分治的治理架构。例如，对于制造系统来说，技术、制造、质量三大职能就必须保持互相独立的治理架构，技术（包括设计、工艺）团队成为所有产品规范的立法者（包括检验规范），制造/服务部门成为产品规范的执行者，而质量团队就负责对照技术标准和质量标准进行合格的判定。部分企业现行的质量管理是将过程质量检验事务与质量控制管理合并，这种组织协同形式貌似效率最高，但实质上会带来职责不清导致判断模糊的情形。例如，从指标评价的角度来看，质控中心是公司的质量最高考核者和质量考核指标的制订者和数据统计者，然而却要背负自己制订的指标着手对属下的质量团队进行考核，其公正性可想而知。当然有的领导说，指标就是指标，数据计算过程是很清晰的，我相信质量人员的职业道德。然而，我们不要忽略了还有大量的质量管理事务，这些事务的成效存在人为把握的尺度，例如，质量改进项目完结率。如果集团对质量的定位是"集团授予质量团队在整个公司的产品质量具有否决权，代表顾客监督公司的质量行为，确保满足顾客要求，负责在质量方面统一与顾客沟通，组织整个公司的资源解决顾客反馈或投诉"，那么质控中心就会聚焦于质量策划，而不会产生上述尴尬的情形了。

　　组织协同取得的管理优势大都来源于互补效应，但也可能因为差异性而发生冲突。其中领导者行事风格、内部组织价值取向、对影响力的诉求、对他部门价值判断、信息交互系统、资源管理方案之间最容易发生冲突。组织/资源冲突不仅会导致管理人员时间和精力的分散，还会带来很多协调成本，因此消除组织/资源冲突是组织协同过程中的关键步骤。组织协同过程中可以采取求同存异、协商调解、渐进策略、激励机制和高级管理者协调机制等达到解决冲突的目的。

产品价值链组织协同·设计部分

一个完整的制造型企业会拥有一支技术团队，团队由涉及不同类别的专业技术人员组成，有的负责机械设计，有的负责电控系统设计，有的负责电机总成设计，有的负责控制策略的编写。随着产品线扩张和产品功能设计日臻复杂，专业技术的深度和密度会显著增加，技术团队会不断补充紧缺的技术人员，逐渐在相关的技术领域成长为一个个技术边界相对清晰的专业技术组，例如，传动技术组、结构设计组、动力总成设计组等。每个组内都汇集了一批专业设计专家，最后，为了提高技术管理的有效性，在组内会产生一名技术负责人，负责保证组内技术/产品功能的稳定性、可靠性和先进性，保证技术的开发进度和品质受控，保证项目技术资源的合理配置以及小组成员的工作协同，同时关注专业知识的获取、创新与积累。这名负责人我们称之为技术总监，其组内成员我们称为一线专业工程师。通常，技术总监的上级汇报对象是设计总监。

显然，技术团队必须要承担产品设计项目才能实现自身的价值，也就是说相关专业设计组必须被放到一个完整的价值链上，才能为产品的市场化创造技术价值。而领导一个产品价值流的则是另外的负责人，他是项目和产品线的领导者，他不仅要对顾客的需求负责，也要对产品利润负责。从这个意义上来说，项目和产品线领导者（以下简称为"首席工程师"）是产品价值的系统设计者，他同时要对设计部门的最高领导人负责。

我们现在来观察产品首席工程师、技术总监、设计最高负责人、一线专业工程师几者的角色，显而易见，他们之间的关系变得复杂了，绝非是一种简单的直线领导关系。技术总监要对设计总监负责，同时要对产品首席工程师负责，同时还要负责对下属一线工程师的工作表现进行等级评定。而首席工程师同样也有困惑：一方面要面对客户的压力，同时对设计最高负责人负责；另一方面要花时间介入到一线专业技术团队的工作，以确保设计功能和进度满足产品上市的要求。

也许一线技术工程师更加挠头，他会面对两个老板，分别是顶头上司——技术总监和产品首席工程师，前者可能要求一线工程师优先保证面向未来的专业技术的开发或现存技术的改进，后者则要求一线工程师的输出成果符合产品开发进度。从心态分析和以直属管理的角度来看，似乎花时间取悦自己的直线老板——技术总监对自己更加有利。因此，如果以上技术管理处置不当，很可能会造成技术开发团队内部相互争夺资源或闲置有用资源的情形，成员则会花较多的时间在非增值活动上，最终导致整个团队士气低落，并可能造成产品上市延误或出现不可预知的产品设计缺陷。事实上，国内很多大型的制造业在设计领域都会存在上述组织治理的问题。

为了尽可能避免出现上述不利的情形，就需要引入组织协同管理。在做设计部门组织协同方案时，首先要求每一名一线技术工程师牢记以下信条：

• 如果没有在面向客户的产品设计上体现自身的技术价值，那么就需要对现行工作进行检讨；

• 设计人员不应该受到行政管理、流程再造、公司文化、政治气氛的影响，即使面临压力，也要将其作为次要的事务进行处理；

• 客户对产品的评价作为绩效评价的第一准则。

在以上的信念下，我们再来分析一个设计部门如何通过组织协同提升管理效率。

首先，确定各方不同的责任。首席工程师是客户产品的第一代表，首席工程师要负责整个产品项目的价值和周期符合客户的需求，同时，要确保产品满足公司的利润目标。因此，首席工程师有权得到设计最高负责人甚至是企业最高负责人的支持，有权力跨界别组织和调配技术成员。

技术总监要承担起产品功能设计与技术质量满足产品系统性功能的责任，确保及时响应并支持首席工程师的工作。支持一线技术人员优先参与首席工程师产品开发工作，提供多种途径帮助他们组织和掌握设计知识（例如，参加专业的培训学习，到供应商处交流，组织客户访问）。技术总监有义务就现行技术的特点（优势与缺陷）与首席工程师进行沟通，避免首席工程师犯错误。在出现资源冲突的时候，需要通过协商以达成善意的妥协。另外，技术总监必须比一线开发人员更能了解产品整体开发进度，有时候必须参与到一线开发项目中，讨论并确立相关零部件开发项目能配合在一起的方案，帮助一线开发人员解决非常规的问题，在每个项目中对每个开发人员的工作效果和能力进行评估，当发现团队的进度落后于整体进度的时候，即迅速派出增援。此外，在专业能力建设方面，需要设计绩效目标和后评估工具，包括：①建立和完善技术标准：行为标准和技术标准。②能力建设：可靠性实验和测试能力。③创新：质量、性能和成本的不断优化。

一线开发人员要对产品整体开发进度负责，特别是当并行参与多个产品技术设计时，需要预先确保自身需求的资源得到满足，对这些资源的规划不但体现在设计系统内部，还有一大部分体现在设计思路的实现过程，例如制造过程、供应商的能力、产品试验能力等。比方说，一线开发人员设计出一款具备最新性能的刹车装置，但是这款刹车装置上的几种零部件需要特殊的工艺加工，因此他需要与制造工艺工程师或供应商协商制造能力的匹配。从这个意义上来说，一线开发人员实际上还协同管理产品价值链上的其他工程师（见图 1.3.11）。

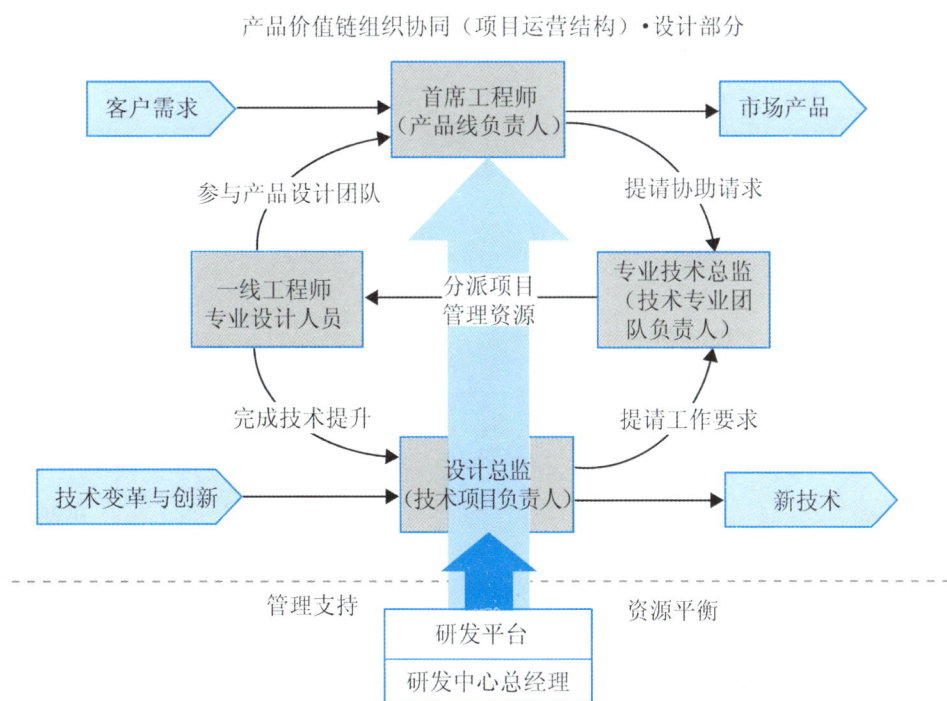

图 1.3.11 设计平台的组织协同方案

其次，设计合理的工作组织和支持方案，在项目下定义协同管理流程，例如引入 MP 及 IPD 流程。

图 1.3.12 是一个组织协同的原型，项目协同管理的流程详见本书第 2 章关于价值流程优化与知识共享、IFF&R 流程设计说明。

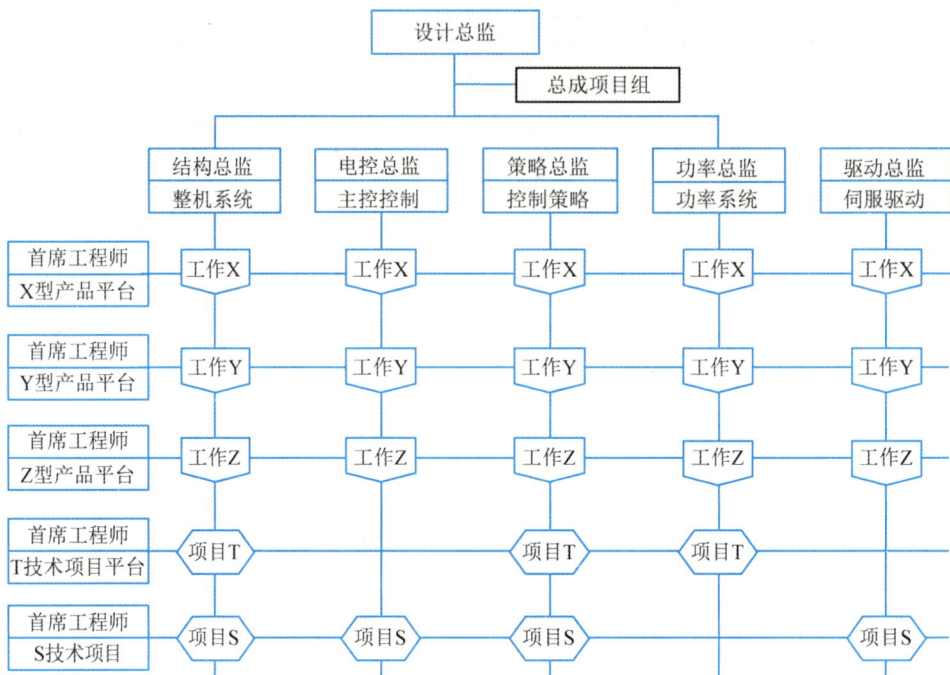

图 1.3.12 研发项目组织协同的原型

产品价值链组织协同·制造部分

制造工程是区别于设计开发技术的面向产品制造技术的一类活动，其特点是将设计的知识转化为满足客户需求的交付物，是一类有形的增值活动。制造工程技术人员一般隶属于制造工厂负责人——厂长，其工作性质有两类：一类是研究新产品在制造工艺上实现的可行性；另一类是面向现行产品制造的工艺管理，例如工艺质量改进、工艺稳定性的提升等。因此，为了对产品线负责人——首席工程师提供工艺技术支持，有必要将制造工程技术人员划分为面向开发的制造工程师和面向车间制造的工艺工程师，前者在产品价值链组织协同中为首席工程师的产品设计流程服务，后者对现行制造负责（图 1.3.13）。

产品价值链组织协同（项目运营结构）·制造部分

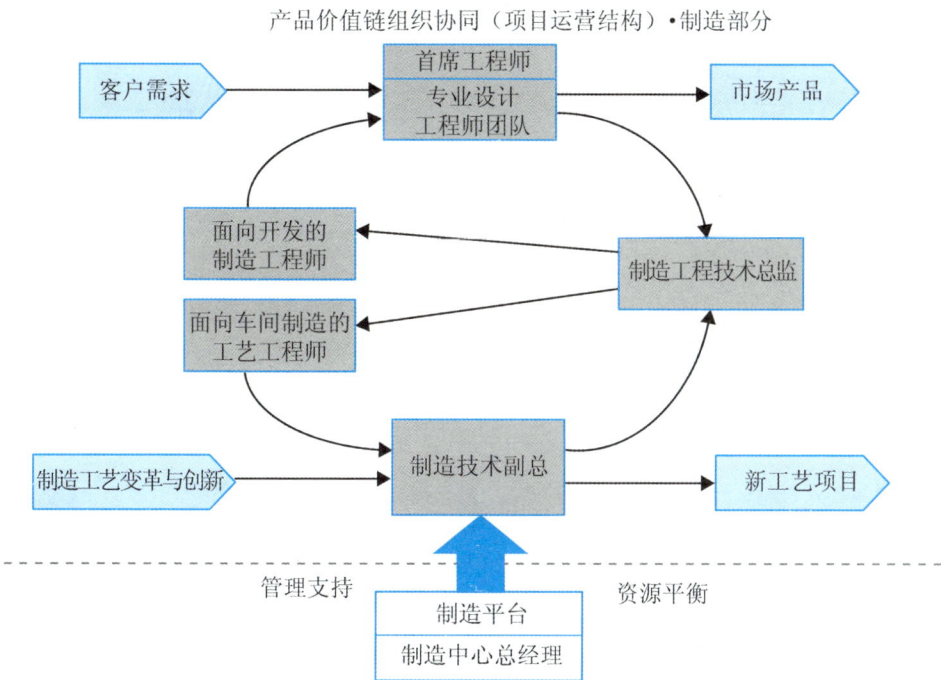

图 1.3.13　制造平台的组织协同

当然，为了保障制造工艺在满足设计质量的先决条件下获得低成本工艺的可行性，需要制造工程师掌握大量的基于现行生产过程中的工艺和技术数据，并转化为实用知识和经验，因此二者需要定期实现轮换。

面向开发的制造工程师需要向首席工程师领导的专业设计工程师团队提供产品可制造性、基于不同成本方案或不同质量能力的制造流程、培训计划等。例如，是否可以利用现有的模具及其设计软件制造新一代的产品从而有效减少成本，是否可以利用供应商的设计能力实现同步开发以缩减开发时间，是否可以在生产过程中通过设计优化减少加工难度和装配难度，是否通过改进设计参数避免上一代产品的易发生制造质量缺陷的倾向，等等。在这段价值链的组织协同中，首席工程师需要明白，或借助于现有的制造平台，或通过与制造工程师合作设计一个敏捷的制造系统，可以消除大量的浪费或减少非增值活动的数量。

如图 1.3.14 所示，首席工程师在产品设计的企业内部组织协同上起到关键的作用，但是，也需要了解风险。例如：

产品价值链组织协同（项目运营结构）·全流程

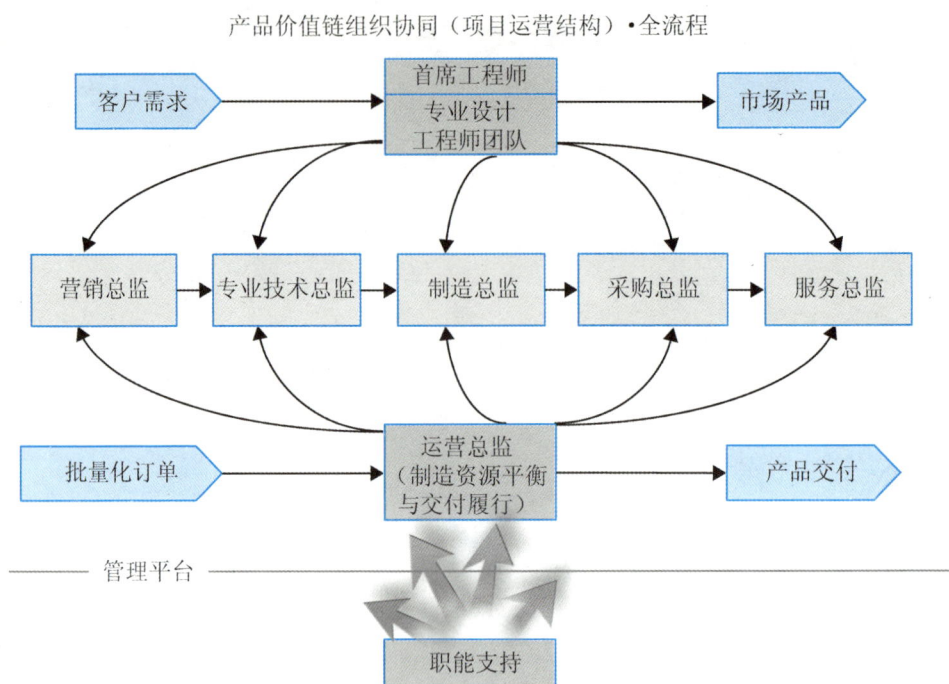

图 1.3.14　项目参与团队的组织协同

• 接受的新产品设计方案，其中的产品特征或功能设计在技术系统部门内部可能仍然没有很好地理解，而这些可能是竞争对手的技术优势所在；

• 鉴于推动低成本的产品开发，采购总监提供了一个低成本的供应商，但这个供应商的质量风险很可能带来超出预期的质量损失成本；

• 试图在产品中引入客户感兴趣的新工艺方案，却没有考虑到产品的工艺特性并不适合工厂的能力。

所以，首席工程师要清晰地理解一点，只有在所有的产品中所组成的价值点都能够正常运转的情形下，产品价值流才能成功运转，因此，首席工程师在获得管理授权的同时，往往更多地需要与不同业务单元的总监进行协商，有时候需要通过妥协，或坐在一起共同寻找各个角度均可行的方案来换取双方的工作信任。

此外，首席工程师需要与产品价值流上所有负责开发的总监签订协议，明确工作任务，确保开发进度受控。随后，在项目开展过程中，首席工程师的设计团队需要对价值流所有开发单元进行检查，确保单个的计划能够支持开发总计划，并且彼此间的进展可以契合。而对于开发价值链上的负责人，则需要对本项目组内的进展进行评估，寻找各种延误或不符合标准的事务，确保部门能够支持总体的开发进度。

丰田汽车在开发一款新车的最初期，首席工程师会建立一个开发计划，开发计划中列出了所有关键的目标事件，并要求团队的每一个成员都必须在开发计划上签名，承诺自己的责任。这样可以把整个团队结合在一起，确保组织协同工作目标的实现。目标事件包括了新产品的愿景规划、概念图、目标事件的时间计划、经费预算、性能以及新的技术目标等。

在这个过程中，运营总监需要相关职能部门协助以提供项目必需的资源，而各职能部门需要成为运营经理可信任的顾问的角色，通过专业性的支持，帮助业务单元定位管理优势，提高业务单元的盈利能力和价值链上客户的满意度。例如IT 部门，能够为运营提供核心的技术基础设施，包括硬件、基础数据库和基础软件应用；扩展 ERP 的性能使之成为自动化重复计算的交易处理系统；为新业务的发展提供领先的 IT 解决方案，等等。

1.4 授权管理

职责与授权是实现公司治理和业务执行的重要条件。公司治理通过管理授权进行，而业务管理一般通过项目授权进行。

管理授权原则

• 基于经验运用和风险把控的原则。授权从最高管理者开始，自上而下向各级最高专业委员会及价值平台授权，同样，价值平台的决策者在本级授权得到批准的情况下，逐级向下授权。组织内不允许有越级授权及越权授权。

• 职权绝对性原则。公司内部的上级职权授给下级之后，并不减轻上级的责任。没有一个上级人员能够因为授权给下级人员而就对上级组织不承担责任。上级人员对下级人员的行为是负责任的。这种责任的绝对性，就要求遵循职权绝对性原则。上级虽然授权给下级，但又保留着收回授权的权利。

• 职权与职责相对称原则。职权是执行任务的权力，职责则是完成任务的义务，两者必须相称。行使职权的同时就应当负有相应的职责。

• 例外处理原则。在一般情况下依据已有的规定由各级组织行使自己的职权和履行自己的职责。但是，在例外的特殊情况下，如涉及敏感性项目，可由上级来处理意外出现的问题，但仍需告知原负责人。这样，既能保持正常管理的稳定性，又能应付特殊性的例外工作。

• 审计原则。公司审计部门每半年对经营业务授权和行权进行专项审计。

项目授权管理细则

• 价值平台上的管理者通过向下授权业务并通过绩效管理实现权力控制，保证被授权人在与公司业务发展轨道上一致的方向营运；

• 授权人在公司授权的框架内建立关键的风险控制指标及风险要素手册，如项目预定金额、时间和管理限制，确保授权人能有效制约和监控被授权人行为；

• 授权人必须确定本价值平台内被授权人合乎资格，可对被授权人进行能力考察、技术评价和执行力分析；

• 授权人须告知被授权人的业务风险、权限和履行职务所必须具备的资料及条件，并加以恰当的培训，保留相关的记录；

• 授权人须了解授权的风险，以及被授权人有无承担业务风险的意识和责任，并清晰了解授权不当给公司经营带来的损失，同时根据被授权人的管理经验来量身定做适度业务授权；

• 授权书说明至少包括授权人、被授权人、授权事项、授权范围、责任和权限，清晰的描述有助于被授权人了解如何行使职权。

1.5 IT 与数字化应用架构规划

工业化社会，知识积累线性叠加，知识共享及产业化过程缓慢，因此，产业的增长也呈现线性增长的特征。信息化社会，计算能力的极大增强和互联网的普及，知识在无时空边界的网络上传播，特性各异的知识相互交织，基因重新融合，使得产品迭代的速度显著加快，为进入智慧型的社会做好准备。在智慧型社会，物理现实与虚拟数字模型产生互动，人机分别进行学习并交互演进，人类制造的产品具备在一个或多个平台上自我认知和对外友好交互的能力。此时，经济个体的收入增长将呈现指数式，崭新的数据技术公司在极短的时间内可以超越百年企业。

以智慧能源网为例，参与能源供给的化石能源、水力发电、核能发电、风能发电、光伏发电以及其他分布式的能源，在组成能源网时能够感知不同区域的用电需求，利用电力并网通信协议，在无须人为干预的情况下，认知和沟通各区域的发电/输电/用电/储电的能力，实现能源数字化的调度，在满足供电要求的情况下，大幅度提高电能使用效率（见图 1.5.1）。

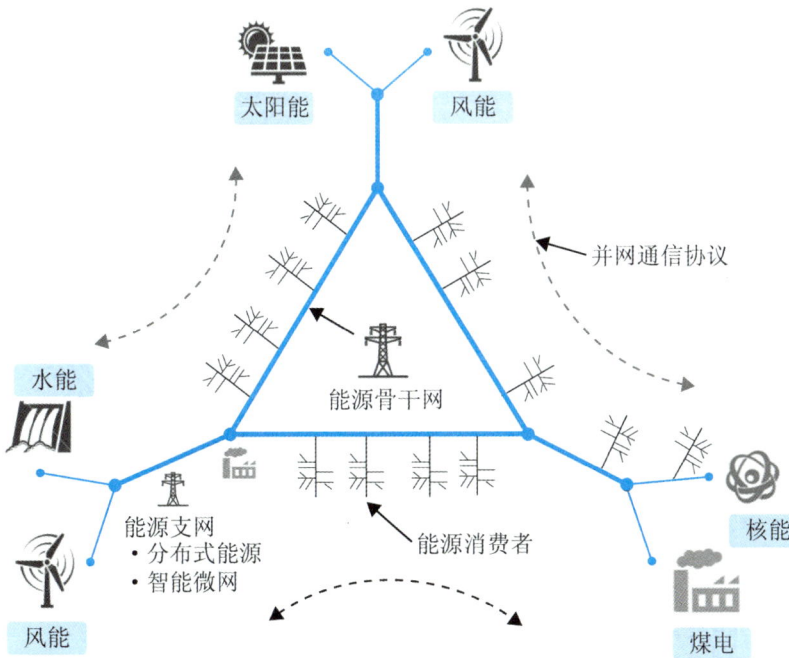

图 1.5.1　智慧能源网的组成

企业运营管理需要适应信息化的发展，拥抱信息化的浪潮。我所理解的当今的信息化已不再是简单的管理过程信息化，而是：第一，信息化与公司平台运营能力紧密结合，搭建一体化的数据架构，通过"软件"驱动业务流程的高效运转；第二，通过数据网络及云平台提供人工智能服务；第三，崛起跨行业跨技术的强大连接能力，将以往的物理连接转化为化学反应，融合并形成全新的产业。

在全新的 IT 时代下，为适应客户更为前端的智能业务数据需求，公司能够提供包括基于虚拟现实的数字化技术和创新数据服务，构建面向行业生态系统的数字化平台及应用服务，提供硬件支援等。同步地，公司能站在数字化转型的高度重构公司的产品战略，推动并实施组织变革。公司全新的数字化转型过程包括：

（1）如图 1.5.2 所示，数字化过程必须基于客户对产品更为智能、对解决方案能在产品全寿命周期内实现智慧管理的需求，推动公司新的战略实施和组织变革，满足外部业务需求、业务形态变化，配合平台化运营管理与业务矩阵组织的快速调整，在过程中满足信息透明和高效传递。

• 在高度互联以及数字化信息无处不在的时代，新的组织和运营环境需要更高的透明度。为寻求协同与创新，公司需要开放自己的企业和专业部门，扩展到内部和外部、上游和下游，甚至不同知识体系之间的合作范围，主动跨界整合或建立协同共赢的生态产业体系。

• 此时，我们看到客户与供应商的合作意义有了根本的转变。关注客户更为个性的需求以及供应商的知识产品的发布周期变得极为重要，获取信息并形成公司更具竞争力的产品迭代周期。客户和供应商的声音可以通过产品发布会、市场推广、社交网络、博客、更新服务数据包等各种开放的信息平台获取。

• 不用怀疑，强大的数字战略已在深刻地影响全行业的组织结构形式。社交网络、移动平台、数字网络和电商平台的崛起，极大地推动了组织与客户之间，以及组织内部行政关系的平等化，同时也迫使组织重新思考自己的运营方式，虚拟组织和实体创新融合起来变得越来越重要。

（2）数字世界与实体世界的相互融合，将使客户体验变得更加重要。企业更需要将客户的每一个需求看作个体来单独理解和对待，而不是将他们看作一个类别或一个客户群。数字化工厂、数字化产品、数字化渠道，以及交付前对整体解

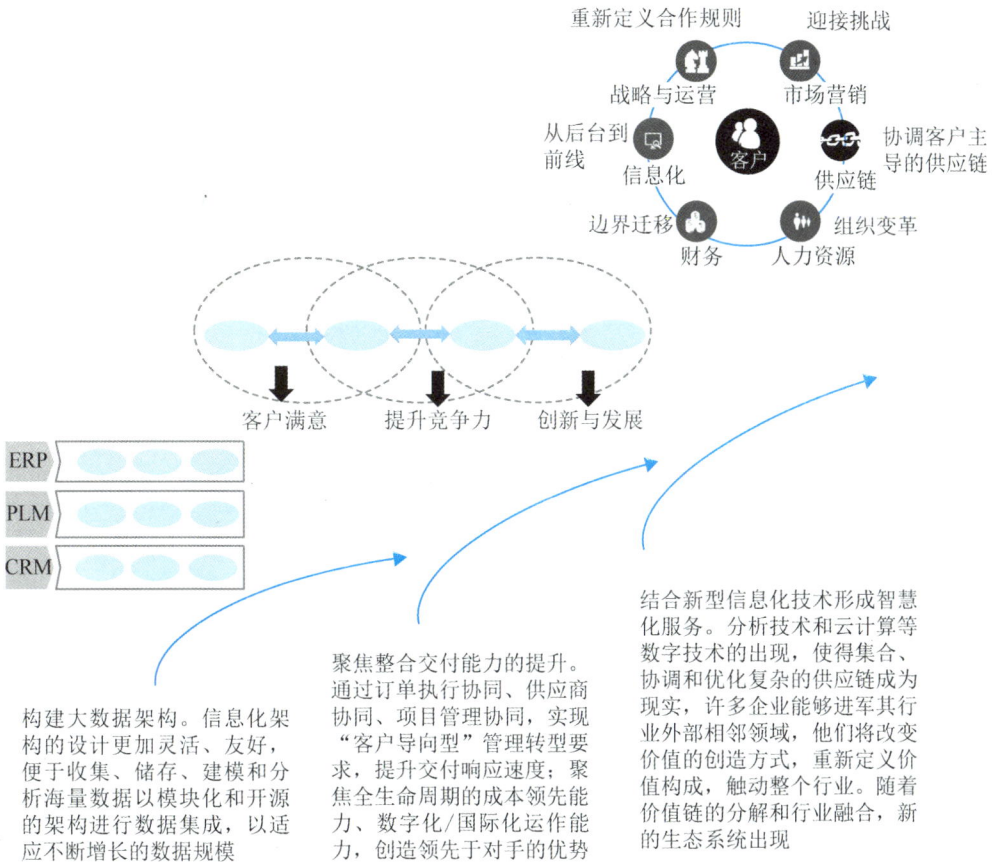

图 1.5.2　信息化与组织变革

决方案的模拟仿真会成为最主要的吸引客户并与客户互动的方式之一，通过实现精准的数字化解决方案可为客户提供个性化的体验。

• IT 技术能够基于客户价值或客户价值体验进行开发，塑造新的产业模态和新的商业模式。例如，通过 EDI（电子数据交换系统）建立与客户 ERP 数据系统的对接、产品生命周期管理软件与客户端资产管理软件的对接。

• 以产品全寿命周期一体化的业务流程规划信息模块，统一协议语言和数据特征，尽可能减少人工干预和不清晰的业务线索，锁定产品交付及服务响应时间。

• 掌握智能仿真技术，优化系统设计，通过大数据的管理建立数据透视功能，采用云计算进一步提升数据加工能力。

• 面向营销、研发和服务，建立企业级共享、整合、智能的高性能计算混合云服务，为数字化产品和服务协同创新提供安全可靠，敏捷高效的应用平台，提升客户解决方案和产品研发的响应速度和质量。例如，缩短计算时间，通过试错和快速迭代显著加快复杂系统的优化设计速度，提高客户响应水平。

• 支持计划可视、关键业务数据状态可视和客户产品感受可视、数据分析实时呈现，减少信息来源不一致、传递不及时所造成的协同冲突。信息可视化管理包括并不限于：合同、供应商库存和产品库存、物流、现场进度和项目状态及相关高阶流程状态点可视化，客户信息、客户订单进度、客户产品体验、质量反馈可视化，营销计划、生产计划、发货计划、到货计划的可视化，原材料订单至到货可视化及内部周转率可视化。

(3) 强化数据资产的建库和治理

• 完善大数据资产的体系化、标准化框架及价值挖掘工具，形成跨部门大数据资产的持续积累机制，完善大数据分析云平台以支持大数据资产共享，利用先进分析计算技术实现复杂可靠性模型的学习训练，建立产品数据化健康体检的规则，提升设备可靠性管理平台。通过整合软件应用，验证数据平台所具备的敏捷服务组合及持续平滑演进能力。

• 提供业务化的数据整合与分析服务能力，加强大数据资产的管控机制，强化企业全领域内的知识共享，促进企业全员参与创新及建设广泛的产业链生态共享平台。允许试错，鼓励快速迭代，实现共同受益、共同成长。

• 在数据建模的基础上建立物联网。开发产品在客户端的物联网数据采集、存储以及查询访问的信息管理技术，建立基于物联网的产品多维度数据资产的模型。物联网信息技术包括但不限于：产品自主状态感知与状态预警技术、一体化的可靠通信技术、标准规范以及统一访问接口、多设备同步运行方式仿真分析、分布式设备状态协同优化与远程控制技术。

某企业数据资产管理与共享服务平台演进路线见表 1.5.1。

表 1.5.1 数据资产管理与共享服务平台演进路线

	第一阶段	第二阶段	第三阶段
目标	完成基本的大数据资产的体系化、标准化框架及工具，初步建立跨研发、营销、服务三个中心的企业级大数据分析云平台，初步进行物联网实时数据、维修数据、样机数据的收集整理，并以设备可靠性、产品数据分析为例验证	完善大数据资产的体系化、标准化框架及工具，形成跨部门大数据资产的持续积累机制，完善大数据分析云平台以支持大数据资产共享，利用先进分析计算技术实现复杂可靠性模型的学习训练，建立客户端设备健康体检的规则导则，提升设备可靠性管理平台。通过整合客户复杂需求等应用，验证平台所具备的敏捷服务组合及持续平滑演进能力	进一步提升和开放大数据分析与共享服务平台，提供业务化的数据整合与分析服务能力，加强大数据资产的管控机制，强化企业级全领域的知识共享，促进企业全员参与创新及广泛的产业链受控共享，允许试错，鼓励快速协同创新，实现共同受益，共同成长
数据	• 建立多维度大数据资产的模型框架及管理工具 • 收集整理客户端设备物联网、项目、客户与供应链数据模型 • 数据采集集成、初始化	• 完善大数据资产及信息资源目录结构及元数据 • 进一步收集整理客户端设备物联网、客户与供应链、GIS 数据等； • 数据采集集成、初始化	• 持续积累、扩展大数据资产 • 提升完善大数据资产的管控机制
服务	• 多维度元数据访问服务 • 客户端设备物联网实时大数据的访问服务 • 客户端设备状态实时数据的流式分析（例如动态值等）	• 开放的大数据资产查询、分析及共享服务 • 流式数据挖掘处理服务 • 模型管理与训练学习服务 • 知识管理平台与共享服务	• 设备与应用行业相关的业务化的数据整合与分析服务 • 大数据资产管控与有偿分享服务 • 知识管理平台与共享服务深入及扩展
应用	• 设备可靠性 • 产品数据分析 • 知识管理与大数据综合利用基础	• 设备可靠性与智慧运维 • 产品数据分析深化 • 敏捷服务组合应用 • 知识管理与大数据综合利用提升	• 设备自我健康感知、多套设备协同运行服务优化 • 基于大数据分析共享服务的跨产业链、多种协同性创新应用

主营业务价值创造过程和主要支持过程设计 IT 应用架构（见图 1.5.3），以价值平台的概念来设计信息化模块（见图 1.5.4），两者可以相互比照。

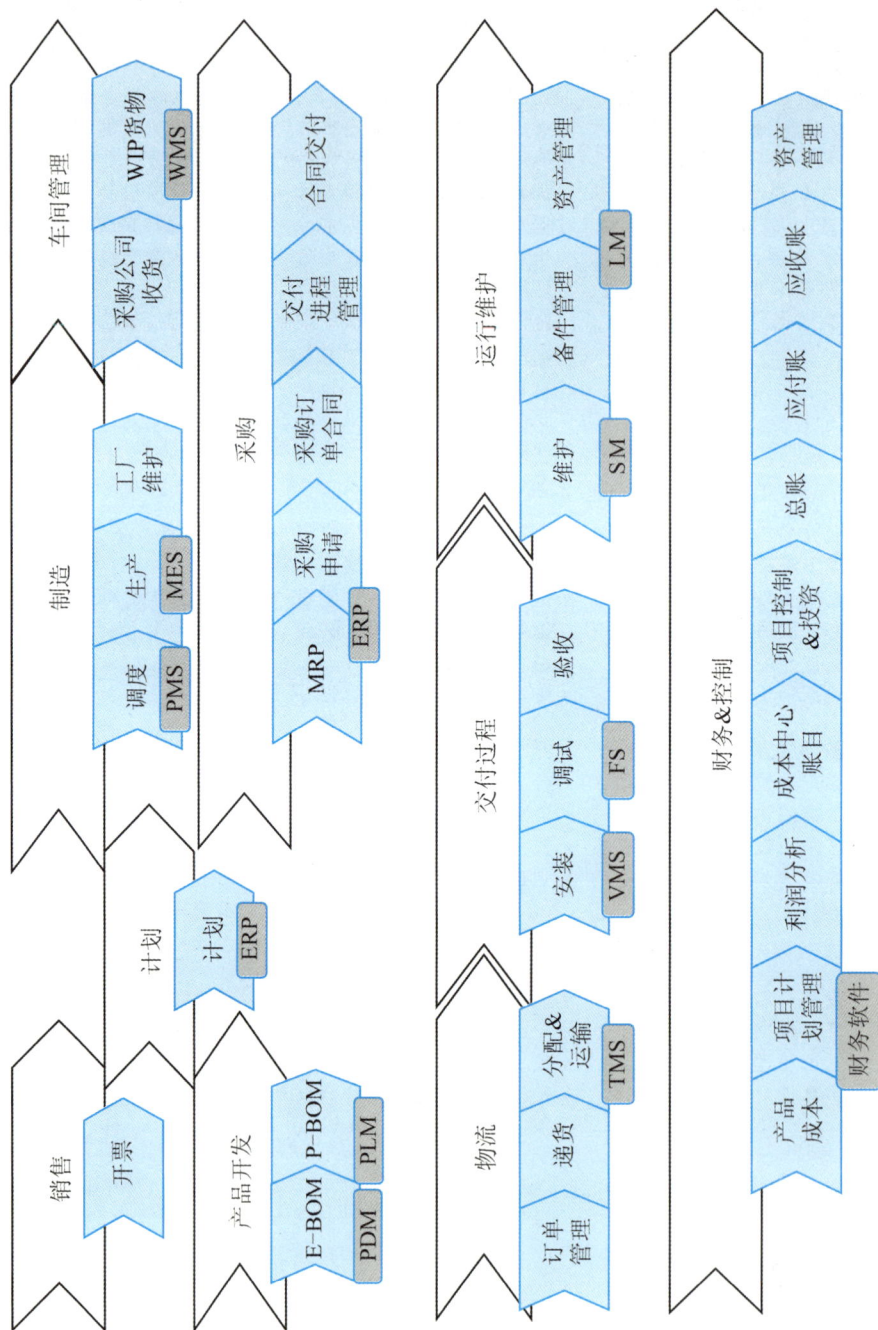

图 1.5.3　主营业务信息化模块设计

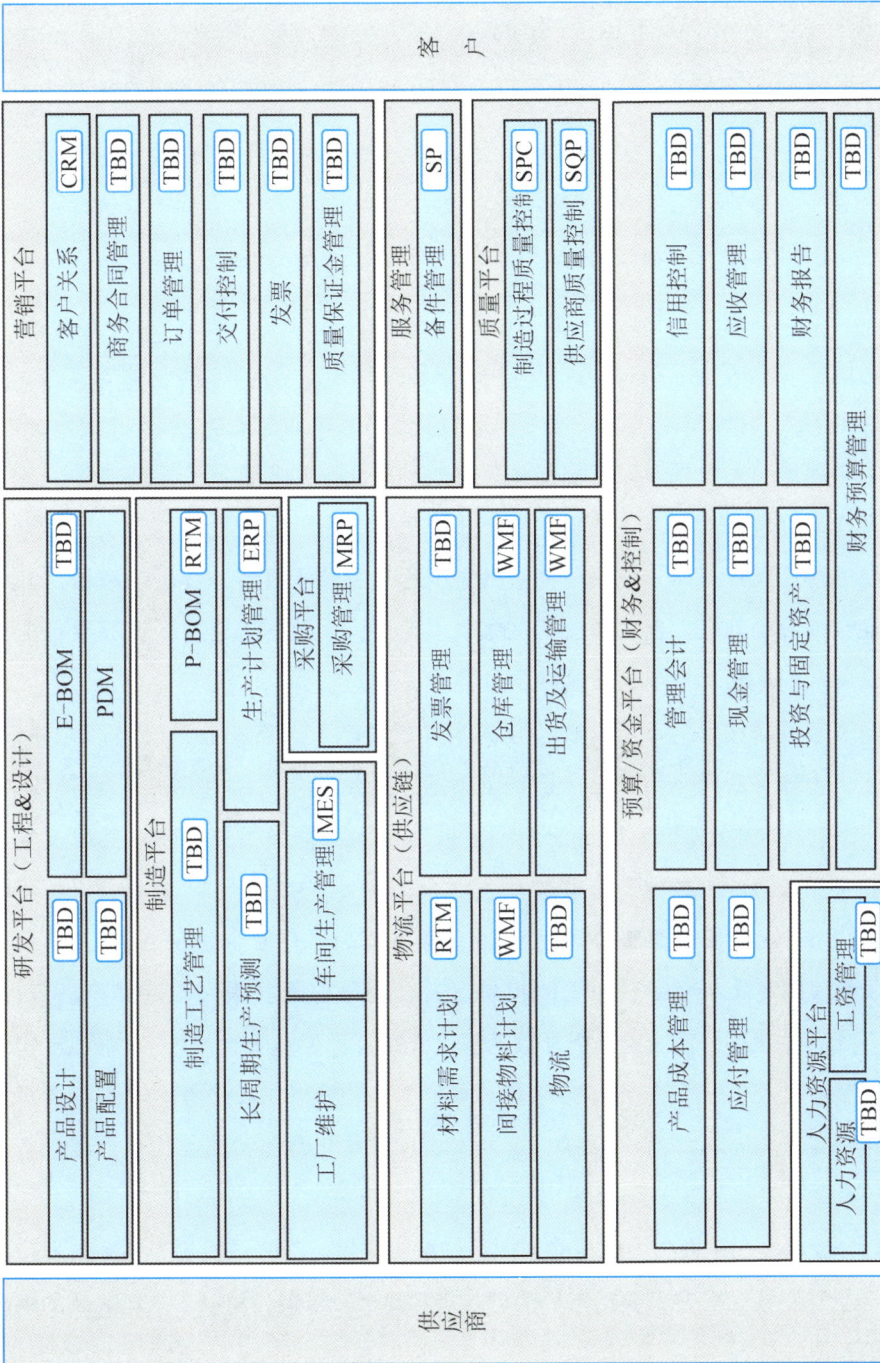

图 1.5.4   价值平台信息模块设计

1.6 大数据与决策支持

这是一场革命，庞大的数据资源使得各个领域开始了量化进程，无论学术界、商界还是政府，所有领域都将开始这种进程。

——哈佛大学社会学教授加里·金

2012 年 3 月 22 日，奥巴马政府宣布投资 2 亿美元拉动大数据相关产业发展，将"大数据战略"上升为国家战略。奥巴马政府甚至将大数据定义为"未来的新石油"。

最早提出"大数据"时代已经到来的机构是全球知名咨询公司麦肯锡。麦肯锡公司在研究报告中指出，数据已经渗透到每一个行业和业务职能领域，逐渐成为重要的生产因素；而人们对于海量数据的运用将预示着新一波生产率增长和消费者盈余浪潮的到来。麦肯锡公司的报告发布后，大数据迅速成了计算机行业争相传诵的热门概念，也引起了金融界的高度关注。

随着互联网技术的不断发展，数据本身是资产这一点在业界已经形成共识。事实上，全球互联网巨头都已意识到了数据的重要意义。包括 EMC、惠普公司、IBM、微软在内的全球 IT 巨头纷纷通过收购"大数据"相关厂商来实现技术整合，亦可见其对"大数据"的重视。

2010 年 9 月 3 日，惠普公司以 23.5 亿美元收购了存储企业 3PAR，其平台成为增长最快的高端存储平台，同时也是惠普公司目前营收最大的存储产品阵列。2011 年 2 月，惠普公司收购分析及数据管理软件公司 Vertica，2011 年 Vertica 实现大数据服务收入 8400 万美元。2011 年 8 月，惠普公司以 100 亿美元收购英国第二大软件厂商 Autonomy，其软件被设计用来识别结构化数据和非结构化数据之间的关系。惠普公司将原有的技术能力和 3PAR、Autonomy、Vertica 的技术能力进行了融合创新，推出了面向大数据应用的系列解决方案。在开源机构 Wikibon 发布的2012 年全球科技企业在大数据市场的营收排名榜上，惠普公司以 5.5 亿美元的规模位居第三位。

微软公司生产了一款基于大数据分析的数据驱动的软件，据称可以为世界节约 40％的能源。微软的目标不仅是为了节约能源，而且更加关注智能化运营。通过跟踪取暖器、空调、风扇以及灯光等积累下来的超大量数据，捕捉如何杜绝能源浪费。"给我提供一些数据，我就能做一些改变。如果给我提供所有数据，我就能拯救世界。"微软史密斯这样说。

理解大数据

中国大部分企业仍然只是将数据信息简单堆在一起，仅将其当作为满足公司治理规则和运营管理而必须要保存的信息，而不是将它们作为挖掘潜在商业价值的工具。企业在做决策的时候，即便是一家管理风格属于民主决策的公司，更多的是依靠经验和直觉，而非数据分析的结论。这些企业现在还没有深入了解大数据对公司治理模式、企业的决策、组织和业务流程、个人生活方式所产生的深刻影响，因此不能挖掘现有数据，推出潜在的更加贴近消费者的商业模式，更加不能深刻理解客户需求，并做出市场预判，因此这些传统的企业只能沦为新型用户数据平台公司的附庸，其衰落不是管理方法能扭转的。

在商业运营上，公司运营要分析业务流程以及产品状态感知上产生的大量数据，用以判断企业运营的有效性和产品状态的符合性。市场部门充分调研市场和广泛收集客户信息，用以判断客户真实有效的需求，研发部门通过传感器收集大量的产品信息，用以提升产品的技术含量和创新功能。运营决策，尽管最后以文档形式呈现在我们眼前，但却是通过采集海量数据并进行分析所得到的结论。目前，优秀的企业能够透过大数据提供趋势分析并具备透视客户需求和市场未来的洞察力，这种洞察力可以使企业从数据源中获得最大的价值。当今商业运营正在以一种前所未有的管理方式，将数据转化为资产，将数据分析作为企业决策依据和获取更大价值的源泉，企业将利用数据资产获得具有巨大价值的产品和服务。

与中国企业相比，美国企业管理者更普遍地了解大数据的价值并能挖掘大数据的隐藏价值，从而获得最大的商业利益。这种成功绝非偶然，当每一名决策者都在不断挖掘更有用的数据时，强大的商业感知能力就产生了。

大数据的价值

美国企业不光搜集可以理解的数据，他们也收集不能理解的数据，并且会花大量资源来存储这些数据，让数据一直有价值。在维克托·迈尔·舍恩伯格看来，大多数企业还把大数据作为一种市场营销手段，没有看到大数据还可以帮助人们改变商业模式以及盈利模式，这才是大数据最大的价值所在。"所以数据好比一座金山，但是数据在那里放着，这座金山就不会属于你，我们需要做的是了解并挖掘这些'金子'，成为大数据的赢家……"（出自维克托·迈尔·舍恩伯格的《大数据时代》）。美国与中国相比，最不同一点就在于他们有大数据思维，懂得如何利用大数据的价值。

通过对大量的客户购买及使用某种产品的数据分析，我们可以深度了解客户的行为习惯和喜好，在数据背后可以找到并设计更符合客户兴趣和习惯的产品和服务。而在对数据流进行持续的监控和分析的过程中，还可以对产品和服务进行针对性的调整和优化，最后衍生出企业的新的商业模式，这是大数据的价值之一。企业通过数据分析，将智能判断融入软件系统中，在运用中取得控制力，重新定义战略方向，优化业务效果，改进协作，取得新的商业机会，并以低成本与低风险的方式进行管理，这是大数据价值之二。通过大数据可以改变我们的思维模式和行为习惯，大幅提升员工对业务知识的认知能力，使用数据业务构建解决方案并驱动创新，更多地基于事实与数据做出判断和决策，避免重大失误，这是大数据价值之三。

提升企业的活性。数据收集和分析是所有管理科学的基础，带来的价值包括对企业自身运营效率高低的判断及实现对客户需求的深入了解。数据是企业所有业务部门的生命线，必须让数据在决策和行动前安全有效地转移到人们手中，实现对数据的连续分析来保持企业的管理活性。在可见的未来，成功的企业将是那些能够驾驭数据的公司，这些数据与公司自身的业务和客户紧密相关，通过对数据的利用，发现新的商业机会，帮助他们找出竞争优势。鉴于数据正被越来越多的投资人认为是 21 世纪成功企业的资产，从资产角度来看，什么样的公司有价值，什么样的公司没有价值，以及这家公司是否具备适应信息时代的核心竞争力，从其拥有的数据规模、数据的活性和这家公司分析数据的能力就可以看出。

大数据的发展趋势

随着实时数据的处理和实时结果的导向作为企业运营决策的首要依据，越来越多的数据挖掘将呈现前端化。直接为消费者感知和直接提供消费者所需要的服务的信息都将被以数据的形式收集，并及时传递到企业的数据中心加以分析。随着对数据解析能力的再分配，企业的管理疆界将变得模糊，数据将成为核心的资产，并将深刻影响企业的商业模式，甚至重构其文化和组织。

在产品领域，随着越来越多的设备被装上传感器，一个具有感知功能的物质帝国——物联网正在建立。当今，传感器、GPS 系统、QR 码、社交网络等正在夜以继日地创建新的数据流，全世界的工业设备、汽车、电表上安装有无数的数码传感器，随时测量和传递着有关位置、运动、震动、温度、湿度变化的信息，产生了海量的数据。所有这些数据信息背后的线索都可以挖掘，正是这种真正广度和深度的信息在创造不胜枚举的商业应用机会，并孕育出新的商业智能。

2 价值流程优化与知识共享

众人皆知的模式所能提供的竞争优势往往很弱，真正强大的优势源自价值流程的优化和核心技术的创新。

2.1 价值流程优化

在企业运营分析会议上，我们通常见到的情形是：会议上摆出各种渠道收集上来的问题，然后与会人员参与分析问题，讨论解决问题的思路，最后可能筛选或归结出一至两个重要问题，并根据问题性质交由一个部门去承担解决的责任。

我发现，不知道是否是源于我们的习惯，或是我们倾向于关注问题的本身，我们在运营会议上的讨论很少会涉及流程与标准化的问题，很可能我们在潜意识中认为企业已经编写了大量的流程体系和制度文件，如 ISO9000，这些流程和制度已经接受了第三方、客户和内部多次审核，应该不会存在多大的问题。所以现存的问题是由于部门管理人员不按照流程和制度规范要求去做而产生的，是部门的管理责任。这样，我们的管理重心就会将问题处置放在部门，而不是流程本身。

但我在运营管理中发现，事实的情况恰恰相反，客户对某个业务环节或部门的投诉在很多情况下可以归因于流程执行效率的低下甚至无效。产品出现质量缺陷与流程上存在诸多的缺陷导致的技术与管理问题纠缠不清的现象占很大一部分。例如：我们没有对可能发生或曾经发生的问题在流程上定义关键节点的活动进行规避（采取风险防范与管控）；没有在流程结构上明确注明职能的协同活动形式及其具体内容，在流程上没有定义实质有效的管理标准，如执行标准、输入文件标准、输出文件的规范（包括已经定义好的内容和格式）。

故此，我们的管理活动所期望得出的成果往往是带有缺陷的，这些缺陷的信息并不会立即在流程加工的节点上暴露出来，而会在后续流程的管理活动中逐渐积累和放大，最终会在一个薄弱的链条上爆发，而表现形式却是一个多环节联结的棘手的管理效率问题。

因此，提升运营效率的一个关键的举措是：基于客户价值诉求，在每一个业务环节得到认可和尊重的前提下进行企业价值流程的再造与优化。

新经济环境下企业价值流程再造与优化有以下几方面内容：

设计以客户价值为导向的价值流程（在高效运营体系中，称之为基于风险识别的一体化功能性流程 IFF&R，该工具在下一节有详细讲述）。企业内部管理流程是基于客户增值服务而设计的，因此流程上每一个节点都以是否能够满足客户的需求来判断其价值，或以客户的需求作为流程活动的驱动力。

大部分流程的设计人员并没有更多的机会直接面对客户，有时候为了企业运营垂直性管理的严密性和企业风险防范的要求，我们现行设计的流程可能会出现过于呆板和复杂的情形，无法适应市场的快速变化和自身商业模式的调整。在发现这样的问题的时候，我们需要及时进行价值流程的再造和优化，在适应客户价值需求和企业内部治理结构之间重新取得平衡。这种平衡点需要不断地进行审视，以确定企业在支持客户成功和服务市场方面形成了独特的竞争优势。

基于文化特征和战略定位，每一个企业的管理优势是不尽相同的，同样，也必然会存在弱区。我们需要建立标杆，以确认我们的比较优势在何处，是否形成了我们差异化的竞争优势，在弱势区域我们是否能够采取适度的管控措施，防止在这个领域被竞争对手利用和打击。因此，在流程设计上，必须能够充分反映上述的优势和管控方案，将企业的文化、战略定位和组织设计要素与业务流程进行融合，设计出能够持续成功的、难以被对手模仿的流程体系。

流程的再造与优化人员应当有更广阔的思维服务于基于企业价值平台上的多个并行的职能主体之间的协同性，而非仅仅关注单个部门的工作内容。因此，现代企业的流程再造与优化将可能引发企业价值管理的一系列有着新商业时代意义的变化，包括组织协同关系、平台管理和信息集成与共享、知识总结等。这种特性需要我们投入极大的精力进行深入的研究并进行有效把握。

作为新型流程的设计，需将信息传递全部渗入公司的价值网络中，促使价值体系的有效实施和目标达成。对于流程的设计者而言，为了确保流程高可靠性和有效性，最关键的任务在于确保每一条信息都被正确地分配到"下家"中，因此必须建立相关的约束性协议作为支撑；将流程中的输入的标准化、执行的标准化、输出的标准化视为流程加工信息的一种协议，因为这种协议关乎水平的或上下游执行单元之间的信息连接和协作关系，流程协议将保障在流程中相关实施方和管理方都能够共享信息；根据价值链模式重点细化和优化企业增值业务流程，适应和支撑企业新的商业模式，建立企业难以被复制的特殊管理优势（见图2.1.1）。

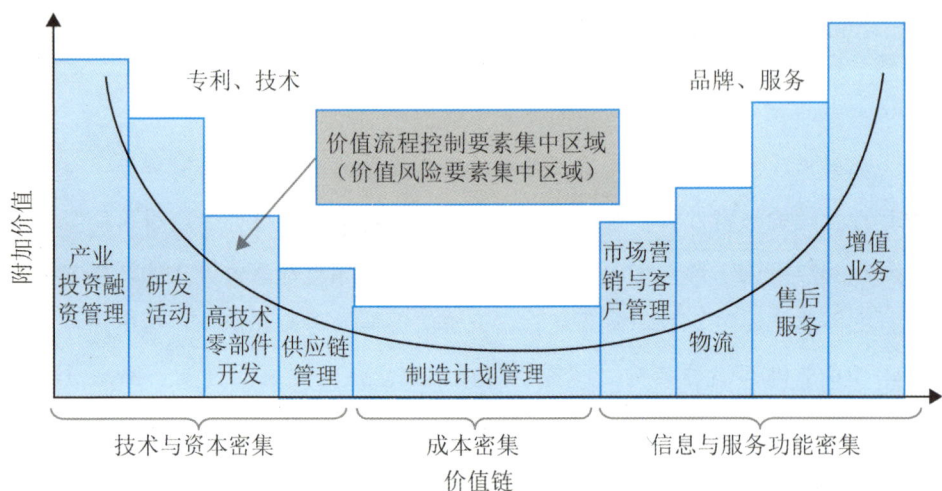

图 2.1.1　价值流程控制要素集中的业务区域

基于数字化和新商业模式下价值流程的关注点：

• 产业投资融资服务过程：股权投资运营（优势产业与优势业务并购）、融资租赁业务拓展、核心技术与前沿技术投资、财务性投资与产业基金投资。

• 研发活动过程：全球优势研发技术力量（团队）协同与布局、国际标准参与、核心技术突破与专利管理、虚拟设计、大型测试、远程监控及调节平台建设、自我循环与完善的知识体系建设。

• 高技术零部件开发过程：掌握关键材料与核心制造工艺技术。

• 供应链协同流程：战略协同模式、供应链生态链建设与管理、供应商协同开发与技术共享。

• 制造管理过程：数字化制造、智能工厂管理。

• 市场营销与客户管理过程：市场情报管理、渠道设计与维护、营销传播、市场线索管理、销售管理。

• 仓储与物流管理过程：基于信息系统的及时化管理、物流价值要素的客户端延伸、物流要素分布式\整合管理。

• 售后运维与服务过程：集成服务信息平台管理、数据采集与分析。

• 增值业务流程：一站式智慧管理方案、软件服务与数据共享、降低使用成本的解决方案、商业智能。

依据集团高效运营战略而设计的流程模块作为高级别的企业管理分类法，能够为企业流程分类和管理提供指导，为企业管理流程的完备性提供一整套完整的框架模型，鼓励企业从跨越产业流程的视角而不是狭隘的功能的视角来审视企业的管理行为（见图 2.1.2）。

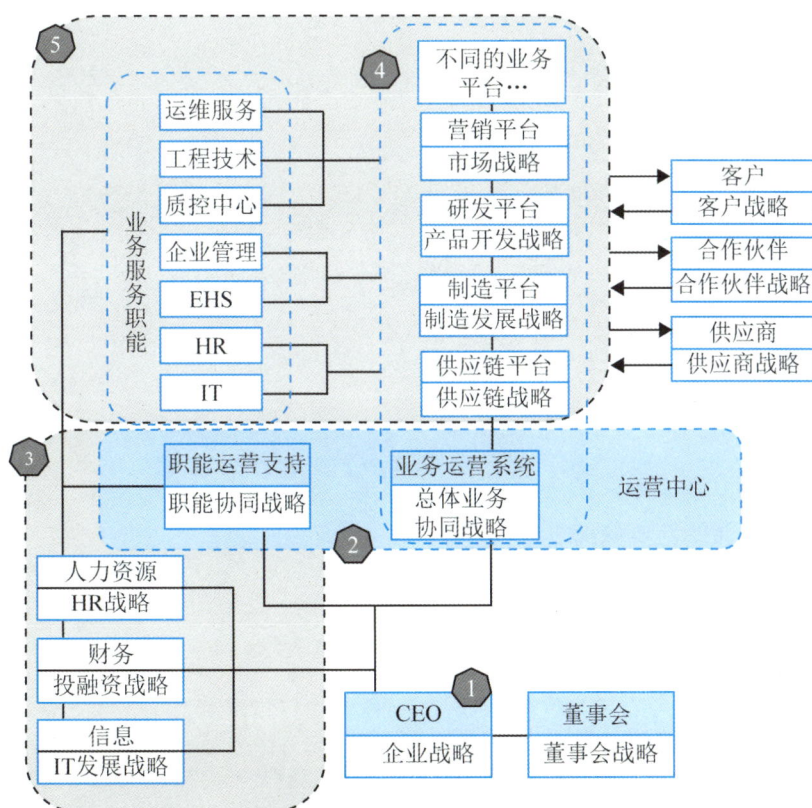

图 2.1.2 依据集团运营战略设计流程模块（框架）

（1）战略制订与管理流程。

- 董事会议事规程；
- 法务与审计流程；
- 信息披露管理流程。

（2）企业运营协同流程（IFF&R）。

业务运营系统：

- 端对端的产品开发流程；
- 制造与整合交付流程；
- 客户服务流程。

集团职能系统：

- 金融资源管理；
- 资源协同管理；
- 知识管理；
- 安全与环境 EHS 体系管理；
- 外部关系管理。

（3）核心职能管理。

- 信息化管理；
- 人力资源管理；
- 财务流程。

（4）价值链管理流程。

- 产品开发流程；
- 物流与仓储管理流程；
- 市场开发与品牌管理流程；
- 客户管理流程；
- 采购流程。

（5）独立的业务平台支持流程。

- 标准化与信息化管理流程；
- ……

价值流程设计源于企业价值的实现。即使在注重客户价值需求和体验的新商业环境下，企业依然需要将追求产品价值最大化（实现更高的利润）作为整体运营的目标。在这个前提下，我们通过对持续变化的商业环境的分析，不断优化或重构企业商业模式，再造高效成长机制。在这个过程中，企业通过组织与流程的再造与优化，不断寻求满足客户需求的最优制造方式、定义本身业务系统和职能系统的活动边界，重新界定利益相关方的盈利模式与协约关系，从而形成企业高效成长机制。

2.1.1　IFF&R（基于风险识别的一体化功能性流程）

Jack：经过二十多年的发展，我的企业可以说部门和组织架构都非常齐备，流程管理和制度建设也堪称完备，各级管理人员都在正确地做事，但为什么我总是在市场竞争中慢人一步？为什么我的产品总是没有足够的竞争力？为什么新产品研发周期总是出现拖延？为什么客户总是在抱怨我们服务做得不够好？

Frank：在已知的市场条件和明确的产品开发目标下，企业的标准化管理应当足够应付客户的需求。但是当下客户的需求已经发生变化，从比较单一的产品与服务的需求转向深层次的整体解决方案需求，从大批量采购到适应性和定制化的产品和服务需求，这样导致了原有交易模式的崩塌。要解决这些问题，我们可以从价值创造流程的设计方法开始。首先，您对项目团队的管理状态有什么看法？

Jack：非常的不满意，项目管理中"救火"已经成为常态，大家疲于奔命，但是都不知道问题发生的根源在哪里，项目到最后才知道时间会超期，资金投入超出了预算。我虽然经常提出强烈的批评，然而大家看来都很沮丧，我也无法分辨出谁工作得好。我们也怀疑项目流程的缺陷，但反复进行评估和修订后，问题仍然未有实质性的改善。这是为什么？

Frank：这是因为您的组织、流程和制度已经演变为一个固化的公式或工作方法，它凸显部门的存在和权力范围，部门有权力依据自身的行政管理方式为标准修改流程控制方法的适用程度，显然，在以互联为基础的新的商业环境下，它也许不是一个好的价值创造流程。

Jack：管理流程和价值创造流程的区别在哪里？

Frank：前者基于管理部门的行政功能、行政层级和行政权限进行设计，后者基于客户的需求进行设计，按项目进行管理。客户的需求是什么？当然是希望技术/产品的提供方能够提供超出期望的价值，包括项目设计解决方案、交付周期、产品高性能与高品质、最优成本及产品生命周期的服务能力。基于行政管理的流程似乎天生就存在，有组织活动的地方就有管理流程。而价值创造流程的理念却是：一开始，各部门的管理职能和价值并不存在，可以说是价值创造流程及其相关的活动创造了它们，比如，供应商、制造工厂、研发部门和服务提供方等。

Jack：那么我们用什么方法去建设一个好的价值创造流程？

Frank：使用 IFF&R 流程工具能够建立这样一个价值创造流程。

Jack：马上给我介绍 IFF&R 流程的优点吧。

Frank：下面详细说明。

在高效运营中，我采用 IFF&R 作为流程设计的工具。[1] IFF&R 流程，即 Integrated Functional Flow base on Risk（基于风险识别的一体化功能性流程）。

IFF&R 流程工具的要点

- 是跨职能部门的、持相同语言的价值平台的整合[2]；

- 执行的主体是职能结构而非行政层级管理；

- 流程中着重体现知识沉淀[3]和风险管控方法（例如资金管理、FMEA）；

---

① 重要说明：IFF&R 流程的设计基准建立于本书 1.2/1.3 所详述的价值平台与组织协同。

② 一个链条的各个主要阶段在项目管理方案下，会流经不同的业务平台，例如销售平台、制造平台、采购平台、技术平台等，如果这些特定平台的特征（例如接口、语言和模块）都能协同一致，那么流程就会成功。具体包括结构性与唯一性的定义，如：

不受部门或岗位变动影响的职能（或角色）的定义；表单的定义；工作规范和规则的定义（如制度的表述和应用、授权制度）；次级流程模块的规范和被引用（如财务报销流程）。IFF&R 流程内的建模为实现信息化做好准备。

③ IFF&R 工具要求项目经理花费大部分精力将获取的经验转化为可以共享的知识和信息，较小的精力用于创造硬件。

- 在时间节点下，定义某项职能的输入/输出/信息加工的执行标准；

- 带有清晰的接口定义；

- 在主业务链条实现授权管理；

- 对过程可实施绩效评价；

- 透明的、可视化管理；

- 可实现预见性的管理剪裁，可构建快速通道。

实施 IFF&R 流程工具可获得的优势

- 授权专业团队，减少不必要的行政干预，更有效地推动项目的实施与过程管理。

- 获得稳定的价值创造过程，减少组织变革带来的业务风险。

- 通过辨析可行的并行或迭代过程，能够有效缩短项目的开发周期。开发周期的缩短可以满足顾客的需求，另外，更重要的是，它也意味着项目投入的人力资源可以更快地被释放出来。

- 再挖掘和利用现有的管理技能、专业知识和企业各种资源，降低项目管理过程的资产和资金风险，获得预实相符的收益。

- 由于能够有效预知风险和采取管控措施，因此能够达成项目预定的进度、成本和质量目标。有关 IFF&R 流程风险管理的描述参见本章 2.3。

- 能够在项目中不断挖掘知识点，将之加以沉淀，成为共享的知识库。积累这些有用的信息，使项目经理能够从项目管理中成为一个系统的设计师和分析师，而非仅仅是一个项目的组织者和实施者。

- 一个好的 IFF&R 可以创造出一个清晰的端对端的价值流，在价值流中凸显客户愿意付费的价值创造过程。

- 使面向项目管理的绩效评估变得更容易。

未对流程使用 IFF&R 工具整理存在的风险

- 没有经过 IFF&R 流程工具梳理而输出的业务管理制度、质量管理制度、技术管理制度及对应的管理架构可能带有难以察觉的标准化输入/输出的缺陷，如果在此基础上固化为执行标准并通过信息化实施，则可能会成为公司运营效率提升的一个难以逾越的屏障。

· 大部分企业管理人员认可并且身体力行的是：管理的风险可以通过更详尽的管理制度予以解决。事实上，日渐复杂且交叉并行的制度是造成低效管理的重要根源，并成为市场快速反应与内部管理迟滞之间的矛盾。

· 知识的积累成为少数个人的专利，实际上放大了企业层面的系统风险。

· 企业开始的时候因为难以协调各职能部门运用 IFF&R 工具而可能提出 "IFF&R 工具实现的流程并不完美，因为一开始遇到的阻力难度太大"。我认为，如果企业不朝着协同的方向努力，随着项目的增加你的管理效率只会越来越低下，最后会因为顾客抱怨的增加导致团队士气低落，销售部门就会花费更大力气开发市场和维护客户，最终企业会陷入一个负增值循环中。

下面，我们来看 IFF&R 流程的总体架构和实践说明。见图 2.1.3 至图 2.1.9。为 IFF&R 流程架构向下分解并获取关键要素的逻辑过程，请读者自行理解。特别需要说明的是，在项目运行过程中的不同阶段里，由不同的职能进行资源的管理，相关职能的定义详见本书 1.2 章 "价值平台" 中的说明，相关职能均在支持价值实现的业务平台中进行定义。

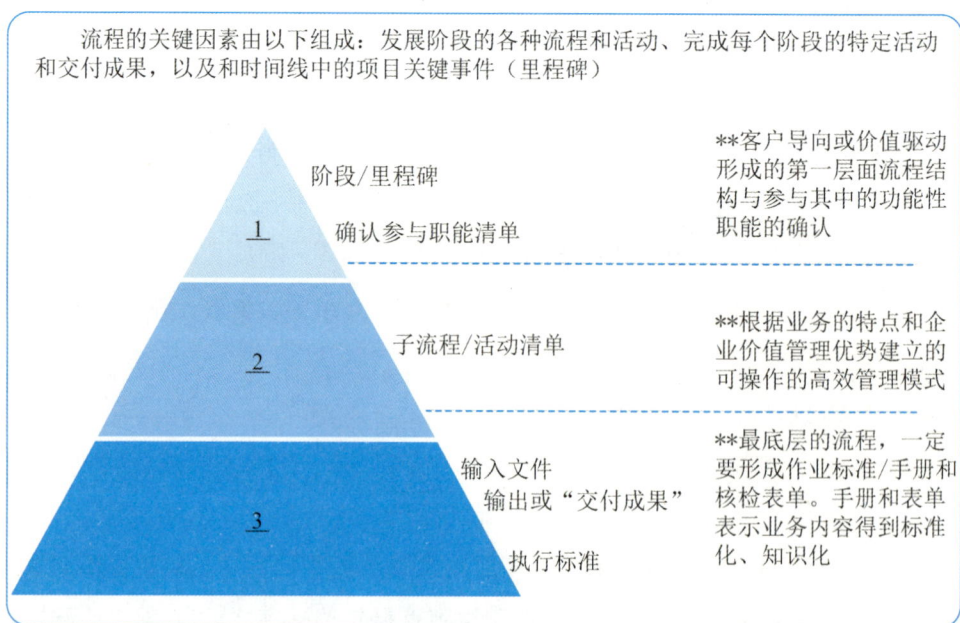

图 2.1.3　IFF&R 流程的总体架构

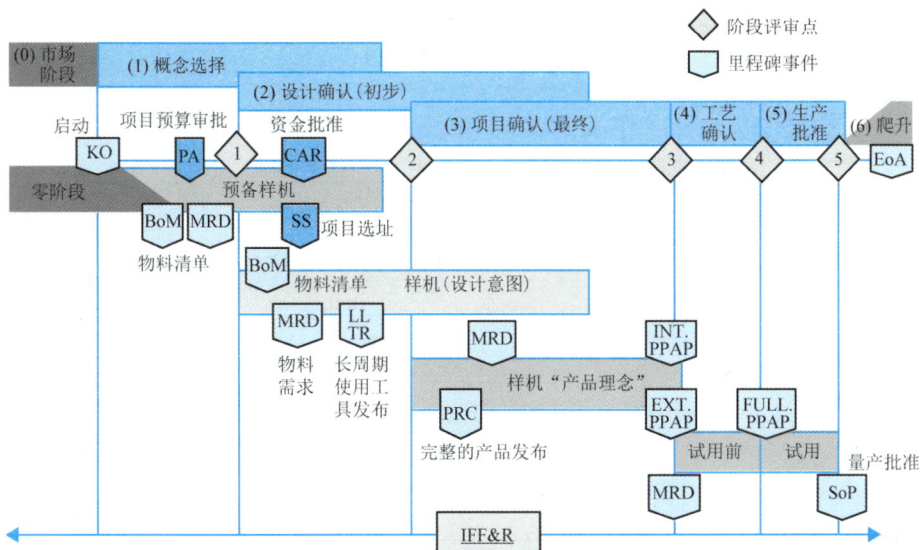

图 2.1.4　项目开发过程里程碑规划

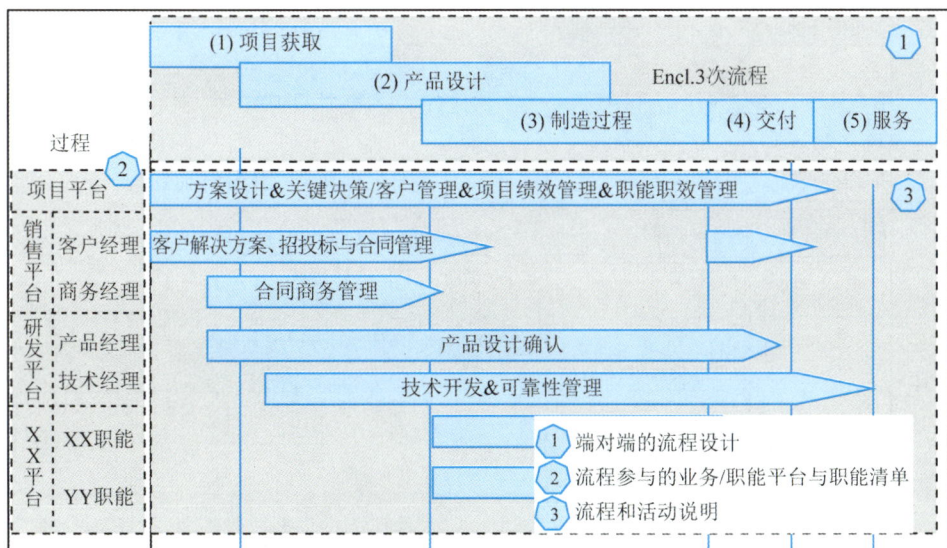

图 2.1.5　依据项目定义管理平台及职能工作范围
(参考本书 1.3　强化组织协同，建立矩阵型组织架构)

项目开发流程

项目获取

产品设计

整体解决方案确认　制造　服务　质保

项目职能

客户经理　方案设计&关键决策/客户管理

PQA工程师　先期质量策划

项目经理　项目目标设定　项目目标跟踪/实现

平台成员　风险评估&管理

产品设计工程师　详细的产品选型和验证

验证工程师　产品技术确认，DFMEA..　产品确认（校准&应用）

服务设计工程师　产品售后工程

工艺设计工程师　制造厂址选择&前期工程　执行工艺过程设计与验证

质量/SQE质量　内外部质量&可靠性管理

采购工程师　采购

制造工程师　准备试用

项目工程师　产品/项目变更管理

服务经理　客户服务支持

财务经理　成本跟踪

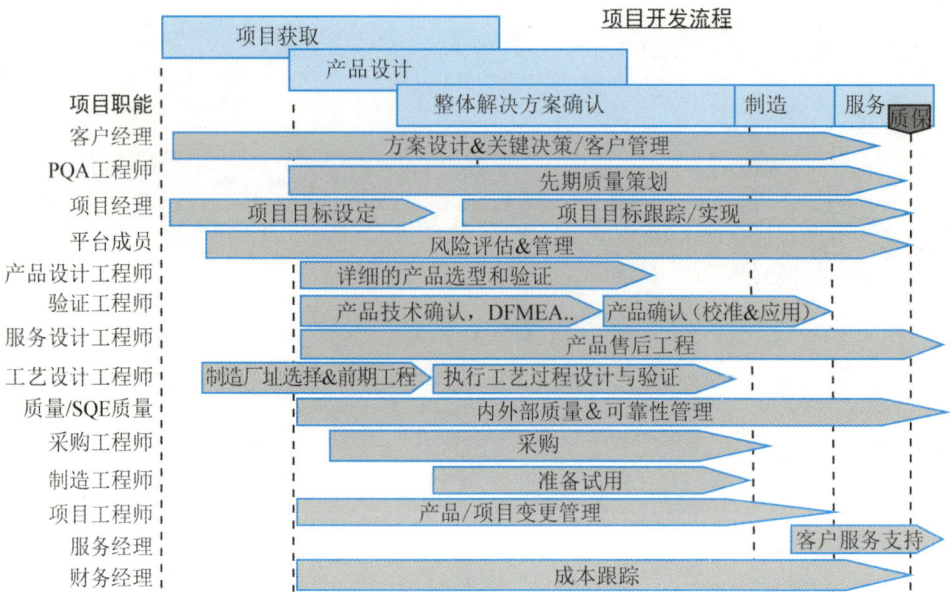

图 2.1.6　详细定义项目职能及其控制的端对端流程

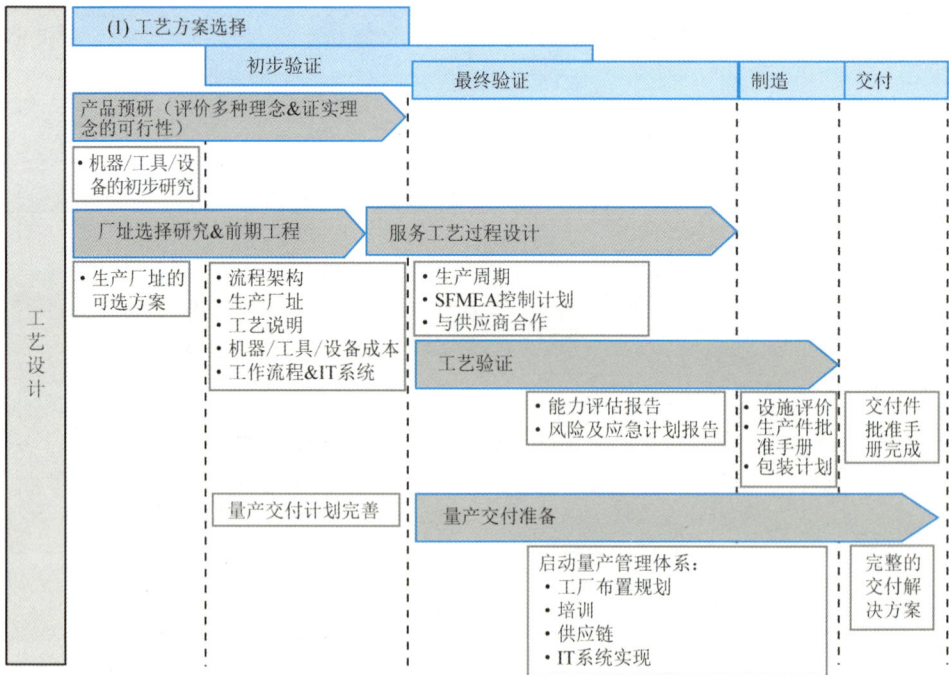

(I) 工艺方案选择

初步验证

最终验证　制造　交付

产品预研（评价多种理念&证实理念的可行性）

· 机器/工具/设备的初步研究

工艺设计

厂址选择研究&前期工程　服务工艺过程设计

· 生产厂址的可选方案

· 流程架构
· 生产厂址
· 工艺说明
· 机器/工具/设备成本
· 工作流程&IT系统

· 生产周期
· SFMEA控制计划
· 与供应商合作

工艺验证

· 能力评估报告
· 风险及应急计划报告

· 设施评价
· 生产件批准手册
· 包装计划

交付件批准手册完成

量产交付计划完善　量产交付准备

启动量产管理体系：
· 工厂布置规划
· 培训
· 供应链
· IT系统实现

完整的交付解决方案

图 2.1.7　IFF&R 职能活动要素设计

工艺设计流程接口管理规范				
里程碑流程活动规划	(1)工艺方案选择	初步验证	最终验证	制造
相关子流程活动规划		工艺预研（评价多种理念&证实工艺方案的可行性） 厂址选择研究&前期工程	服务工艺过程设计	
输入信息		• 3/2D模型 • CAE模拟/DMU • 样机设计的BOM • 样机的要求和控制计划 • 重要零件的松刀卸荷 • 购买零件的SOR	• 服务地址信息 • 客户信息 • 产品工艺信息 • 产品交付方案	
输出信息		• 生产厂址的可选方案 • 机器工具/设备的初步研究报告	• 服务工艺过程 • 服务地址 • 工艺说明 • 机器工具/设备 • 成本 • 工作流程&IT系统	• LUR状态和修复计划 • IPTV评估 • 问题解决监控
				• 生产周期 • PFMEA控制计划 • 与供应商及第三方合作 • 能力评估报告 • 风险及应急计划报告 • PFMEA
活动说明		• 通过产品工程团队对产品深入的理解后，提出产品的设计模型 • 产品工程团队提出第一版的BOM，用于工艺可行性分析 • 工艺设计进行生产厂址的确认和设备工装的初步调研	• 工程团队对于产品的SBOM进行初步验证，提出SFMEA方案 • 工艺设计根据SBOM进行方案选择	• 工艺设计计算加工周期，leadtime时间 • 明确设备设计参数符合产品工艺设计规范 • 执行PFMEA

图 2.1.8 IFF&R 工艺设计职能流程接口管理规范

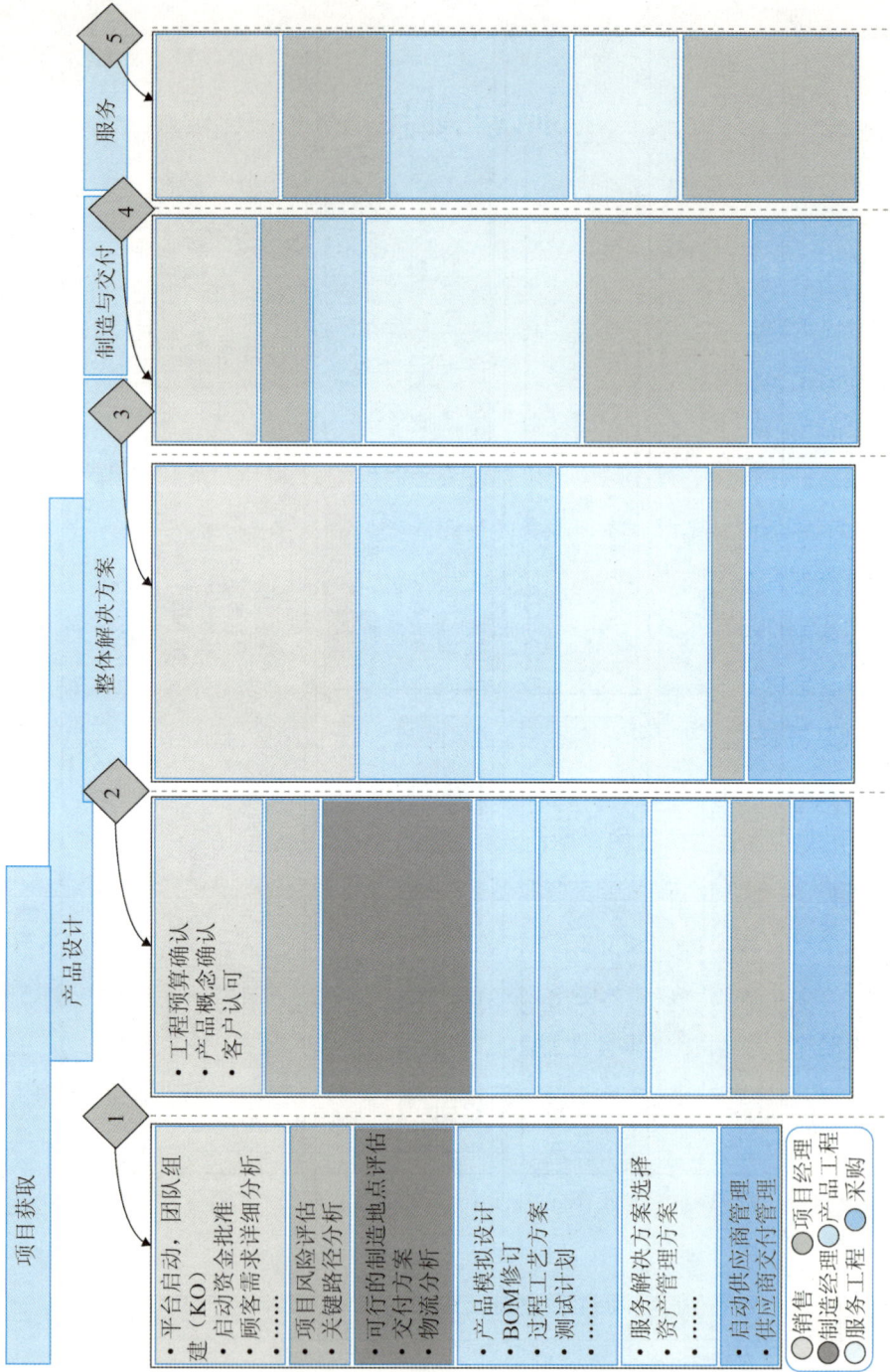

图 2.1.9 IFF&R 流程阶段性所有职能活动汇总（流程阶段通过性审查——核检表）

项目获取

产品设计

整体解决方案

制造与交付

服务

1 平台启动、团队组建（KO）
启动资金批准
顾客需求详细分析
……

2 工程预算确认
产品概念确认
客户认可

项目风险评估
关键路径分析

可行的制造地点评估
交付方案
物流分析

产品模拟设计
BOM修订
过程工艺计划
测试计划
……

服务解决方案选择
资产管理方案
……

启动供应商管理
供应商交付管理

销售 项目经理
制造经理 产品工程
服务工程 采购

在 IFF&R 中，项目的管理阶段（有时候称为生命周期）是描述项目从开始到结束所经历的各个阶段。最初的划分是将项目分为"识别需求、提出解决方案、执行项目、交付项目"四个阶段。实际工作中根据不同领域或不同方法再进行具体的划分，形成端对端的流程。

里程碑

在 IFF&R 中，里程碑指一个具有特定重要性的活动，通常代表项目工作中一个重要阶段的结束，例如通过一个评审。

里程碑是项目经理进行开发进度控制的主要依据。里程碑到达后，即明确项目各职能负责人应在这个限定的时间节点上按照设定的规范交付标准成果（例如经审批通过的文件或测试合格的产品）。

如何更有效地设立里程碑

• 里程碑有结构化的定义，为大多数人所接受，而非凭着项目经理的喜好设定；

• 里程碑能够有效地分解项目管理目标；

• 确保在一个里程碑有明确的管理主题和输出（文件和实物）；

• 不同的项目的有不同的交付件，例如一个 IT 项目的可交付成果可以是文档、端口、一个系统架构、一个完整的系统等；

• 在里程碑中应清楚地定义每一个阶段的开始时间、结束时间；

• 里程碑之间不应该超出两个月，以使项目组成员能始终看到目标，密切感受到项目的进展，从而激发工作热情和使命感。

里程碑除了要交付合格的文件或实物外，交付件还需要特别包括：

• 进度偏差及原因分析；

• 质量控制及缺陷评估；

• 人力资源评估，例如协调；

• 费用使用评估；

• 规范符合性；

• 风险管理、应急计划应用评估；

• 需采取的纠正预防活动；

- 后续计划的影响。

例如，在质量控制及缺陷评估中，交付物需包括：在本阶段通过测试与同行评审发现的缺陷个数、缺陷的趋势分析、缺陷的分类和缺陷的关闭情况等。通过上述的质量分析，判断本阶段的工作产品的质量情况，以决定是否要采取相应的质量措施加强质量管理。在规范符合性的交付物中，需要包括：对哪些过程执行了审计，对哪些工作产品执行了审计，审计出了多少问题，这些问题是否都关闭了，问题的统计分析及原因分析，拟采取的改进措施有哪些。对后续计划的影响，交付物包括：后续阶段的计划，后续的开发过程是否需要调整，后续的工作产品是否需要调整，后续的开发计划是否合理，等等。

2.1.2 运用 IFF&R 工具提升企业运营效率

关注点

(1) 一个好的 IFF&R 流程能够让你与市场上最强大的竞争对手进行比较，对比分析各个里程碑事件之间团队花费的时间，分析时间的利用效率。我们看到，越是优秀的企业，在准备确认阶段花费的时间和精力更多。

(2) 尽可能地控制串行工作的出现，将其转化为并行迭代作业①。显而易见，一个人的工作，不得不采取串行（顺序）作业的方式；当有了两个人，那么可以采取交叉作业的方式；如果项目中有三个或更多的人，那么必须思考更具效率的作业方式，即并行与迭代的工作。

并行作业一定要增加对等信息获取。某些环节可能会出现延误、返工或信息更新的情形，在这个时候，需要及时通过在并行作业区采取迭代作业的方式解决，例如，采用多方案试算的模式，最终获取最优的方案。

串行作业和并行作业可以提高效率，而迭代工作还兼顾了系统最优。

---

① 首先，并行作业能够减少串行作业中不可避免的传递和等待时间，有利于增加项目流程中信息的多向沟通，上一个链条能够获得更好的技术支援，同时能够有效减少及避免质量缺陷和设计错误。对下一个链条而言，提前获得的信息有助于制订自身的技术规划和管理方案。通过并行作业能够获得优化项目管理流程和更多的创新的机会。其次，迭代作业重复反馈过程的活动，迭代可以优化输出目标。将迭代放到并行作业中，可以提供一个快速的循环优化的环境。这样可以保障下一个客户得到最大限度的满足。

（3）IFF&R 能够最大限度识别和调用企业的专业资源，通过价值流的整合和核心职能团队的协同有可能在内部实现极具特色的创新管理，并且很难被其他企业复制，因此，相比较一般管理流程和产品革新而言，运用 IFF&R 工具设计的增值流程能够赢得长时间的竞争优势。

项目周期时间的管理与缩短

• 一个流程也许并不能说明问题，但我们在项目中使用 IFF&R 工具对流程进行优化后，我们会发现能够有效减少大量的因为接口定义不清需要反复磋商或提早发现文件或实物交付质量不达标而导致返工及延时交付的情况。

• 在 IFF&R 流程中，优化与再造的内容之一是：在流程的关键节点中增加更多的"判断—选择"节点，以及能够查询到最佳的实践方案，使得流程应用的人员具备更多自主性，以增强独立应对不同形势的能力。这个过程中，建立判断的基准（例如：大的方面，建立标准的"框架协议"或"标准合同"；小的方面，建立识别环境要素影响判断的列表）是必要的。我们可以这样理解：在正常的流程下，确保被审批的合同完全符合"框架协议"或"标准合同"条款，一旦超出或修改"框架协议"或"标准合同"中的条款，则需要相关专业人员的审核以把控风险，建立特殊的通道。建立这种"判断—选择"能力是基于以往的管理经验、知识积累和大数据分析的结果，例如，趋势分析、重要度排序和数据集中/配置方案。

• 运用精益管理的思维识别时间浪费的种种构成。例如，发现输出一个文件（例如采用叙事性的表述方式）可能会导致其他人出现阅读和理解上的模糊时，应当尽量使用图表替代；在进行多项工作任务管理和信息加工时，为了确保不致遗漏，请使用核检表（checklist）校对。记住，在流程前端花费 1 小时准备的清晰并易于理解的标准化的图表资料会大幅度减少后续团队成员的分析文件的时间。

• 建立可视化的项目时间进度图，培养系统性判断的眼光与内外部协调的能力，有助于提早发现子流程发生延时的风险。

知识的获取与沉淀

• 传统的流程要求开发人员将输出合乎客户要求的产品作为首要的任务，经验的积累并未受到重视，因此与项目相关的所有知识转化就沦为开发人员的专业技能。此外，在高强度的多项目开发压力下，很少有工程师会积极将数据转变为有用的知识。

• 大量的知识的获取与更新需要依赖现场的改进与项目知识的归纳。IFF&R工具要求项目经理花费大部分精力将获取的经验转化为可以共享的知识和信息（例如设计规范、技术规范），较小的精力用于创造硬件（见图 2.1.10）。

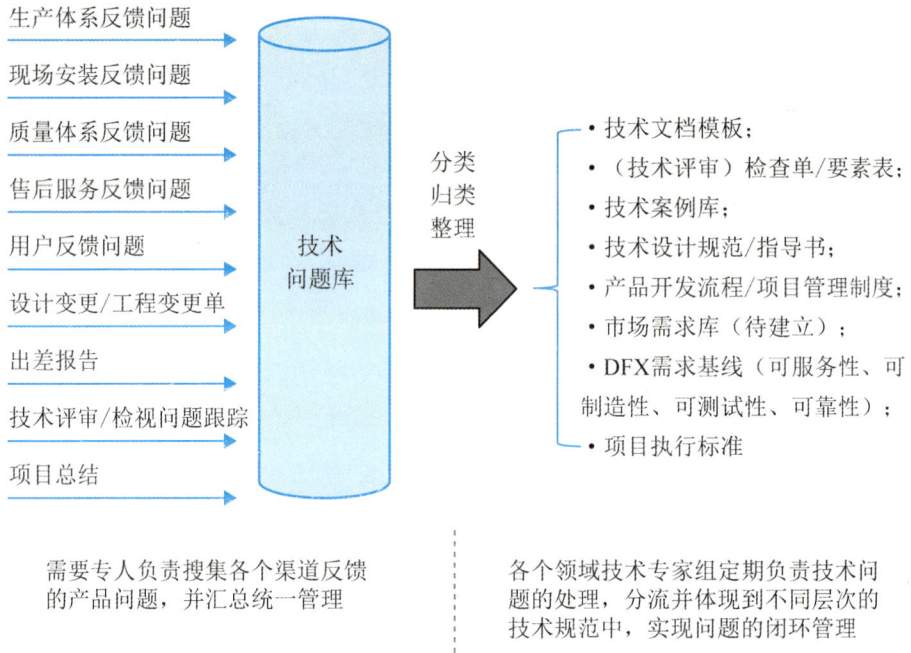

图 2.1.10　知识获取的重要途径——现场反馈

• 尽管我们可能与对手按相同的时间交付产品，但这并不能说明我们与对手同样优秀。特别是，对手采用的是"交付产品＋积累大量的知识"的模式，而我们只是取得了前者。对于下一个项目而言，对手就会因为少犯错误而获得了 10％的时间优先，三个项目后，对手就会比你领先至少 40％（见图 2.1.11）。

• 必须形成类似 FMEA（失效模式及后果分析方法）管理规范。

• 知识的收集和获取可以构成一个反方向的 IFF&R 流程。

改善沟通的效率

• 当一个资深的工程师坐在你旁边并向你不断描述他对一个产品的理解或一个零件的设计方案时，你很可能需要花费大量的时间使用 CAD 工具进行设计和反复修改，最后你会很沮丧地发现大量的无效劳动和简单的记录完全取代了你创

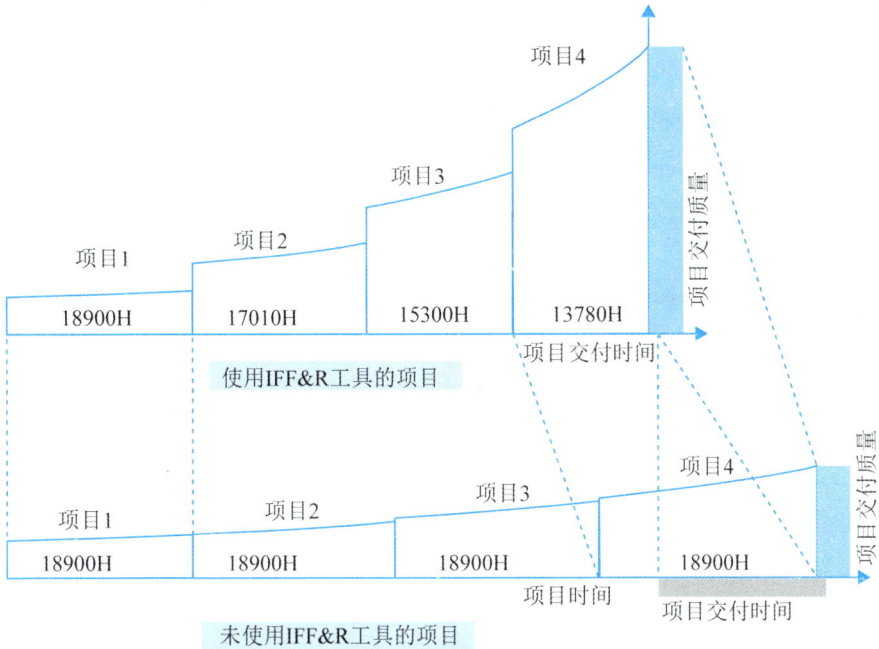

图 2.1.11　知识的获取——交付模式的差异

新的想法。这个开发效率极其低下的例子告诉我们，由于使用知识工具的差异，会直接降低过程效率。因此，在 IFF&R 工具中，希望流程中所有的人都能够使用相同的语言和设计工具进行交流。

• 在项目出现延时的时候，处于上位的管理人员或会认为已经出现失控，第一的反应和做法是增加汇报机制。然而，我们发现汇报机制在大部分情形下是一个文件信息的搬运和简单的加工工作。大部分管理人员到开会前才会有兴趣了解汇报的内容，并开始追查文件的各种信息来源，为此项目中很多人会停下手上的工作重新挖掘数据，等待来自上级的处理意见，因此正常的工作反而会被耽误下来。正确的做法是启动反馈机制（例如邮件的抄送和定时提醒），争取时间让其"自然修复"，如情况较为严重则需要指定专门人员找寻和解决根本性的原因。

为项目提供必要的资源

• 职能管理部门有个先天的优势，他们拥有大量的企业资源。例如：人力资源部，掌握了企业人员从学历到资历的情况；仓储部门，拥有着物权；生产计划部门，拥有着产能调度的资源；工厂厂长，拥有着各种生产资料资源；财务部门，拥有着资金分配的资源；营销部门，拥有着客户资源；供应链，拥有着供应商的能力资源。

• 以上所有的资源，如果没有建立在价值流程上，那么显然不会产生作用，一是因为客户不能够直接获取，二是不能够利用流程产生增值效应。

• IFF&R 工具可以有效识别这些资源并告知部门管理者和项目经理，使资源获得最大限度的调用和利用。

• 项目经理与部门管理者都运用 IFF&R 工具重新审视现有的流程，看手边有没有资源并有无投入到增值流程中？

• 我们可以在一个企业中轻易发现大量的被闲置的资产。这些资产包括：设备与设施、闲置的物资与存货、闲置的开发人员和管理人员、闲置的资金、供应商的设计能力、市场分析报告。尤其重要的是信息资源（如各种数据库）的被闲置。这些被闲置的资产都可能是由于没有纳入 IFF&R 工具所构筑的流程中而产生的。

• IFF&R 通过对资源的高效利用而实现流程增值，因此可以设计"资源利用率"进行绩效评估。例如，标准周期与项目实际周期比、项目投资回报率和客户交付履约率等。

支撑供应链生态，在大型和小型制造商之间获取共同发展的机会和收益

• 很明显，在一个包括供应链生态和其他复杂商业逻辑的商业模式中，需要融合相互协作的各类应用平台以达到最高的运营效率。所以 IFF&R 流程的管理标准应该具备这样一种特征：稳固性、可靠性、共通性、兼容性和高效性。通过这种方案，可以使得一个大型的跨地域的或正在实施全球化战略的制造集团和仅在区域中运营的小型企业利用 IFF&R 流程平台进行管理信息集成，并在新的商业模式中迅速形成能够为双方都带来价值的流程信息网络。可以并能够在流程上获取商业生态的平衡和共同发展，正是新型企业获得领先的一种优势。这其中一方面的原因是由于小型企业的资源投入较小，因此在知识积累、技术转化、IT 标准化和市场开拓方面都处于不利的地位，特别是在面对新商业环境下的快速创新活动时，或在一个快速变化的市场环境下，常常会觉得力不从心，对于无法预知的发展前景和本身的价值模式或持怀疑态度，进而会减慢了大型集团的创新步伐。因此，大型的集团企业为小型企业提供一个共享的管理平台，让他们只需要充分关注客户的需求，进而集中力量发挥转型灵活和快速创新的特点，是一种双方都受益的行为。

• 为了达成上述价值链集成战略目标，需要利用 IFF&R 流程和信息技术工具在大型的制造型企业和可以在价值链上提供协助的小型制造企业之间搭建一个或多个价值链示范平台，使得中小型制造企业在接受大型制造企业管理策略、组织方案和技术理念时，其价值诉求能够更加显现以增强其通过技术投入取得发展的信心。

使用 IFF&R 工具，进一步梳理二、三级子流程

(1) 在一个主价值流程下，我们可以发现有更多的辅助性或支撑性的管理流程，这些流程所包含的输入标准、执行标准和输出表单会成为真正支持主价值流程的控制要素（见图 2.1.12 和图 2.1.13）。当然，也可能发现很多阻碍企业成长、已成为"僵尸"的流程。

(2) 使用 IFF&R 工具可以指导我们对这些流程的关键要素再次进行合并、优化或取舍。我们经常发现，利用职能价值流程吸收合并部门中的小流程是可能的。

(3) 力求削减流程。我们知道，生产流程意味着产品的加工，而管理流程意味着信息的传递和加工，从精益角度来讲，生产（管理）效率越高，流程必须越短，因此我们利用创新的理念，削减流程的环节。在流程管理中，我们可以仿效自动生产线的方法加工信息——借助更加智能的信息化工具，依据"定制"的需求信息，建立准确快速的传递路径，中间不需要人为干预。

(4) 在市场竞争激烈的今天，我们还可以利用 IFF&R 工具在流程中设计出快速通道。

• 在售后服务中要满足客户需求，获得比同行业更快的反应速度，很有必要建立快速通道；

• 快速通道由专人管理，采用物件/服务的传递优先于具体审批环节的方式。

(5) 运用 IFF&R 工具设计的流程，其许可的开放性还能够包括：是否可以将供应商纳入其中；是否可以将市场第三方服务的资源嵌入其中；甚至为了加强这种关系（价值链的关系），是否考虑通过股权收购进行控制。

• 丰田汽车和本田汽车会收购与其制造链条密切相关的模具工厂，与一些工装设备制造企业结成紧密的同盟，因此，其模具、工装设备的重量和价格只是竞争对手的 70%；

• 价值链上的社会协同、各司其职是欧洲汽车工业发展的模式。

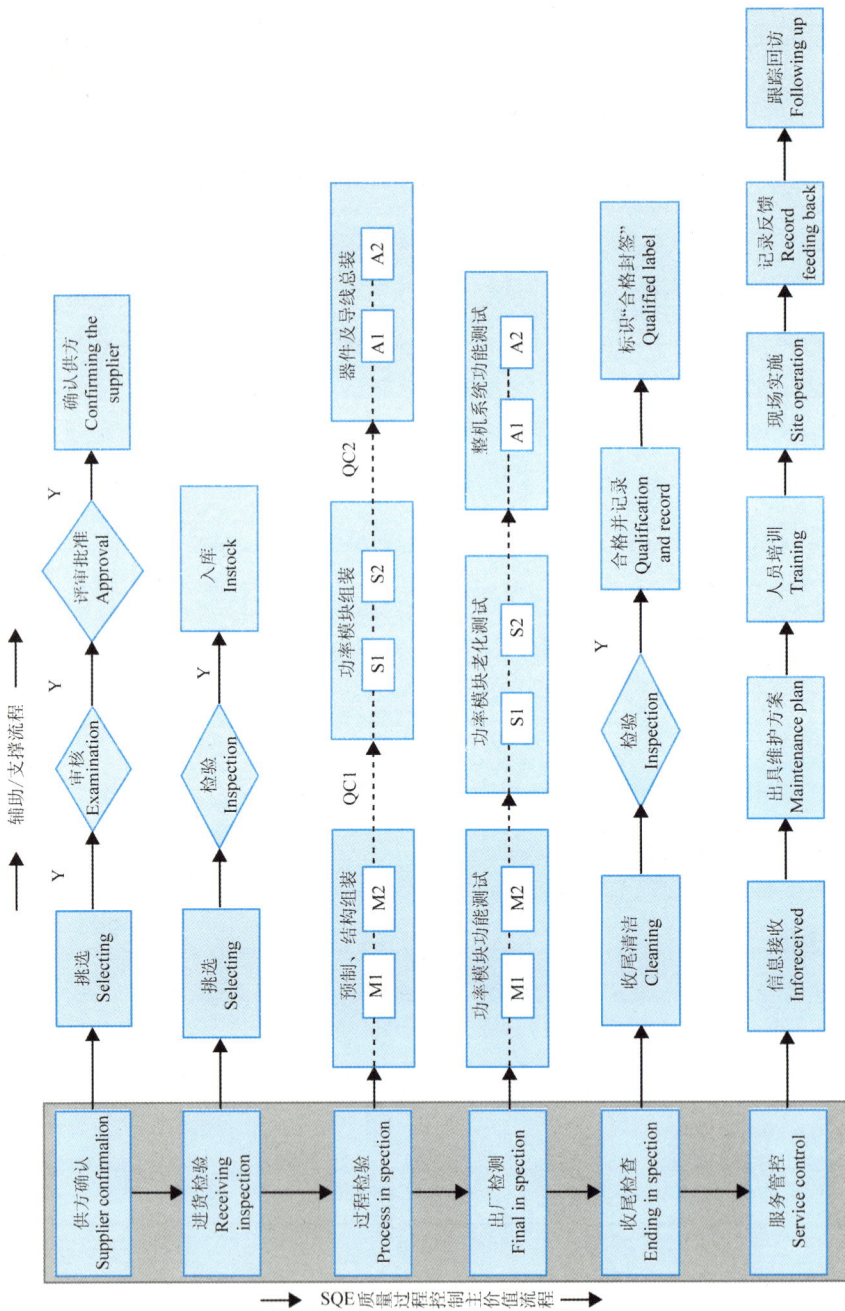

图 2. 1. 12 二级流程向三级流程伸展/三级流程汇集成端对端的高级别的流程

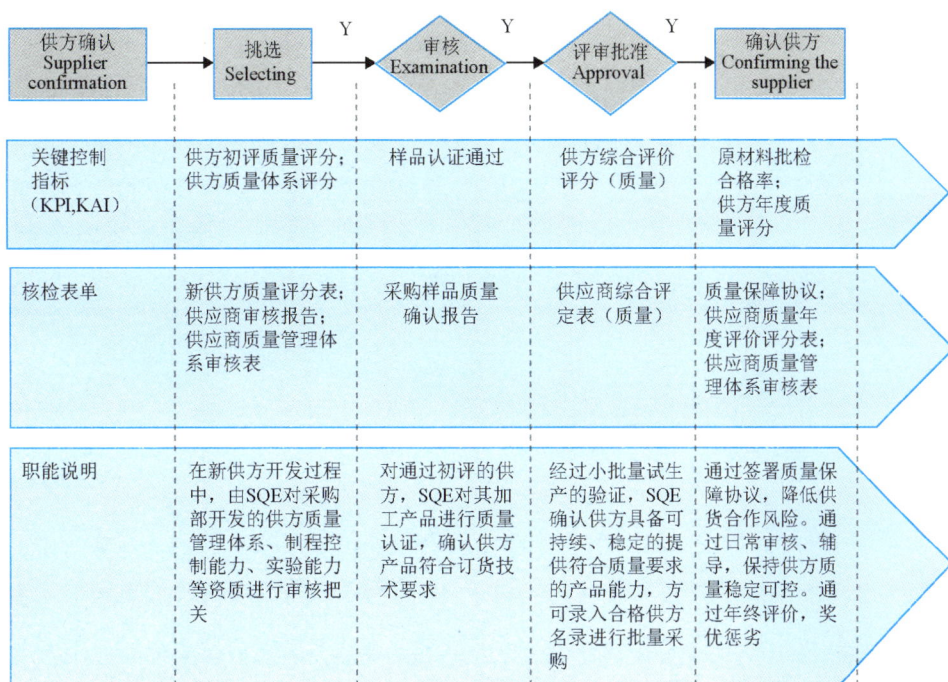

图 2.1.13　利用下级流程详细分析控制要点

剪裁方案与适应市场的快速通道

IFF&R 流程包括各个环节的可剪裁方案及适应市场的快速反应通道。所谓可剪裁的方案指的是对输入信息进行分类管理，只要符合某一类的判断条件或组合条款，则该流程可以跨越某几个重要的节点（如审核环节），并同时保证低风险的管理。

面对不同的客户将会形成差异化的解决方案，对客户信用、合同支付条款（金额和付款方式）、产品风险、资金占用、工程项目风险等要求进行多维度判断，综合计算出风险程度，从而采取不同的审批流程，低风险的项目可以直接走快速通道（例如，项目某些节点的审批过程不再需要审计部门或法务部门的介入）。

在沃尔玛、丰田汽车和麦当劳等以遵循总成本最低为发展战略之一的企业，对于符合条件的供应商，他们的运营流程甚至与供应商的生产与物流过程通过EDI（电子数据交换系统）组合在一起，这些流程可以把供应商的输入直接转换为提供给客户的产品和服务输出，中间不再需要采购管理方案，同时保证了交付的稳定、优质与快速。

2.1.3 如何设计 IFF&R 流程

在线索管理和销售管理流程中，首先，我们要建立价值流程和企业的"资本与财务""客户"的关联关系，以及价值流程的管理的核心知识点。将上述所有相关内容放在一张表内，可以从一个更大的体系中观察端对端流程的客户需求、价值点和管理要素（见图 2.1.14）。同理，研发平台价值流程定位分析可以参考图 2.1.15。

同时，对流程进行二级细分及描述工作顺序。如图 2.1.16 所示，对于营销平台价值流程的功能性定位需要进行详尽的表述。例如，对销售流程内的"验证机会点""标前引导""投标""谈判生成合同"需要进行表述。

所谓 EVA 是指在扣除资本成本（包括债务成本和股本成本）之后剩余的利润，它是所有资本成本被扣除后的剩余收入。EVA 的定义表明，只有当公司利润高于其加权平均的资本成本时，公司的运营价值才大于投资成本。站在股东的角度，一家企业只有在其资本收益超过未获取该收益所投入的资本的全部成本时才能为股东带来价值。

依据图 2.1.14，我们已经在营销平台定义了首尾相接的两段流程，分别是从线索收集到线索发布的线索管理流程和从验证机会点到谈判生成合同的销售管理流程。对于投标管理，我们设计出投标流程关键要素图，如图 2.1.17 所示。

我们探讨营销平台价值流程中第一段——线索管理。

在销售管理体系中销售线索处于客户产生机会的最前端，一般通过举办市场活动、网络信息、电话咨询、消费者访谈等多样方式获得销售的初级线索。全面信息构建包括消费者信息、政府信息、行业信息、竞争者信息、供应链信息、个人或团体圈子信息等。销售人员再持续跟进和推动线索的继续延伸，到达成熟阶段后销售线索转换为销售机会，并通过在公司正式立项，销售人员将作为销售机会进行漏斗式管理和推进。销售线索管理作为真正的销售机会产生前将提供大量的真假不一的信息源也是公司在客户群产生商机的最基础线索，在商业价值链中处于重要地位。

线索管理流程设计需要考虑的要素包括：

• 确保线索的回应非常及时；

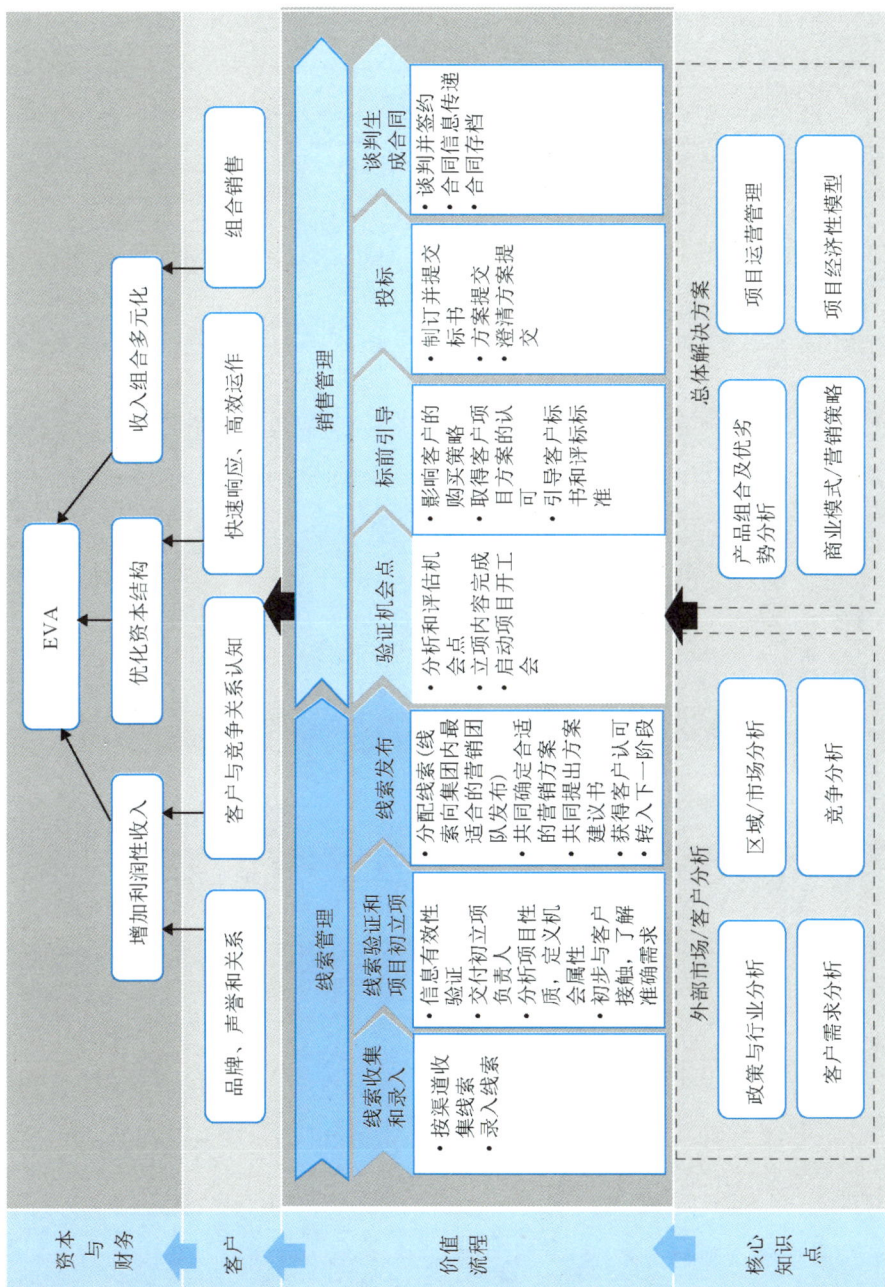

图 2.1.14 营销平台价值流程分析

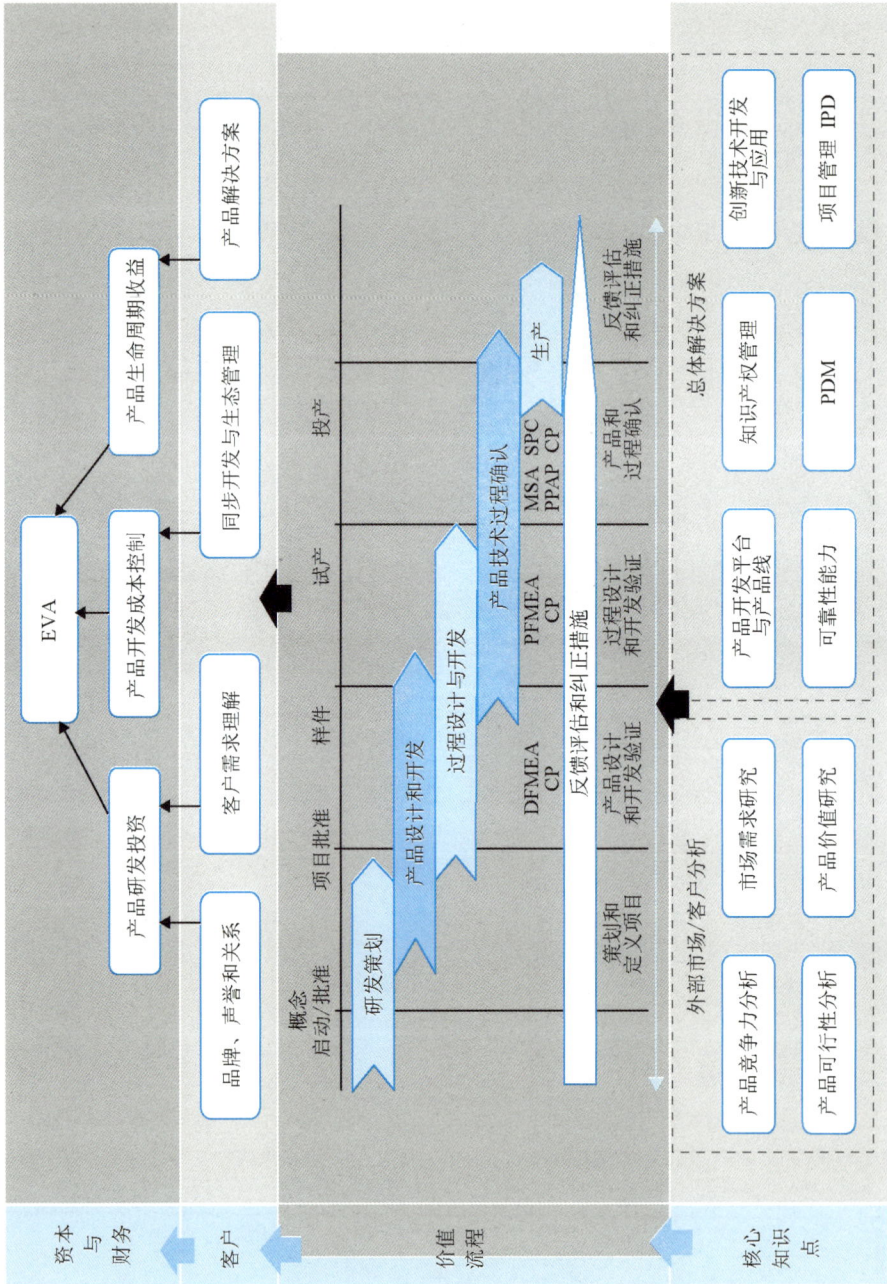

图 2.1.15 研发平台价值流程定位分析

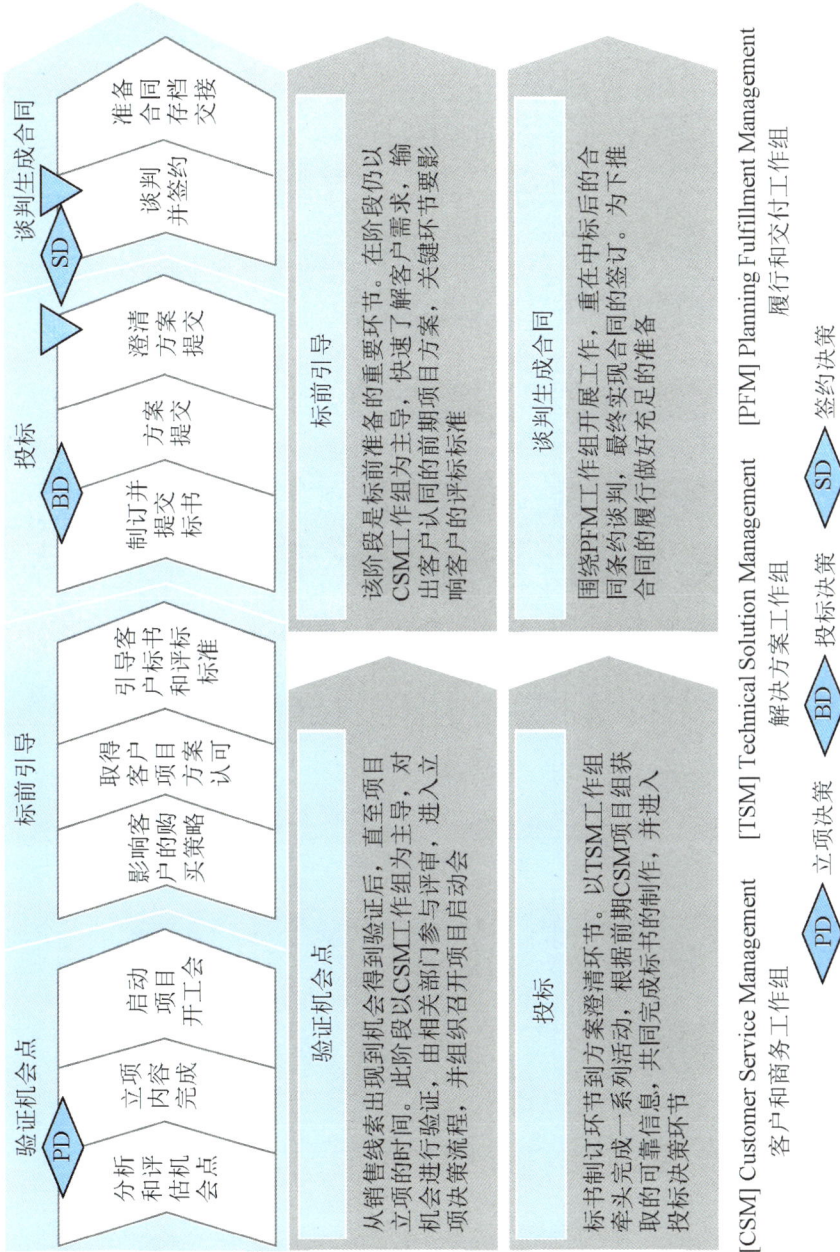

图2.1.16　销售管理流程设计

[CSM] Customer Service Management　[TSM] Technical Solution Management　[PFM] Planning Fulfillment Management
客户和商务工作组　　　　　　　解决方案工作组　　　　　　　　履行和交付工作组

验证机会点

从销售线索出现到机会得到验证，直至项目立项的时间。此阶段以CSM工作组为主导，对机会进行验证，由相关部门参与评审，进入立项决策流程，并组织召开项目启动会

投标

标书制订方案澄清环节。以TSM工作组牵头完成一系列活动，根据前期CSM项目组获取的可靠信息，共同完成标书的制作，并进入投标决策环节

标前引导

该阶段是标前准备的重要环节。在阶段仍以CSM工作组为主导，快速实现同的前期项目方案、输出客户认同的前期项目方案，关键环节要影响客户的评标标准

谈判生成合同

围绕PFM工作组开展工作，重在中标后的合同条约谈判，最终实现合同的签订。为下推合同的履行做好充足的准备

PD 立项决策　BD 投标决策　SD 签约决策

097

（LEVEL2）

验证机会点	标前引导	投标	澄清答疑	谈判并签订合同
CRM流程活动		标书购买、提交保证金、制作投标方案、投标评审、制订并提交标书		
营销平台流程活动	投标申请	标书准备	投标	投标澄清 投标文件归档 BD
输入信息	招标公告 电子邮件或网站公告	招标文件 招标补遗资料	招标文件 往来传真及邮件	招标澄清 澄清文件或传真
输出信息	投标确认单	投标方案及评审表	投标文件	投标澄清文件
活动说明	营销平台 客户经理 投标申请：(1) 销售经理在OA上申请发起"投标确认流程"，注明详细原因回报项目经理审批；(2) 购买标书	营销平台 客户经理及商务经理 标书准备：(1) 商务经理依据项目经理提交项目投标评审表，并组织相关人员召开标前会议；(2) 客户经理依据项目进展情况、制订投标方案，包括投标机型、数量、价格、供货范围，供货期及偏差等内容，经过项目经理审批；(3) 商务经理编制投标文件，并按照标书的规定完成编制工作；(4) 按规定完成标书打印及封标工作；(5) 商务经理完成重要工作	营销平台 客户经理及商务经理 投标及澄清：(1) 按照招标人员规定时间及地点完成投标及开标工作，并做好开标记录工作；(2) 组织公司相关人员监审投标答疑工作；(3) 客户经理将澄清文件报销售层总审批后，需加批问题依据澄清权逐层审批，澄清文件才能发出；(4) 客户经理在评标期间与业主及设计院等人员交流沟通，收集项目评标动态，及时掌握评标动态，并提出方案，争取获得项目中标；(5) 商务经理完成投标疑义及答疑工作及电子版文件及规定文件按规定存档保管；(6) 组织召开项目总结会议	
价值\用时	10个自然日、标前准备是下一阶段输出的重要接口		标前准备重要工作，所有任务均是下一阶段输出的重要接口	

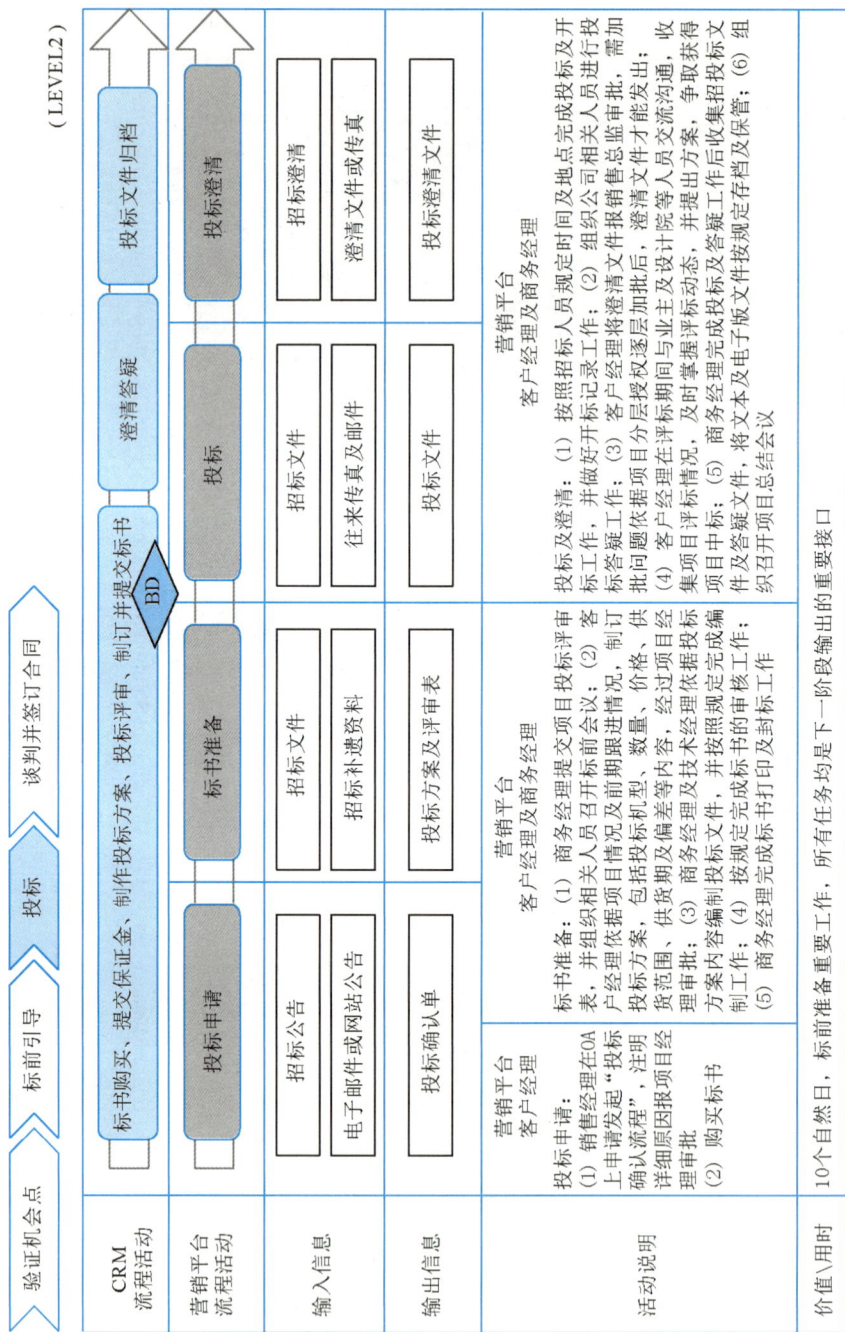

图2.1.17 投标流程关键要素设计

- 确保对线索做出恰当的回应；

- 线索重要性的分类管理；

- 由谁来负责线索的分级和分派；

- 了解这些线索应该分给谁；

- 在销售周期中对线索的追踪采取问责管理。

线索管理流程第一阶段：线索收集和录入。

- 所有的相关方（政府、股东、市场和客户、供应商、员工、员工生活＼活动圈子）都存在营销线索，需要对线索按照逻辑关系进行分层筛选；

- 鉴于集团产品/增值产品的多样性，销售渠道的多样性，包括销售人员在内的相关人员都应知道如何准确把握线索；

- 不同的线索信息来源需要统一收集和录入。

线索管理流程第二阶段：线索验证和项目初立项。

- 信息的有效性被验证后，交给初立项责任人；

- 分析项目性质，定义机会属性；

- 单纯的产品需求；

- 复杂的产品组合需求，例如项目总承包；

- 负责的资源需求，例如形成投资项目；

- 初步与客户方进行接触，了解准确需求。

线索管理流程第三阶段：线索发布。

- 分配线索（线索向集团内最适合的营销团队发布）；

- 共同确定合适的营销方案；

- 共同提出方案建议书；

- 获得客户认可；

- 转入下一阶段。

最终，依据 IFF&R 方法画出流程（见图 2.1.18）。线索管理流程控制矩阵（节选）如表 2.1.1 所示，该矩阵略去对流程每个步骤的"适用制度文号和适用条款""控制频率""风险点编号""风险点描述""风险类别（战略、市场、财务、法务、运营）""概率""影响""等级""关键控制点"的描述。

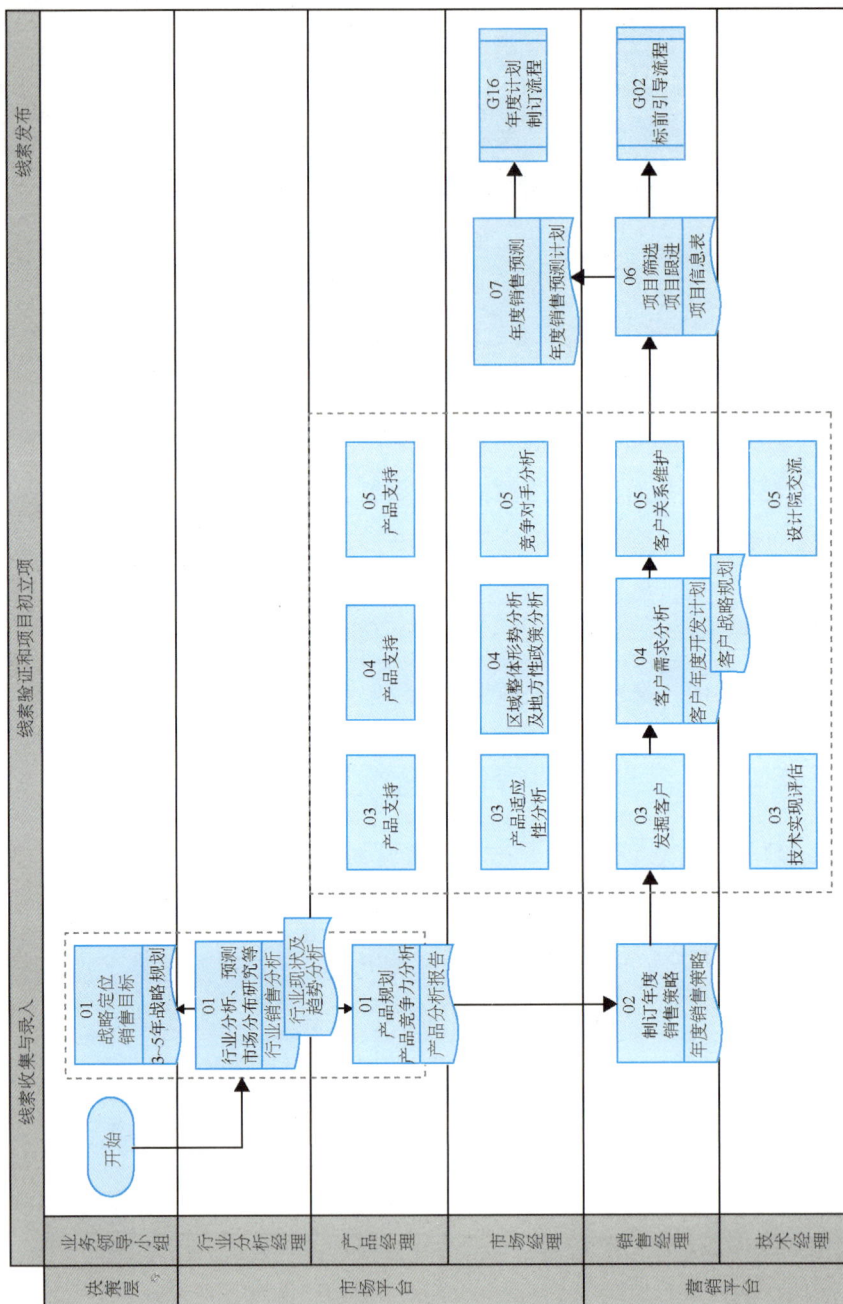

图 2.1.18 IFF&R 线索管理流程

表2.1.1　线索管理流程控制矩阵(节选)

标准流程控制活动

步骤编号	标准流程图步骤	标准流程步骤描述	责任岗位	责任部门/中心	涉及部门/中心	输入信息	输出信息	涉及系统
1	市场分析和战略目标	行业分析、预测市场分析研究等	市场与公共关系部行业研究小组广泛收集经济形势信息、市场信息、产业政策、行业以及核准规划、电网规划等,运用科学的方法对外部宏观环境进行深度分析,通过回顾行业发展历程和对各细分市场的分析,对整个行业的发展方向和趋势做分析,为公司决策层做战略规划和业务决策提供依据	行研组	市场与公共关系部	战略规划部及营销中心	宏观经济形势信息、市场信息、产业政策以及核准规划、电网规划等	行业装机量分析、行业现状及趋势分析、政策对行业发展的影响等	CRM
		战略定位发展目标	X事业部管理层结合企业外部环境分析(一般包括行业装机量现状、新能源行业现状及趋势、经营环境分析等)、企业内部环境分析(一般包括企业资源、企业能、核心资源和无形资源和广泛征求意见的基础上制订发展目标,确定公司未来3~5年对产品销售的要求,如市场占有率、各机型销售量指标等。X事业部销售目标应报集团决策层审批	X事业部负责人	X事业部负责人	战略管理部及X事业部下属各单元/中心	行业装机量、风电行业现状及趋势分析、部分资源和环境分析报告等	事业部3~5年销售规划、销售战略目标	OA

101

续表

步骤编号	标准流程图步骤	标准流程步骤描述	责任岗位	责任部门/中心	涉及部门/中心	输入信息	输出信息	涉及系统
1	市场分析和战略目标/产品规划、产品竞争力分析	研发中心产品规划部产品经理依据客户和市场对新产品和新技术的要求,根据自身产品性能,结合市场未来发展趋势,对公司未来3~5年的产品和技术研究提出产品发展目标,并对公司产品进行产品竞争能力分析(一般包括技术、质量优势和成本优势等),给公司管理层提出决策依据,并传递给市场团队和销售团队	产品经理	研发中心	营销中心	产品和技术的市场需求	3~5年产品规划、产品竞争力分析报告、项目可行性项目报告等	OA
2	制订年度销售策略	营销中心根据行业分析与预测,产品规划,上下游行业情况、公司现有产能以及公司管理层的战略发展方向和年度的销售策略和销售政策	销售团队	营销中心	X事业部下属各单元/中心	行业预测、战略规划、产品规划等	年度销售策略和销售政策	CRM

续表

步骤编号	标准流程图步骤	标准流程步骤描述	责任岗位	责任部门/中心	涉及部门/中心	输入信息	输出信息	涉及系统
3	目标市场分析	产品适应性分析	营销中心依据公司产品的设计等级,结合项目资源情况,明确项目推荐产品的适应性,用于确定项目可行性和优先级,研发中心产品经理提供技术支持	资源工程师/产品经理	营销中心	产品规划部/研发中心	目标市场分析	适应性分析报告	PLM
		资源和环境评估	结合项目资源和环境特点,分析机组环境适应性,并对项目建设的难易程度和风险度进行评估	资源工程师/产品经理	营销中心	产品规划部/研发中心	目标市场分析	项目资源及环境风险分析报告	PLM
		发掘客户及客户关系维护	销售团队根据目标市场需求发掘客户线索,与客户建立关系,进行日常拜访,收集项目信息,传递公司及产品信息	销售经理	营销中心	产品规划部/研发中心	目标市场分析	CRM信息表	CRM
		技术支持	研发中心产品经理必要时提供技术支持,依据公司产品研发进度,明确产品适应性的变更情况和产品可批量化时间	产品经理	产品规划部/研发中心	营销中心	目标市场分析	技术可行分析报告	PLM

IFF&R 流程管理与传统流程管理的差异（见表 2.1.2）。

表 2.1.2　IFF&R 流程管理与传统流程管理的差异

关注点	传统流程管理	IFF&R 流程管理
时代特征	1. 明显的计划经济下的管理特征、企业稳定地遵循标准的计划指导的管理方法 2. 员工的思维和操作上不能够完全职业化[①]	要求企业流程中建立更多的与客户的互动，认真倾听客户的需求，从而更好地响应客户的个性化需求
思维方式	1. 感性思维特征：凭直觉、凭检验，归纳为主，关注输出结果，不重视过程控制，注重人的关系，注重正统、等级权威，缺乏基本概念的定义习惯，人事不分 2. 业务执行按照行政组织关系推行	1. 理性思维特征：注重对事物的本质和发展规律进行科学的分析和分解，采取严谨的线性逻辑思维，关注过程控制和演绎推理，能够总结科学定律，在数据的基础上注重预测、计划和体系设计 2. 业务的执行基于"价值平台和核心职能"为主体的项目管理方式，IFF&R 流程充分支持项目管理
设计基准	基于内部现有业务流程开发	基于客户价值进行开发，能够遵循新的战略和扩展的业务需求
流程设计	写我所做，做我说写，内部管理体制复杂，流程编写更多的是考虑梳理内部业务流程与复杂的管理体制之间的关系	1. 在流程设计上尽量减少层层审批汇报的非增值环节，通过从客户需求到客户满意的端到端紧密衔接的流程链条，通过流程上游对下游客户的服务承诺，使客户需求的传递更准确、直接，对客户的服务交付更快捷、高效 2. 以西方科学管理事，分解业务经营过程，编制和优化业务流程，解析流程环节的事务，依事定岗，依岗定人；依据业务流程和业务发展客观规律设计并建立组织架构和运营机制，梳理业务过程信息流和资金流，把过程信息输入信息系统，信息化整个业务过程，使业务过程透明可控、可调节、可优化，让业务系统具备应变能力，从而可以实现智慧管理
部门与职能	部门和单位作为责任主体，关注谁审批，谁负责，形成了较为固化的管理体制，束缚了企业的管理创新	1. 严格控制企业管理层级，业务的达成依赖于专业职能之间的协同工作 2. 一线职能人员获得充分授权，在流程内有明确的职权定位[②] 3. 执行项目管理，在相关价值平台上设置项目"职能"工程师，供新创建的项目组调用。新项目的组织方式按照项目平台接口方案执行[③]

关注点	传统流程管理	IFF&R流程管理
指标设计	绩效指标体系基于内部管理需求设计	在流程的绩效目标设计上，对客户体验指标进一步具体化，并通过流程环节的互动设计，更好地实现价值的传递
过程实现方法	1. 反复漫长的论证，层层审批的会签的流程文件生效过程缓慢，考虑到时效性会导致管理顾此失彼 2. 多数是通过企业环境下的传阅与审批	1. 在知识积累和风险管控的基础上增加容错能力，建立快速通道，从而形成一个"快速迭代"的执行与优化循环过程 2. 跨时间、跨区域、跨空间的实时化信息传递与管理，几乎不存在任何沟通的屏障
数据与信息化	1. 各系统建立相对独立体系文件，信息化手段不明确，业务执行标准难以统一^① 2. 企业基于数据的决策支持和经营分析工作推行存在诸多阻碍	1. 流程再造和优化的时候，要考虑数据管理的因素，即面向未来决策支持需要，哪些数据应如何被采集和存储。让数据采集工作不要变成一个业务流程额外附加的工作，而是流程环节上一个自动化的过程，且该过程可被观察 2. 配合信息化工具，通过自动划转的信息系统实现流程管理
流程再造与创新	部门界限清晰，业务利益稳定，客户需求和价值无法传递到价值链各个环节中，客户价值屈服于企业管理价值，流程再造困难	1. 识别客户核心价值点，积极采取流程再造为企业创造利润增长点。通过销售和服务流程再造，使服务从传统的被动的售后服务，转变为围绕产品全生命周期的后市场服务，为用户带来更好的体验，同时通过服务的附加值提高，为企业带来新的增长点 2. 企业能够灵活采取更多的BPO（业务流程外包），即将非核心业务外包给供应商，并由供应商对这些流程进行重组

注：① 2014年《商界评论》发表华为总裁任正非文章《灰度、妥协与宽容》中对华为公司现存的管理进行了检讨："我们从一个小公司脱胎而来，小公司的习气还残留在我们身上。我们的员工也受到二十年来公司早期的习惯势力的影响，自己的思维与操作上还不能完全职业化。这些都是我们管理优化的阻力。由于我们从小公司走来，相比业界的西方公司，我们一直处于较低水平，运作与交付上的交叉、不衔接、重复低效、全流程不顺畅现象还较为严重……我们从杂乱的行政管制中走过来，依靠功能组织进行管理的方法虽然在弱化，但以流程化管理的内涵，还不够丰富。流程上、下游还没有有效的'拉通'，基于流程化的工作对象的管理体系还不很完善。组织行为还不能达到可重复、可预期、可持续化的可值得信赖

的程度。"

② 2014年《商界评论》发表华为总裁任正非文章《灰度、妥协与宽容》中提到："我们今天提出了以正现金流、正利润流、正的人力资源效率增长，以及通过分权制衡的方式，将权力通过授权、行权、监管的方式，授给直接作战部队，是一种变革。"

③ 参看图2.1.19和图2.1.20项目平台接口方案，其中，项目组及成员的职责为（部分）：

a. 项目核心团队任命：成立项目组，任命核心工作组经理、平台经理，策划项目行动计划。

b. 项目核心工作组：

● 产品领域：客户需求及竞争性分析、标准法规研究（如需）、产品立项、可行性分析、解决方案设计。

● 经济领域：产品商业计划（开发成本、投资成本、盈利能力分析）。

c. 产品开发工程师：产品设计开发、验证开发、试验开发。

d. 财务预算：产品目标成本的策划、分解及过程控制、成本增益性评价。

e. 质量工程师：产品质量目标策划、分解及过程控制、问题监控、状态审核评价（APQP、OTS、PPAP）。

f. 采购工程师：基于产品的质量、成本、物流向合格供应商采购及进行过程控制。

④ 公司建立了ISO9000、内控、HSE等多个管理体系，这些管理体系最终变成一个个手册、制度规范，放在不同的文件柜里，执行起来相互不一致。久而久之，一边是根据管理缺陷发行制度，另一边执行上我行我素，不断制造"例外"。制度和业务变成两个层面的东西。各职能部门在工作目标和推进计划上各自为战，跨部门扯皮多、协同难。

2.1.4 在价值流程上推动信息化

基于复杂职能协同管理的流程的有效及重复执行，最关键就是信息化，也就是让信息工具将流程标准化、规范化的知识变为信息流，把过程的能力变成整个企业固有的能力。流程和信息化技术可以使得企业高级管理人员从重复、复杂的事务处理和例行管理中解脱出来，使他们能够专注于创新和增值的活动。

信息化的方法能够让一个项目经理完整掌握标准的工具表单和作业手册，明确过程关键控制点，在流程管控中测量项目是否真正达到预期的价值，或较好地控制在预算范围内。

对流程中产生的大量数据记录运用软件进行分析（系统集成软件→分析软件），形成数据资产。通过运用数据分析技术，为企业提供投资管理、风险分析、获利分析、销售分析、市场预测、决策信息分析、促销与分销、售后服务与维护、全面质量管理、物流管理等具备前瞻性的管理决策，企业能利用这些工具来调控经营管理范围，紧跟快速变化的市场，参与国际市场竞争。

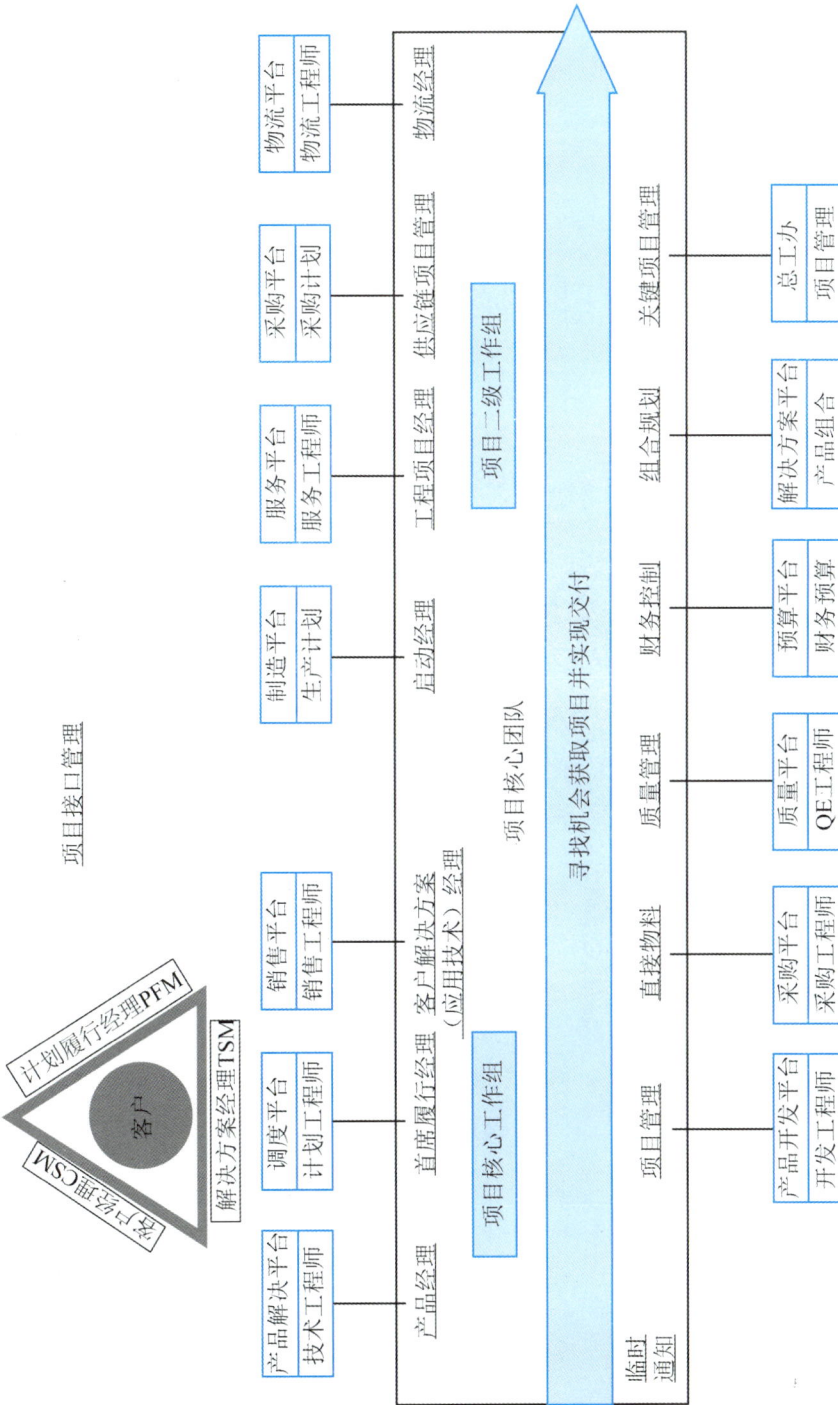

图 2.1.19　项目平台接口方案（一）

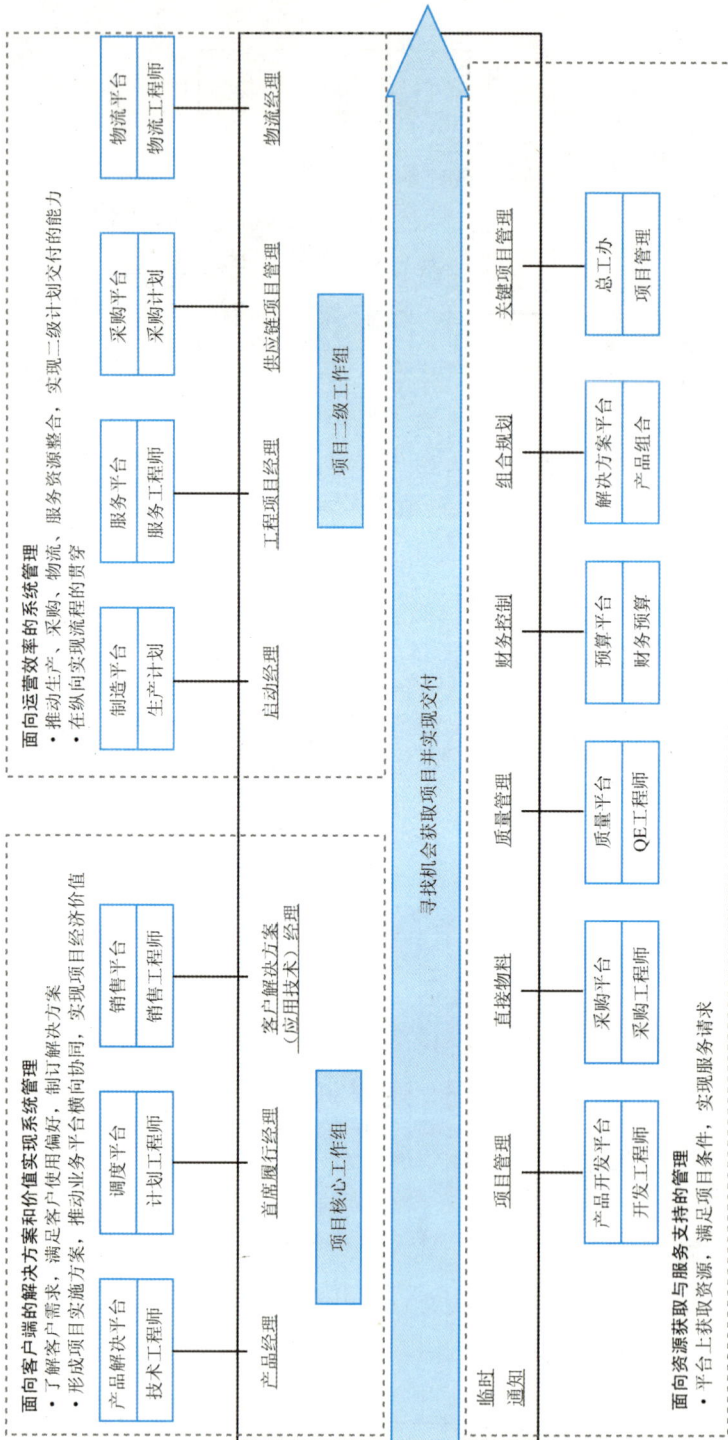

面向运营效率的系统管理
• 推动生产、采购、物流、服务资源整合,实现二级计划交付的能力
• 在纵向实现流程的贯穿

物流平台	采购平台	服务平台	制造平台
物流工程师	采购计划	服务工程师	生产计划

物流经理　供应链项目管理　工程项目经理　启动经理

项目二级工作组

面向客户端的解决方案和价值实现系统管理
• 了解客户需求,满足客户使用偏好,制订解决方案
• 形成项目实施方案,推动业务平台横向协同,实现项目经济价值

销售平台	调度平台	产品解决平台
销售工程师	计划工程师	技术工程师

客户解决方案（应用技术）经理　首席履行经理　产品经理

项目核心工作组

寻找机会获取项目并实现交付

面向资源获取与服务支持的管理
• 平台上获取资源,满足项目条件,实现服务请求

总工办	解决方案平台	预算平台	质量平台	采购平台	产品开发平台
项目管理	产品组合	财务预算	QE工程师	采购工程师	开发工程师

关键项目管理　组合规划　财务控制　质量管理　直接物料　项目管理

临时通知

图2.1.20 项目平台接口方案(二)

现代企业中，复杂的工业流程和运营流程，以及同一企业不同地理位置的管理，需要借助于稳定的治理架构、流程和应用平台，以实现达成目标的协同性与一致性。基于价值流程的信息化是实现这一目标的核心工具，它保障了企业的治理规则框架、标准化接口及平顺的内外部运营环境。

2.2　强化职能协同和价值链协同

一个企业的高效管理不是简单地将各个流程组合在一起成为一个流程手册，而是将流程中相关的职能单元连接在一起组成一个个共享信息和资源的项目团队，以流程为载体建立内部自主协同的治理结构，为流程创造附加价值，并最终建立企业的优势的核心能力（见图 2.2.1）。

在一个多元化经营的集团中，各个业务/职能单元均可能具备优势的管理能力。例如，工厂具备高效制造流程，人力资源中心具备卓越的组织控制能力，这些优势能力如果在流程中进行协同强化，一是能补偿一些单元目前不足的管理能力，二是各个业务单元能够共享集中的资源（例如专业知识和技能），三是会避免重复投入而形成的内部竞争，最终为集团的业务增加额外的价值。

信息化能够将协同效应的优势进行巩固。目前大量的流程和数据必须通过信息化才能正常运作，高效的 IT 手段可以促进技术/管理能力的共享，提高运营平台的管理标准和运用新技术的及时性。

通过价值链延伸，可以设计新的商业模式，新的商业模式会促进整个价值链上所有业务的价值提升，产生协同效应。

对一个多业务的集团来说，每一个业务单元都可能具备市场优势，或存在满足市场/客户价值需求的可能性。如果能够将这些业务进行组合销售，则会形成企业新的商业模式和新的产品价值定位。比如说一家汽车制造公司，当他在向客户销售汽车产品的时候，如果客户希望通过融资渠道进行购买，那么汽车公司既能让客户自行选择一家贷款银行，也可能考虑到汽车公司内部有充足的现金流或更好的融资能力而为客户提供同类型的服务。这样就形成了一种新商业模式。又如，汽车公司有能力为客户提供更好的汽车产品专业的售后服务或产品技术升级服务（如 GPS

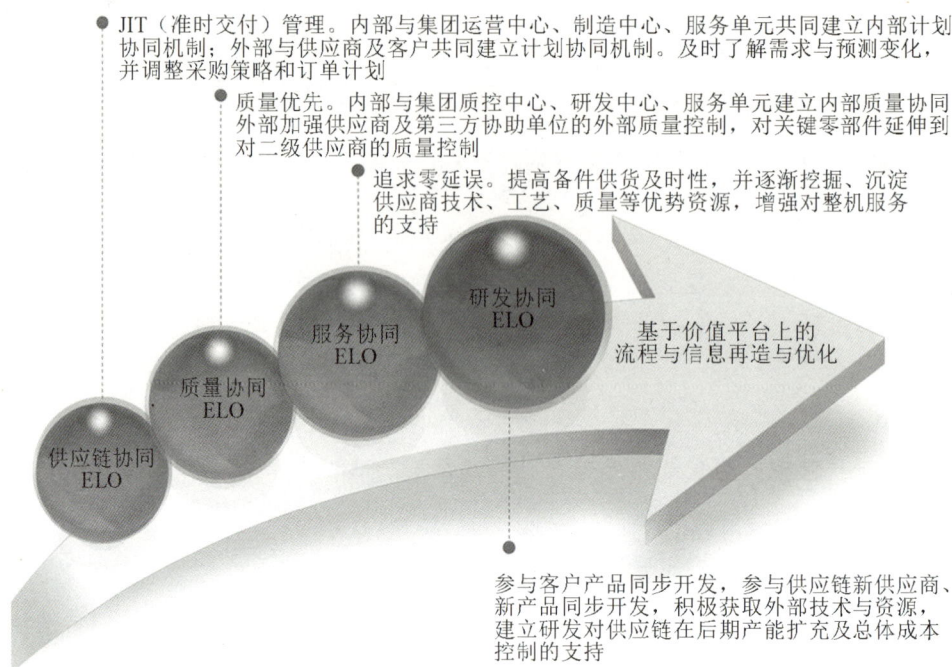

- JIT（准时交付）管理。内部与集团运营中心、制造中心、服务单元共同建立内部计划协同机制；外部与供应商及客户共同建立计划协同机制。及时了解需求与预测变化，并调整采购策略和订单计划

- 质量优先。内部与集团质控中心、研发中心、服务单元建立内部质量协同外部加强供应商及第三方协助单位的外部质量控制，对关键零部件延伸到对二级供应商的质量控制

- 追求零延误。提高备件供货及时性，并逐渐挖掘、沉淀供应商技术、工艺、质量等优势资源，增强对整机服务的支持

供应链协同 ELO

质量协同 ELO

服务协同 ELO

研发协同 ELO

基于价值平台上的流程与信息再造与优化

参与客户产品同步开发，参与供应链新供应商、新产品同步开发，积极获取外部技术与资源，建立研发对供应链在后期产能扩充及总体成本控制的支持

图 2.2.1　基于价值平台上 IFF&R 流程实现职能协同

地图升级，通过信息登记延长质保期），那么客户可能在购买了汽车的同时，也会与该汽车公司签订一份增值服务合同，这样同样建立了一个新的商业模式。新的商业模式往往通过价值链上的协同效应带来所有业务价值的提升。

　　某集团工程服务公司把七个独立的利润中心（工程部、售后管理部、采购部、建筑部、安装部、运营支持部、软件中心）的服务整合为一站式的服务体系，从而建立了新的客户价值定位。调整后的企业为消费者提供一站式服务，同时也极大提升了经营效率，帮助用户大幅度降低成本。

　　集团的管理策略是推动价值链整合并形成协同增值效应的关键因素。以上述提到的案例说明，七个独立的利润中心在整合前都有各自的优势和发展空间，有各自的发展策略，优势较为明显的利润中心更是希望保持现有的管理策略不变，特别不希望别家"共享"其能力要素。但是从集团战略来说，同一价值点上过多相类似的业务参与会逐渐形成内部竞争，并最终通过资源争夺削弱了集团的一致性原则。因此，需要对价值链从垂直方向进行整合，让一个团队面对市场，而不是像以前一样作为各自独立的公司出现。

国际商用机器 IBM 在价值链上的两大业务主体，业务咨询和软件/硬件销售就通过价值链协同赢得了市场。当 IBM 的软件/硬件销售团队在销售自己的产品时候，会从客户的需求角度思考是否能够借助 IBM 强大的业务咨询团队，从客户的战略和流程等方面提出更好的产品建议。而当咨询部门发现商业机会，他们会在给客户提供战略、组织、流程和 IT 咨询的时候，推介其软件/硬件的整体解决方案。这样的价值链协同能够使 IBM 产品组合之间相互支撑配合，形成了一个非常强大的销售力量。

2002 年 IBM 收购普华永道咨询业务，整合为 IBM 全球咨询服务。从业务营利能力来看，IBM 全球咨询服务的毛利是最低的（参考 *IBM 2011 Annual Report*，软件销售毛利 88.5%，全球技术服务毛利 35.0%，系统和技术毛利 39.8%，全球金融服务毛利 49.8%，全球咨询服务毛利 28.8%），该毛利水平几乎接近 IBM 当年卖给联想集团的 PC 业务的毛利水平（25%）。然而，IBM 通过咨询服务，即为全球优势企业提供战略、运营、流程、IT 方面的咨询服务，成功地整合了企业资源，为企业带来有价值的解决方案。同时，通过咨询业务的发展带动了 IBM 其他业务快速发展。通过价值链协同，使得 IBM 为企业提供整体解决方案的能力非常强大。可见，从财务角度看待的瘦狗业务，在价值链上却是战略性的制高点。

价值链协同后，由于各个独立的中心之间重叠的职能被削减，因此管理成本会得到极大的降低。IBM 通过建立全球运营支持系统，整合了分散在各个区域的分支机构，对接近或类似的运营流程进行了标准化改造。IBM 共享服务的运营模式在 2005—2009 年为 IBM 节省了 42 亿美元的成本。同时，IBM 将全球 400 个采购中心整合为中国、印度、匈牙利的全球采购共享服务中心，因为采购中心紧邻生产基地，2006 年，IBM 的采购成本就节省了 62 亿美元。

价值链协同是商业模式转型的一个重要特征。处于转型期的企业家，需要根据客户的价值需求和市场发展模式，重新审视自身的价值链，思考价值链所有环节的价值主张是否应该得到强化、增设或进行整合，能否提供差异化的有更好价值体验的产品和服务，是否创新性地对产品或服务进行重新组合，为客户提供一套全新的解决方案而不只是提供一种或几种的产品或服务。当这些正在发生，当企业的产品和服务重新定义了目标市场和客户群，获得了客户价值认同，价值链的比较优势体现出来的时候，我们就认为价值链协同获得了成功。

2.3　辨析价值点和风险点

价值点

从企业投资者的角度来讲，具备优势的价值流程设计必然是能够为企业带来最高利润的设计。因此流程设计人员既要关注客户导向价值的传递，还要关注不同业务流程本身最佳的实践。因此，对业务流程的每一个节点的效益（效率与收益）分析是评价业务流程的一个重要方面，其中能够有效促进客户价值转化的点称为价值点。我们在设计面向客户的流程中，针对某一特定的目标，如提高营销中标率、提升大客户的响应速度、响应价格策略而降低采购成本等进行流程优化。那么在提高营销中标率中哪一个点是关键的价值点呢？显然是营销过程中的"标前引导"环节，因为它能够影响客户的购买策略，所以是一个价值点。同样，物流解决方案的评审是提升客户响应速度的价值点、零件价格对标管理是降低采购成本的价值点。

同时，经济活动中不可避免会出现经营风险，因此价值点也是风险存在的环节。比方说，为了应对客户的持续需求进行的备货，可能因为市场价格持续下降，成本大于目前市场销售价格且价格下行趋势仍将持续，这样存货就会变为低效资产，或因为产品换代或者技术更新，已不再需要或不适应客户需求的呆滞存货等。

风险点

因为外部设定条件发生不可控的变化，企业内部各种决策支持不到位，决策依据不充分（如决策过程中会受到"激励情绪"影响，出现机遇论证较多、威胁论证不足的情形）会导致集团高层决策与市场行为出现偏差，令企业运营不可避免地存在诸多风险（见图2.3.1）。价值流程优化本身不能够消除所有风险，但是流程设计专责小组会通过流程中相关职能如审计、财务、投资、采购、体系管理等对业务风险进行专业管理，要求职能管理人员运用最小成本方法来实现最合适的控制，使业务或管理过程风险或风险叠加降低到一个可接受的级别。

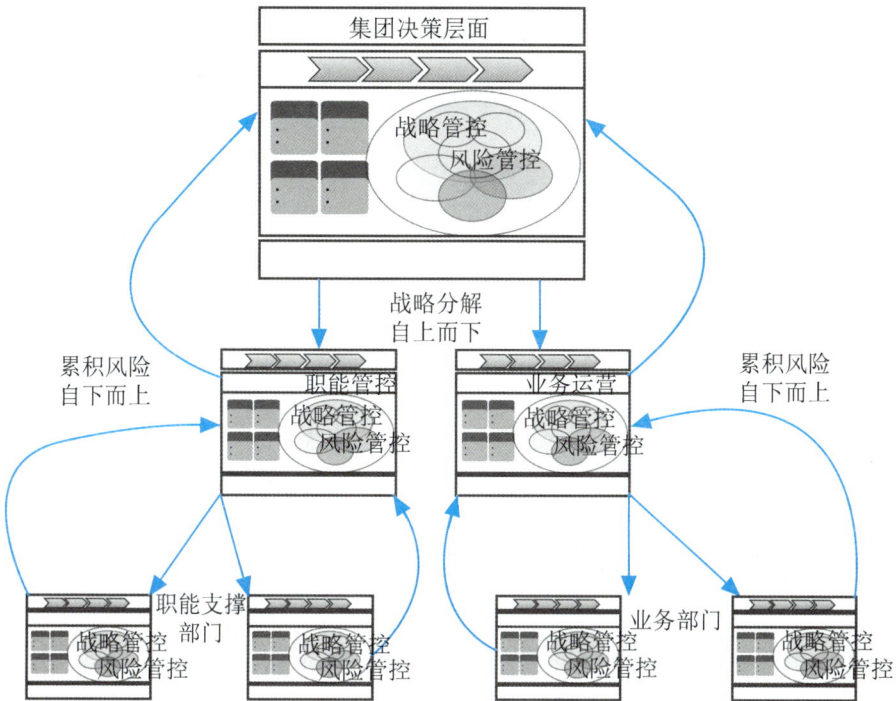

图 2.3.1　战略与流程风险管理的关系

　　在运营管理中，对风险点的预判可以通过一整套独立的内控流程予以管理，在内控流程中规范内控评价小组的职责，包括负责统一部署内控评价工作的开展，协调内控评价过程中各项事项，对发现的缺陷进行组织整改。而评价小组向下可分为多个专责小组，用于对项目的专业风险进行管理。内控流程指定有效的控制活动还包括对公司机构、岗位、职责、权限的合理设置，确保不同机构和岗位之间权责分明、相互监督。

　　通常情况下，风险管理是一种非常复杂的管理要素，我们可以预见到业务成功的希望，但环境中众多不确定因素的影响会令业务进展步履艰难，甚至使我们徒劳无功。企业中可以有专门的机制对风险进行管理（见图 2.3.2），提供专业的风险定义、评估、测量和改进，但是如果单独对风险进行管理，则在业务的执行过程中可能因为不能及时得到准确的风险提示，进而形成业务风险。因此，企业风险管理需与相关的管理体系充分整合，融入业务流程中，由价值流程的负责人（owner）进行控制。

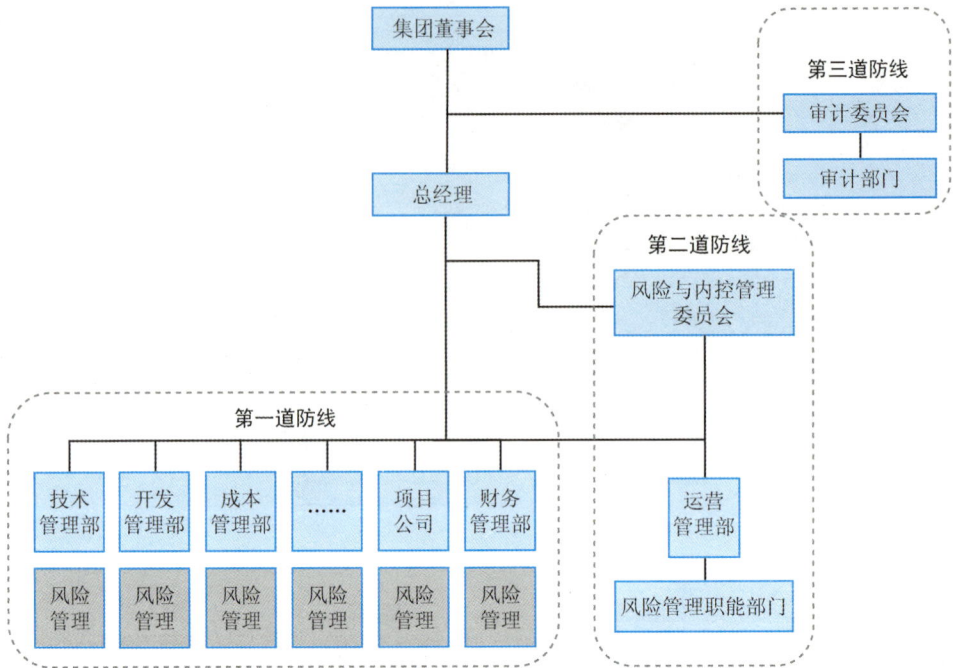

图 2.3.2　企业风险三级管理机制

企业运营管理部在风险管理上的职能是建立风险管理机制。如完善风险决策机构，规范类似业务的风险标准，建立业务风险预警和监控方式，跟踪风险点的关闭或降级。此外，运营管理部需要在企业整体运营的高度上考虑公司所面临的各种风险之间的相互作用，通过全公司视角来管理和协调各项风险。这是因为，一些重大风险（如新产品市场投放）的积聚往往具有多部门综合性的特点，单一部门的风险管理视野往往会存在一定的狭隘性，仅满足于本部门或它部门低风险的管控要求，因此企业运营部门需要承担起综合性高风险的管理。运营部门除了在跨业务流程中增设风险管控要素外，可以通过制订跨部门预案的方式规避风险，也可以在出现跨部门较大风险、各部门对风险的处理意见不同时，进行统筹考虑，以保证对风险的处理符合公司的整体利益。

上面说过，风险辨析和管理机制应在不同的部门和环境下自主施行，如法务审计部、质量部、财务部或通过第三方财务审计。财务部，对财务风险负责，如负债率、偿债能力、现金流、应收账款、资金周转率、项目盈利能力等；法务审计部，对经商地缘政治和法律环境负责，如法律和政策的解读、本企业对外签订的协议和有关合同、法律纠纷处置，还负责经济责任审计、内部控制审计、专项审计等。各业务单元除了识别和评价风险外，还应制订风险控制预案并负责实施，对高风险业务事项进行风险评估并实施应对方案。

从经营角度讲，现行风险的判别需要明确的界限。比方说，对外投资发展部，需要将以下的要素定义为风险项目：如被投资企业当年亏损额达到公司期初净资产的30％以上，且该影响持续时间一年以上；被投资企业持续两年发生亏损；投资收益率连续三年明显低于投资期间平均一年期贷款利率；被投资企业因产业政策或生产技术等发生重大变化或其他情形而导致财务状况恶化的。财务部门，对于应收货款，需要定义的风险如：达到合同约定的收款条件，到期应收账款逾期三个月以上的仍未收回的；虽未达到合同约定的收款条件或到期应收账款账龄虽未达到三个月的，但客户无法履行合同义务或是有确凿证据表明已无力清偿债务的。

风险点管理包括风险流程识别、风险评价、风险控制三方面。流程中风险点控制有三种策略：

• 风险承受：在流程中设计有效的安全管控措施，可以把风险降低到一个可接受的级别，据此接受潜在的风险并继续推动流程的运行（例如，流程中已经定义通过"联合评审"，对客户在现行产品上提出新的技术要求，如果技术委员会认为该技术要求有90％的把握可以实现，那么即表示通过技术评审）。

• 风险规避：通过消除风险的产生机理（如在识别出风险后放弃系统某项功能或关闭系统）来规避风险。

• 风险转移：通过使用其他措施来补偿损失，从而转移风险，如购买保险。

以上三种风险策略，一般需要采取定性和定量相结合的风险评估方法。

定量评估法（见图2.3.3）高度依赖于支持性数据和前提条件的假设，并不适用于所有评估情形。在风险不适和采取定量评估的情况下（例如，采用定量评估所需要的足够可信数据在实际工作中无法获取，或分析数据无成本效益时），公司通常应采用定性评估的方法。

风险控制方法必须在价值流程"输入""执行"和"输出"管理标准中体现，其他环节如利用各种行政决策、绩效管控、技术评审等手段均不甚可靠，但是可以作为过程或事后辅助警告的方式。出现风险后，最终仍然需要通过流程的设计

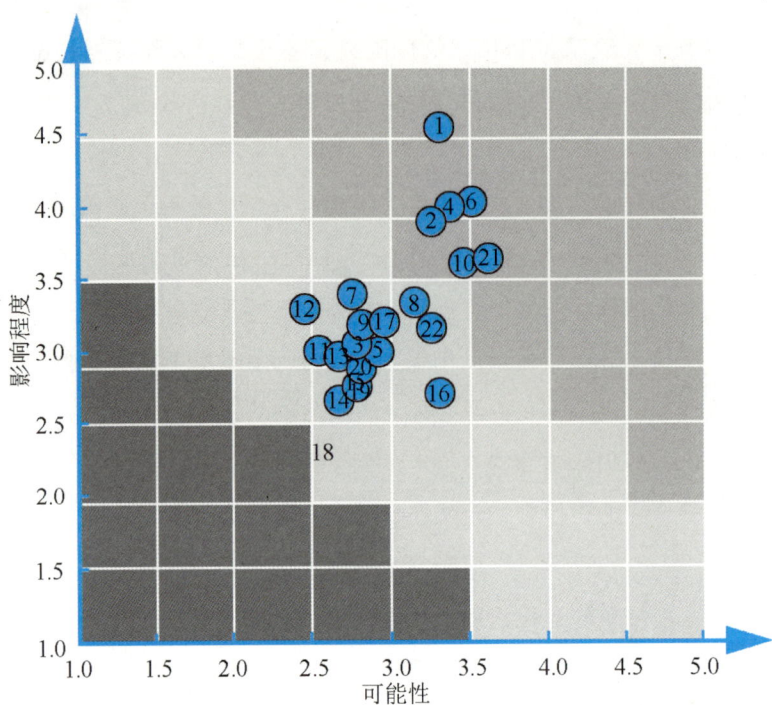

图 2.3.3　企业项目风险源定量评估分布

优化予以规避。也就是说，需要将免疫的基因植入到血液流通的脉络中方能起到长期抵御疾病的作用。

（1）通过组织管理管控风险点。

流程风险的需要在不同职能部门中予以识别并对职责进行定义。

对于流程运行中存在的风险点，每个职能人员都要积极捕捉及反馈，以促进流程的持续改进。流程设计人员的职责是制订出流程的规则和约定，在这个规则和约定范围内，业务人员可以迅速根据变化的商业环境对业务流程做出修改，这样不必等到领导了解情况后再做出决策，从而失去机会。

某企业集团过程风险的识别和定位：

董秘办：

• 以上市合规要求检查、评价业务单元经营活动；

• 识别集团决策事项与上市公司规则的合规性冲突，以及相应的解决措施；

• 评估集团决策事项涉及的业务、风险控制手段、协议条款是否与上市公司规则存在冲突，并提供相应的解决措施。

财务中心：

• 建立和完善集团财务管控规则，检查业务单元财务管控规则的合规性；

• 管理/提示集团决策事项在金融、财务法规方面的合规性冲突、风险，以及相应的解决措施；

• 评价集团决策事项的财务价值与合理性；

• 评价集团决策事项的财务风险，并提供相应的控制措施；

• 完善客户信用评价体系，实现信用风险的事前控制；

• 实现集团范围内债务融资、担保、套期保值统一审批，实现风险集中管理。

审计法务部：

• 相关业务、风险控制手段、协议条款的法律风险与规避措施；

• 识别业务、风险控制手段、相关协议与公司内审和外审的潜在冲突，并提供相关应对措施；

• 对招投标管理方案进行审议。

投资部门：

• 评估投资业务类、重大经营资产类管控事项的价值与合理性、可行性，提出相应的风险控制措施；

• 提示由于不可控因素（如利率或变现）或随机因素的影响造成未来投资收益的不确定性，在投资中可能会遭受收益损失甚至本金损失的风险。

人力资源部：

• 完善集团人力资源管理规则，并检查各业务单元/中心人力资源规则的完备与合理性；

• 关键人才稳定性与工作环境，薪酬与激励。

（2）风险流程识别。

上市公司合规事项风险管控的案例参见表2.3.1。

表2.3.1 战略与流程风险管理的关系

上市公司合规性风险管理内容	标准	涉及流程	集团高管				集团职能部门			
			董事长	总裁	首席财务官	董秘办	审计中心	企管中心	信息中心	财务中心
子公司债权与债务重组、注销清算、业务重组	所有	略	●	◎			○			○
募集资金项目变更	所有	略	●	◎			○			○
委托理财、提供财务资助、购买银行理财产品	所有	略	●		◎		○			○
风险投资（包括证券投资、房地产投资、信托产品投资）	所有	略	●		◎		○			○
签订业务托管方面的合同（含委托经营）、许可协议	所有	略	●	◎			○			○
关联交易	所有	略	●	◎		◎	○			○
融资租赁	所有	略	●		◎		○			○
对外担保，包括合同中包含抵押/质押、对外担保条款	所有	略	●		◎		○			○
对外投资	5000万以上	略	●	◎	◎		○			○

风险管理方案：审批权—●；风险审核—◎；风险审议—○

2.4 学习与知识积累

知识的价值

知识的价值正逐步提升并成为企业重点管理的资产。我们知道，现代企业最宝贵的资产是员工，但更深一步来说，应该是员工所掌握的知识，知识才是企业价值和核心竞争力的根本所在。知识包括企业员工所拥有的技术、技能，组织发展过程中吸收的外部管理经验或在内部管理中形成的各方面的管理经验，也包括企业价值链上客户、供应商和合作伙伴所共享的知识。随着企业产品、技术发展日趋精密，管理规模逐步扩大，分工趋于专业化和精细化，企业在发展中将不断遇到新型的和复杂的问题，基于个人经验和个别组织的知识已经无法解决此类问题，因此系统性的知识管理在复杂的现代管理系统中显得愈加重要。

知识更新与迭代的速度将成为未来组织优势的特征之一。个人与组织拥有系统的知识更新能力，意味着组织不仅能够前瞻性地看到新的竞争领域，而且具备能力推出竞争性极强的产品。

当今的知识管理可以说是企业发展的战略基石，是提升公司核心竞争力的重要手段，建立和管理知识资产更是企业长期发展，为股东创造价值的关键组成部分，其重要性不言而喻，但如何让知识得以有效保存和高效使用，在很多企业中都是一个难题。因此在价值流程中，需制订一个系统的方法，能够全面反映企业知识积累的方法和过程（如知识识别、收集、整理、存档、联结、检索与共享），并能够通过某种方式（如高效地传递到需要的人员和组织中加以运用）进行有效性的评价。

比方说，对于一名客户经理，他所掌握的客户信息往往较其主管领导要多并更具体，他不仅知道客户的管理现状和产品需求特征，还能够通过与客户交往过程中所掌握的信息，如交往资料、管理数据、质量反馈信息等了解该客户对公司的评价，从而分析出公司在竞争环境下的优势和劣势。因此获取客户信息（数据和相关信息）是非常有价值的，甚至足以影响公司的产品/发展战略定位和战略举措，这就需要有流程来规范客户知识的收集渠道。

此外，优秀的知识管理流程能够形成有利于知识创新的企业文化与价值观，促进组织内部的知识流通与知识合作，提升成员获取知识的效率，最终达到解决复杂问题的目的。知识管理是一种观念上的变革，重在改变人的心态和习惯。IBM 认为知识管理能够改变员工的工作、学习的方式及价值观念（To change the way we work，how we learn and what we value）。华为在 2013 年提出知识管理价值应用理念——"利用群体智慧，促进组织创新和解决企业复杂问题"，深化推广应用知识社区功能，期望通过知识社区的互动交流功能来解决企业复杂问题。华为认为，知识管理应具有"解决复杂问题"的价值。西门子公司在 1997 年就通过构建和利用适合自身发展的知识管理体系，达到了整体提升公司核心竞争力的目的。西门子的知识管理体系分为企业内外两个部分，外部主要涉及企业日常对外活动、活动场所和活动主体；内部可以分为战略及评价、运作业务和支撑结构三大类。为实现跨组织的最佳知识共享，西门子提出六项要素：

• 要有有力的"赞助"——应有最佳实践共享项目的发起人，并能够提供充分的资源保障。

• 形成最佳实践图景——最佳实践应具有明晰的主题结构，以利于最佳实践的有效共享。

• 创建最佳实践网络——知识社区某种程度上就是将员工紧密联系起来的最佳实践网络，使员工能够对相关业务主题进行交流，充分利用已有的成功经验。

• 建立最佳实践集市——这是知识集市所要完成的主要任务，通过提供用户友好的 IT 支撑，使最佳实践能够方便地传输，保证所有员工能够访问最佳实践资源；成立最佳实践共享团队/推动者——最佳实践的共享需要必要的协调和支持。

• 进行"奖赏、激励和评估"——将"奖赏、激励和评估"融入人力资源的评估和开发之中，使员工热情地参与到"最佳实践"网络之中，积极地分享最佳实践。

建立知识库

知识库管理可以实现企业对客户知识、产品/技术开发知识、制造过程知识的有效管理。企业销售部门的信息管理一直是比较复杂和特殊的工作，老的销售人员拥有宝贵的客户信息，但随着客户的转变或岗位的调动，这些信息和知识便会损失。因此，企业知识库（如建立一个 CRM 客户数据平台）的一个重要内容就是将客户的所有信息进行收集与分类保存，以方便企业管理层和新的业务人员随时调用。同样，研发人员也是"渴望独享开发知识与价值"的一类人员。一般情形下，如果不是通过产品/技术信息库的建立，其中开发过程中的大量"knowhow"只会保存在开发者的笔记本中。图 2.4.1 的流程和表 2.4.1 所示的工具说明并介绍了企业重要的信息知识库。

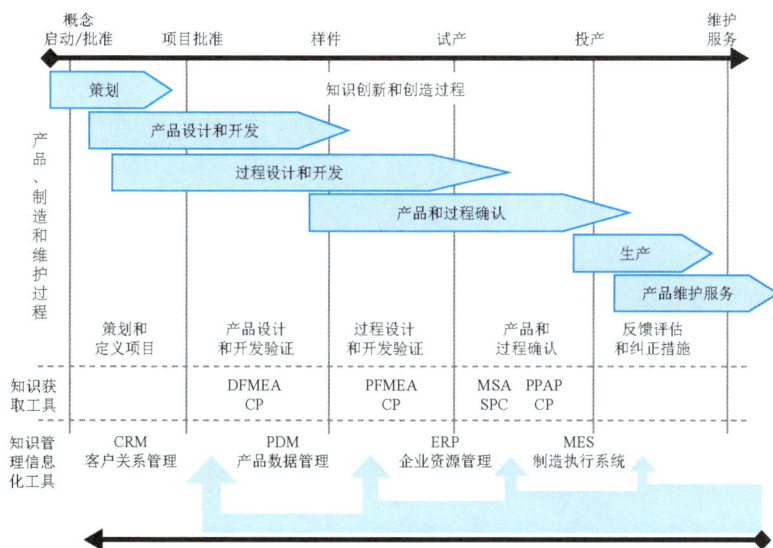

图 2.4.1　经验（知识）学习、更新与积累流程

表 2.4.1　信息化工具说明

知识管理信息化工具	信息化工具说明
CRM（Customer Relationship Management）客户关系管理	客户关系管理软件。其管理流程和目标包括：(1) 营销分析，全面分析营销成果，潜在、意向、成交客户的有效区分，事后数据全面掌握。(2) 提供客户分布、发展趋势、消费能力、消费特征、评价等全方位的分析结果，为市场与客户开发决策提供支撑
ERP（Enterprise Resource Planning）企业资源计划管理	制造计划资源管理软件。其管理流程和目标包括：(1) 衔接与优化供应链管理，降低物流成本，提升客户服务水平，加速货款回收效率。(2) 实现资金流、物流、信息流的统一管理，解决内部信息不畅通及管理困难

续　表

知识管理信息化工具	信息化工具说明
PDM（Product Data Management） 产品数据管理	PDM 是一门用来管理所有与产品相关信息（包括零件信息、配置、文档、CAD 文件、结构、权限信息等）和所有与产品相关过程（包括过程定义和管理）的技术
IPD（Integrated Product Development） 集成产品开发	IBM 率先应用了集成产品开发（IPD）的方法，在综合了许多业界最佳实践要素的框架指导下，从流程重整和产品重整两个方面来达到缩短产品上市时间，提高产品利润，有效地进行产品开发，为顾客和股东提供更大价值的目标
MES（Manufacturing Execution System） 制造执行系统	旨在加强 MRP 计划的执行功能，把 MRP 计划通过执行系统同车间作业现场控制系统联系起来。这里的现场控制包括 PLC 程控器、数据采集器、条形码、各种计量及检测仪器、机械手等。MES 系统设置了必要的接口，与提供生产现场控制设施的厂商建立合作关系
CAD/CAE/CAPP/CAM	计算机辅助设计、计算机辅助工程/性能计算、计算机辅助工艺工程设计和计算机辅助加工
D/PFMEA 失效模式及后果分析	FMEA 的实施是一个技术积累的过程。FMEA 中针对每一个被分析的对象（各种可能风险）都在追求一个最完美的解决方案。随着时间的推移，FMEA 即能够对企业的几代工程技术人员的设计思想和改进行为进行系统的、详尽的、实证性的记载，并作为后续技术开发的数据库，供开发者查询并直接提供可行的问题解决方案
SPC（Statistical Process Control） 统计过程控制	SPC 指应用统计分析技术对加工过程的参数偏差进行实时监控，科学地区分出生产过程中产品质量的随机波动与异常波动，通过对质量波动机理的研究和控制，即可进一步提升产品加工质量

　　施乐公司的知识库可存入员工的建议，员工在工作中解决了一个难题或发现了处理某件事情更好的方法后，可以把这个建议提交给一个由专家组成的评审小组。评审小组对这些建议进行审核，把最好的建议存入知识库，并在建议中注明建议者的姓名，以保证提交建议的质量，并保护员工提交建议的积极性。IBM/LOTUS 围绕着知识管理包含的"人、场所和事件"三要素，建立专家网络和内容管理，方便用户和员工获得所需的知识，设立企业主题社区供员工分享知识和见解，开展企业培训，促进员工自主学习，以提高企业的整体素质。

　　知识库的内容：专业方面包括各类解决方案，例如产品解决方案、技术解决方案、EPC 工程解决方案、资产管理解决方案、投融资方案、法务方案、交付解决方案、运营与维护方案等。管理方面包括，公司的人力资源状况、公司内职能定义及每个职位需要的技能和评价方法、公司内各部门和各地分公司的项目评价资料与运营数据、公司客户信息、主要竞争对手及合作伙伴的详细资料、公司内部研究人员的研究文献和研究报告等。

知识库细分管理能够带来的好处之一，我认为就是可以建立一种颠覆以往的培训模式。以往的培训模式是什么？是因材（教材）施教，是带有灌输性质的教育，无论其形式如何，都带有培训方强烈的主观施加的意味。这种培训模式一般是这样的：培训方根据知识传授方案拟定培训课程，然后按照员工的类别组建学习班授课，接着是考核。我发现这种模式存在的最大问题是，课程篇幅较大，内容基本一致，但是授课对象的能力、需求、兴趣和关注点差别很大。因此实际班上真正对课程感兴趣的学员绝对不会多，从而导致传授知识的效果大打折扣。我们来换种模式：我们将知识库的内容细分，从产品解决方案、技术解决方案、交付解决方案、工程解决方案中再向下细分，一直拆分至专门技术的范畴，然后将所有的专门技术形成一张菜谱，这个菜谱上的菜式可能有三百个，甚至四百个。那么好，我们让不同专业的员工自行选择与自身职业发展紧密相关的兴趣点的知识组合，得出知识获取定制方案，统计后或根据最大分布进行知识传授。这里还可以引入两种更为彻底的知识传授模式：一是使用专精尖的微课程＋最佳实践方案进行传授；二是由学员对知识传授者打分，传授者依据获得的分数评定价值。显而易见，这样知识传播的效果会好得多。

英特尔公司在加快新产品开发速度的过程中，发现 60％以上的技术问题其实在别的小组的开发经验中早就碰到过而且得到了解决。这启发英特尔公司建立了一个"最好方法资料库"，让每个人都能在此分享其他人的经验。这大幅度减低了问题重复出现的概率，新产品产出的速度得到大幅提升。

知识共享与信息化

知识共享指企业员工在协同的工作环境下，个体与他人之间的沟通障碍被消除，员工乐于共享经验和隐性知识的过程。知识共享是组织学习的必备要素，也是个体隐性知识转为组织显性知识的过程。企业应通过建立知识库、知识协作中心、信息沟通技术平台、知识传播网络等支持，通过制度保障知识共享。知识和能力的共享能为复杂系统的管理带来真正推动进步的力量。

此外，在智慧型组织中存在大量积极的对话，这也是知识共享必不可少的一环。组织每个成员都要认真倾听别人的想法，容忍别人质疑自己提出的想法。事实上，很多员工所需学习的能力往往是前人的经验。若能将学习所需的知识快速在企业内分享，便可以为别人节省许多时间。IBM最大的盈利来自服务，就是提供客户需要的解决问题的方案。这些解决问题的方案有很多内容是大同小异的，可以重复使用。将这些来自IBM全球企业的成功的解决问题的方案做成范本，稍加修改，很快就能把有价值的知识分享给其他员工。

建立文化氛围是促进知识共享的首要条件。首先是通过激励方式承认并尊重员工创造的知识成果，其次是促进员工技能和成就被集体共享，形成协同工作、高效共赢的环境。这个过程中需要定义并强化知识管理专业支撑部门〔例如，客服部、人力资源部、培训中心、信息工程中心、总工程师办公室、PLM（产品生命周期管理）团队〕面向组织内部提供各种信息化服务的职责，如知识挖掘、知识产品检测与推荐，为知识管理项目提供必要的资源支持如专业培训、资金和方法等，并优化提供知识共享的便捷途径；同时，为客户、顾客、合作伙伴和其他对知识管理或知识合作感兴趣的个人或部门提供一个外向型界面，包括参加讨论，加入知识管理网络，如新闻组和论坛。企业通过与外部环境的对话与交流，吸收外部组织的显性知识，并将其转变为自身的显性知识资本。该过程甚至能够为企业与外部组织之间创造新型的知识资本的组合/协同（如共享设计、协同服务）提供条件。

通用电气公司前CEO杰克·韦尔奇谈到企业集体智慧最大化的问题："让每一位员工全身心投入到工作中来是CEO工作中的一大块内容。让每个人把最好的想法拿出来，与其他人交流，这就是秘诀。没有什么比这一点更重要了。我把自己比作海绵，吸收并改进每一个好点子。首先，要做到善于接受每个人、每个部门提供的好的想法。其次，在整个机构中交流和传播这些想法。'群策群力'推动了无边界行为，使这些想法和建议不断得到改进和发展，然后被付诸实施。我们用这个价值观严格地评估每一个人，以此强调他的重要性。把所有的会议联系起来，融入运营体系，从人力资源到战略，使这些新的想法更加完善。我们相互学习，找出了每个人的闪光点。寻找更好的出路，及早地把新知识拿出来与大家分享，在今天已成为 GE 的第二天性。"

信息化是知识共享最为重要的因素，高度的信息化是智慧型企业的一个重要标志。企业运用信息技术为所有的业务单元提供知识管理所需的数据库和业务流程支持，实现已有的无序的知识有序化和体系化，同时进行开放的信息流程设计，建立友好的知识分享界面，增加信息对等。具体来说，在信息化的平台上，要求建立企业知识项目（如管理知识、产品知识、技术知识）管理平台、使用项目管理软件中专有的知识管理模块；其次，要求所有涉及知识的文档必须及时放到项目平台上，以便通过信息化的手段实现知识的管理。

将离散的数据、信息资料通过大数据分析等新一代信息化手段再现；通过搜索引擎、用户界面等导航软件和各种交互媒体，不但为统筹有价值的知识提供了一个高效率的方法，而且能够挖掘企业增值与创新潜力。在这方面，西门子除了采用通信网络、文档管理、群件技术等常见技术外，最为关键的是采取了门户技术。在一个集成的门户中，员工可以有权限地交流和共享知识，并通过搜索跨专业的知识点获得所需的知识。

通过知识获取、最佳实践研究、经验反馈等交流方式，知识的共享信息化技术将使知识创新成为员工追逐的目标，而创新型知识的信息化过程则很可能会打破管理边界从而导致组织变革，进而促进组织管理体系的改革与优化。

知识学习与成长

在制造型企业的内部流程中，有着非常复杂的诸如市场与客户管理流程、制造与交付流程、产品开发流程，还有安全与环境管理、质量控制、信息化管理、人力资源管理等支撑性流程，尽管上述流程面向的达成目标不尽相同，但其中有许多知识点是类似的（如某个技术架构或商务系统的描述），问题的处理方法和应用工具是相似的，因此，知识学习与成长的系统性管理目标之一就是找到组织内部知识系统发生的创新和最佳实践，并将这些实践方案迅速传递给组织内所有部门，以促进整个组织能力的持续进步。

员工的知识学习与成长是企业追求高绩效的根本所在。因此企业的人力资源部应当根据战略部署和绩效规划，通过目标管理组织培训资源，设计培训体系，促进员工知识体系的完善，使员工的知识和技能符合专业标准。企业鼓励员工将培训中所获得的知识和技能运用到工作中，并为员工设计学习和成长的评价指标，以评价员工获取知识的进展及企业培训的有效性。

麦肯锡公司从1980年开始就把知识学习和积累作为获得和保持竞争优势的一项重要工作，在公司内营造一种平等竞争、激发智慧的环境。在成功地克服最初来自公司内部的抵制后，一个新的核心理念在公司扎下根来，这就是，知识的积累和提高，必须成为公司的中心任务，知识的学习过程必须是持续不断的，而不是与特定咨询项目相联系的暂时性工作。不断学习的过程必须由完善、严格的制度来保证和规范。持续的全员学习任务在公司作为制度被固定下来以后，逐渐深入人心，成为麦肯锡公司的一项优良传统，为加强公司的知识储备，提升公司的核心竞争力打下了坚实的基础。

有效的学习机制为麦肯锡公司带来了两个方面的好处：一是有助于培养出一批具有良好知识储备和丰富经验的咨询专家；另一是不断充实和更新公司的知识资源为以后的工作提供便利的条件，并与外部日新月异的环境变化相适应。麦肯锡公司不但建立了科学的制度促进学习，而且还通过专门的组织机构加以保证：从公司内选拔若干名在各个领域有突出贡献的专家作为每个部门推进学习机制的负责人，并由他们负责从部门里挑选六七个在实践领域和知识管理等方面都有丰富经验和热情的人员组成核心团队。

麦肯锡公司的领导人还意识到，公司里最成功的员工往往都拥有庞大的个人关系网络。因此，对原先公司内部这种建立在非正式人际关系基础上的知识传递方式并不能忽视，而是应该很好地加以利用，作为对正式学习机制的有益补充。核心的学习领导小组在每个地区的分支机构里发掘并利用这种内部的关系网络作为信息和知识传播的渠道，进一步实现全公司范围内的知识共享。

为了促进知识和信息在组织内的充分流通，麦肯锡公司还打破了以往建立在客户规模和重要性基础上的内部行政组织体系，取而代之的是以知识贡献率为衡量标准的评价体系。这样组织内每一个部门和每一个成员都受到评价知识贡献的压力，而不是仅仅将工作重点放在发展客户方面。

2.5　创新环境与自我管理

当业务创新带动流程再造的时候，人力资源管理也要而且必须创新。在跨界竞争的市场环境下，即使在过往取得优秀业绩的企业也不得不重新认识员工所持的态度对企业发展的影响，他们已经认识到并承认员工和组织之间会存在一种新的关系。以往，企业管理者通过层层授权获取对员工的管理权力，企业价值观建立在员工的执行与服从上，而管理者本身也耗费大量精力和时间建立企业繁复的制度、管控流程和绩效评价方案。但一大批诸如谷歌、苹果、亚马逊等创新型的企业用他们开放性的管理环境和让人惊叹不已的高效创新的能力表明，传统上已经运行百多年的企业制度和行政手段会扼杀企业自身一部分的创新能力，影响员工的工作效率和忠诚度。现代企业人力资源管理者必须以一种更广阔的思维方式斟酌他们的员工适合做怎样的工作，如何去任用、激励和留住他们。毋庸置疑，一个足够开放、自主决定、合作愉快的工作环境能够激发员工更大的创造性。这在当今以价值平台为基础、以知识共享为工作方式的工业社会是企业必备的特质。

当今的时代，经过长达百年的经济繁荣，在传统的管理和商业模式上造就了大量优秀的制造型企业，极大地推动了人类社会文明的进步。然而，我们从三项产业占全社会创造价值研究中发现，传统单一制造型的企业落在价值链的中下游，而服务业的比重显著上升，说明整个社会在向服务型的商业模式进行转变。

由图 2.5.1 可见，发达国家中，德国、日本、美国制造业①增加值②占国家 GDP 的比重在持续减少，而中国在 20 世纪 80 年代初达到最高峰后，也在持续减少。制造业增加值在中国 GDP 中仍扮演重要角色，比重约维持在三分之一。发达经济体当中，德国是一个相对倚重制造业的国家，制造业在德国出口中也占有重要地位，至 2010 年制造业增加值占 GDP 比重仍超过五分之一。日本与德国的情况类似。制造业在第三产业高度发达的美国不具有很重要地

---

①　制造业为国际行业分类标准（ISIC）的 15～37 类别。

②　增加值为一个行业考虑所有投入之和后再刨除中间投入的净产出。

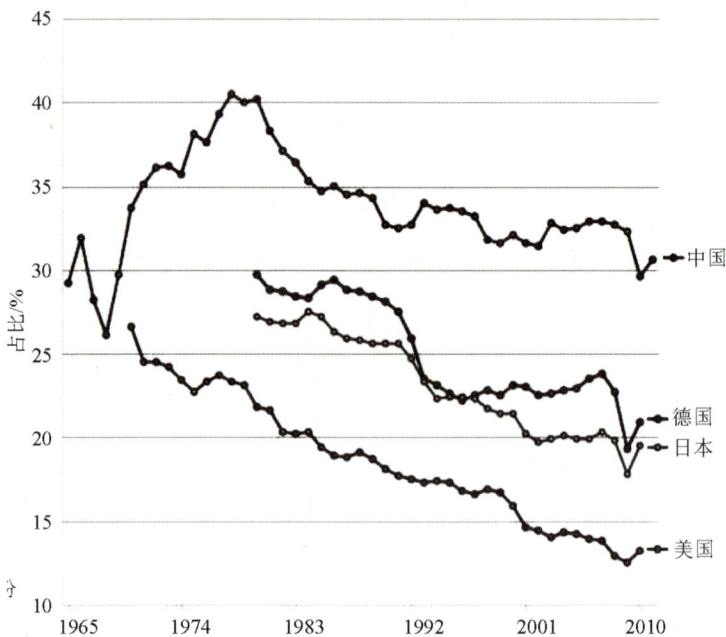

图 2.5.1　各国制造业增加值占国家 GDP 的比重

位，比重只有约八分之一，其中重要原因之一是因为美国企业使用了对包含密集型劳动力（包括传统制造业及脑力劳动为主的 IT 业）工厂的外包管理方案。

相比较而言，第三产业增加值占 GDP 比重持续提升。以美国为例，第三产业总量和 GDP 占比均呈显著上升的趋势。从第二次世界大战后至今，美国第三产业由不到 1500 亿美元增加到 10 万多亿美元，增长约 70 倍。第三产业增加值占 GDP 的比重由不到 60％上升到 80％左右。有研究显示，美国第三产业中传统服务业总体上呈周期性下降趋势，而创新性现代服务业则呈显著上升趋势。在美国的四大传统服务业中，批发贸易业、零售贸易业和运输仓储业增加值占 GDP 的比重均呈周期性下降趋势；从美国四大新兴服务业看，金融租赁业（包括金融保险和房地产租赁）、创新性专业与商业服务业、文教卫生及社会救助服务业、信息服务业增加值占 GDP 的比重均呈周期性或者阶段性上升趋势。

对于中国现代社会而言，传统制造业受劳动力资源和价格、环境治理和创新能力等因素所形成的发展瓶颈越来越显突出，中国迫切需要进入由投资驱动向创新驱动转变的"转型期"。在这段时期中，产业创新是一个发展核心。例如，技术服务业和信息服务业，不但能够为第三产业提供广阔的发展空间，而且可以成为带动第一产业和第二产业发展的火车头。

创新环境

新一轮的创新管理有其发展的理念，这种理念就是能够给用户带来更好的产品体验，诸如实现产品个性化定制、更具智能化的产品，提供全寿命周期的服务、高效率的产品开发和制造，等等。在这种理念下，企业需对传统生产要素进行组合和拆分，基于技术互联并结合新环境下的种种新型有利的要素获取跨界发展。此时，管理壁垒和行业界限变得模糊，制造工厂向服务型制造业转型，网商企业会进入到金融业，信息产业与制造业联姻，大数据分析会站到咨询行业的最前端。在这个蓬勃发展、一切皆有可能发生的互联网新经济时代，企业所需求的个人特质也必将发生革命性的变化，也就是说，将从行政体系的管控与服从、日复一日固定的工作模式切换到具备敏感性、创造活力、自我管理型和横向协同能力的特质的工作模式。拥有这些特质的人会倾向于追求完美，追求新的解决方案，追求团队协同的工作模式，同时会要求提供一种衡量他所创造价值的标准。他们对机械性重复的工作方式，对一个行政体制内的复杂严密的执行框架会产生本能的抗拒。如果企业创造一种开放性环境，让员工进入一个可以共同成长、发挥所长的企业平台，他们会表现自己并取得卓越的成绩；如若他们的能力得不到充分施展，他们的工作将不会给公司带来任何效益。

减少行政干预，只在项目管理必要的信息传递点和关键行动之间架设流程，尽最大可能向下授权，这样能够给予员工更大的自主发挥能力的空间。在这个空间内，能够换来员工更多的工作激情。激情是苹果公司招募员工的一个关键因素。苹果公司需要的是那种对公司、产品、公司肩负的使命有着真正激情的人。每一位员工都会说："我们热爱这个产品，这就是为什么我们想为它而工作。"这种员工的工作激情成就了今天的苹果。波士顿咨询服务公司调查了全球各行业的940名高管，其中有25％的人认为苹果是全球最具创新精神的企业。

在新竞争环境下，在一个扁平化的组织内推行项目管理并形成流程将逐步取代企业行政体制下形成的流程。前者的设计为项目团队成员提供更多的自主性，而后者却在计划体制内压制了创新，并导致一系列的影响发展的问题。美国康奈尔大学的研究人员对320家小型企业进行调查，其中一半的企业允许员工自主，另一半则依靠自上而下的管理。发现鼓励自主的公司其增长率是以管理为导向的公司的四倍，而人员流失率仅是后者的三分之一。

在产业化前，产品创新的过程甚至完全不需要设立一个流程，只需要形成一个创新自我管理团队即可。有这样一个故事：谷歌总部（Googleplex）位于硅谷腹地圣克拉拉县（Santa Clara County）的小城山景市。以硅谷为腹地的旧金山湾区是加利福尼亚州第二大的大都市区，尽管美国加州气候适宜，风景迷人，但公交系统并不发达，民众出行主要依靠私家车，尤其在分散的大都市形态下（整个湾区大都市面积为18000多平方千米，人口不到800万）。这种地域特征给谷歌带来了一个挑战，即如何保证几万员工从大都市的各个地方准时到达 Google 地处旧金山市南面40英里（大约是64千米）的总部上班。公司为员工提供了免费的早晚班车，但是由于种种原因，几次调整后，仍然很难让人满意。于是常坐班车的几个工程师自发组成了一个"解决班车问题"小组。经过研究，他们发现班车问题其实是个非常经典的数学统计问题，只要给他们所有数据：遍布于市区各处员工的住址、每个站点、每个时段的满员情况，他们就可以用这些数据来做一个最优化的路线车次时间表，满足大多数乘车员工的需求。在这个小组发表了新的班车时间表之后，原本怨声载道的公司内部论坛——"班车讨论版"一下子变得门可罗雀。后来这个成果应用到新产品上，形成了具有谷歌特色的公交检索。

当然，如果创新的产品需要较大的资源投入，那么在差异化的流程内设定谨慎的风险管理办法和审议规则仍是必要的，但设定这些办法和规则的目的是筛选出更有产业化前景的创新项目，需予以激励，从而鼓励更多的创新。位于硅谷的加州大学洛杉矶分校（UCLA）专业孵化器知识产权办公室主任 Emily Loughran 女士说，加州大学的每一个分校都有一个技术转让办公室。UCLA 每年有数百项专利转让计划。UCLA 知识产权办公室每年都会推荐70~100创新项目，其中大部分项目来自医学院、工程学院。这些项目一般都由研究人员拿出想法，商业公司帮助分析商业前景，并制订商业计划，然后着手研究开发。而创业者把产品推向产业化，把技术发明形成产品，大部分需要另外的资金的支持，例如风险投资。比方说，某个创新项目需要花费50万美金建立一个实验室，那么需要接受投资者按一定的程序的评估。既然使用了别人的资源和资金，那么创新项目需要接受风险管理和控制实在是必要的。不过我们也可以知道更有利的一面：这种管理实质上形成了有产业化前景的创新产品的保护，同时推高了创新者的创业激情。

创新不是仅针对研发部门，而是针对全员的，即强调每一个员工都要创新思维，不拘泥于各种条条框框，勇于变革，能够给出各种可行的变革意见，让企业在新时代更具活力和创新性。

为了鼓励创新思维，在企业内部打造创新氛围，IBM 充分利用公司内部完善的 IT 系统，提供了一个上临全球 CEO、下对新员工的全员开放的创新平台，在企业内网设立了一个名为"Think Place"的在线工具。IBM 全球所有员工，不分地域，不辨层级，每天 24 小时随时可以把自己富有创新性的想法实名公布到这个空间里。一批有资历的管理人员被选定为"创新促进员"，定期评估收到的想法，统计每条想法的全员支持率，评估其可能带来的业务价值、管理价值及文化价值。分数越高，被采纳的可能性就越高，一旦员工的想法被采纳，提出者就会受到奖励。在 IBM，可以增进协作的新想法，都能够在最高层的支持下受到公开、公平的对待和处理，从而极大地调动起全员的积极性。

谷歌向所有员工提供全球首屈一指的鼓励创新、平等、放权的企业管理环境。在谷歌，员工可用 80% 的时间来做已经设定的项目，而另外 20% 的时间可以针对自己的兴趣、想法、灵感来创造产品。这是谷歌自我管理文化中的精髓。正是因为可以做自己喜欢的项目，才让无数的工程师产生了源源不断的灵感。员工不需要担心这个项目会不会赚钱，会不会变为成功产品，会不会没有资源，会不会得到老板的批准。正是在这样放松的状态中，YouTube、Gmail、全球谷歌新闻等震撼人心的精彩产品才会应运而生。

谷歌全球副总裁兼大中华区总裁李开复这样描述："很多了解谷歌管理方式的人都会感到有些惊奇，因为世界上很少有这样一家提倡'自我管理'的公司。"例如，程序代码的设计分散在每名工程师手中，同样散落的还有每个人脑子里的创意和经验。这就造成了谷歌特殊的工作方式和组织方式，谷歌不仅要求区域核心高层与美国总部满足无障碍沟通，而且要求每名工程师都必须与美国总部从事对应工作的同事结为朋友。谷歌员工都相信，20% 时间让工程师在执行相对枯燥的改善搜索质量的工作同时也享受思考和创造的乐趣。这 20% 时间的背后代表的是创新的激情与创造的梦想，以及产品为成千上万个客户所使用的满足感。在某种程度上，这甚至让员工产生了一种荣誉感。在《撬动地球的谷歌》一书中，谷歌的一名美国工程师贝尔解释了为什么 20% 时间项目在谷歌推广得如此之好："工程师被积极鼓励去进行 20% 时间项目，这不是一个你业余时间做点什么的问题，而是你积极地找时间做事情的问题。遗憾的是，如果像我现在这样还没有一个像样的 20% 时间项目，我确定，这对我的个人形象不利。"

这种类似无人管理的状态意味着两点：其一，每个人必须进行有效的自我管理，主动性和激情不可或缺；其二，必须学会与谷歌在世界各地的近万名工程师沟通，然后找到属于自己的位置。虽然外界对谷歌丰富多彩的文化充满憧憬，但其文化的根本，是每个人都必须要承担尽可能多的责任。当然，这个管理方式不适合每个人，曾经有一个谷歌员工在接受采访的时候说过："我不认为所有的人都适合谷歌的工作方式。适合它的人会非常开心，不适合它的人会无所适从，因为没有人告诉你应该怎么做。"他道破了谷歌文化的核心，谷歌的员工必须学会有效的自我管理。

目前苹果正在推行"蓝天"计划，效仿谷歌的做法，允许员工将一部分的工作时间用于自己喜欢的项目。据《华尔街日报》表示，苹果此举意在防止员工跳槽，但也表明苹果在 CEO 蒂姆·库克（Tim Cook）的领导下正在转变文化。"蓝天"计划允许一部分员工用两周或"有限的时间"从事正常职责之外的项目。硅谷已经有多家公司在工作时间上提供这种灵活性，但对苹果而言，这却是积极的举措，它可以让员工根据自己的兴趣，为其他项目做出贡献。

推行自我管理的生产组织方式同样在老牌的制造企业中适用。美国明尼苏达矿业制造公司（3M）是一家拥有百年历史、年营业额超过 200 亿美元、雇员总数高达 75000 人的航母型多元化跨国式企业，在全球 60 个国家和地区设有分支机构，是道琼斯 30 种工业成分指数股票之一。3M 公司素以勇于创新、产品繁多著称于世。在其近百年历史中开发出 5 万多种高品质产品，世界上有 50% 的人每天直接或间接地接触到 3M 的产品。

3M 公司建立了培养内部企业家的管理模式，该体系的第一个组成部分是个人。麦克奈特（William L. McKnight，3M 公司原董事长）公然宣称，3M 公司是一个鼓励"建设性违抗"（productive disobedience）的企业。他实行这样一套方针：一旦员工以自己信奉的事物为依据，展示出蔑视权威的勇气，那么这种员工将被提升到管理岗位。"当错误发生时，如果我们的管理层心胸狭隘，一味地批评、挑剔，那么这将扼杀首创精神。而如果我们想持续增长的话，这种主动性不可或缺、至关重要！"麦克奈特如是说道。3M 公司认为，创新阶段最有价值的资本形态就是创造力，个人成就通常是在自己提出的远景激励之下，或者全身心投入别人提出的远景之中获得实现。为了使这一理念正式化，3M 公司确立了"15％规则"，即员工可以将 15％ 的工作时间用于检验他们认为也许有用的创意之上，无须证明自己的决定是否正当，无须获得上级同意。它提供了这样一个机会：能够有助于改进专业化和差异化流程。

第二个组成部分是团队。麦克奈特的哲学成就了这样一个理念：新产品开发必须经由包括三名专家在内的自我形成团队审核：技术专家、市场营销专家和制造专家。要想将良好创意付诸实施，拥有良好创意的准企业家（entrepreneur）还必须至少招聘两名志同道合者，其中一名来自上述三个领域。通过将这些创意集合在一起，3M 公司完成了其他公司难以完成的壮举：精心筛选出具有成长能力的种子，并使其茁壮成长！

3M 公司极力培养员工一个重要的概念：忠诚、奉献的精神是产品开发成功的必要条件。《财富》杂志对于这种观念曾经评论如下："最令 3M 公司感到欣慰的是，公司每个人在开发新产品时，不管是把别人没有信心的产品成功地推向市场，还是想方设法大量生产以降低成本，都能把产品当作自己的事业来处理，而且上司多半都放手让他们这样做。"

美国通用电气公司在 1988 年起即全力推动一项新的改革方案，名为"群策群力"（Work-Out）计划，旨在为创新思想提供源源不断的动力。该方案要求职员能够自由表达思想，面对真实的企业管理问题进行探讨和学习，从系统中去除不必要的工作。例如，公司在执行某些计划或政策，如质量管理或全球化布局等。为了更好地收集意见，韦尔奇认为不能让公司的领导组织这些交流会，因为他们认识自己的员工。让公司领导组织这些意见交流会，会议的坦诚度就会减弱，人们就难以敞开心扉自由交流。因此，公司决定聘请外面受过训练的专业人员来提供帮助。这些人员大多是大学教授，他们会不带倾向性地听取员工的意见和建议。由于没有利益关系，员工与这些人交流会感到轻松自在。通用电气公司一个典型的"群策群力"会议一般持续两三天。会议开始时经理到场进行指导讲话，然后就离开了，在老板不在场的情况下，外部专业人员启发和引导着员工进行讨论，员工需要把自己的想法和问题列成清单，认真地对这些问题进行辩论，然后等经理回来时向他反映。

"群策群力"会议真正的不同之处在于韦尔奇坚持要求经理们对每一项意见都要当场做出决定。他们必须对至少 75% 的问题给予是或不是的明确答复。如果有的问题不能当场作答，那么对该问题的处理也要在约定好的时限内完成。任何人都不能对这些意见或者建议置之不理。由于员工们能够看到自己的想法可以迅速地得以实施，就会由衷地产生对公司的认同感，并对消除官僚主义起到了巨大的推动作用。

所有参与"群策群力"会议的职员都会提出的创新性解决方案，不仅让创新交流成为现实，而且让公司的发展直接受益。一名家用电器工人说："25 年来，你们为我的体力劳动支付工资。而实际上，你们本来还可以拥有我的大脑，而且不用支付任何工钱。"

"群策群力"计划证实了一个认识，即与工作最相关的人最了解工作。通用电气公司发生的几乎每一件好事情，不管是计划、行动，还是方针、政策，追根溯源，都与解放某些下属企业、某些团队或者个人的能力有关。"群策群力"计划帮助通用电气公司创建了一种文化。在这种文化里，每一个人都能发挥自己的作用，每个人的想法都受到重视；在这个文化里，企业经理人是在"领导"而不是"控制"公司，他们提供的是教练式的指导，而不是牧师般的说教。

支配员工自主管理的动力

行为科学家将我们在职场的工作和在学校的学习分为两种类型：推算型（algorithmic）和探索型（heuristic）。推算型的工作是根据一系列现成的指令，按照某种预先设定的途径达到某种结果的工作。也就是说，完成这个工作有一个算法，即使用所掌握的知识去解决面临的问题。而探索型工作则与之相反。当已有的知识或者所掌握的知识无法解决面临的问题时，就需要创新，正是由于没有现成的算法，你必须组合各种要素，试验各种可能性，设计出一个新的解决方案。这种时候就需要进行探索型的工作。比方说，财务核算就是按照标准会计规则对公司年度经营结果进行核算，这就是推算型工作；而品牌商业活动策划，则需要根据具体的产品、不同的销售区域和消费群体进行策划，事先并无一个标准的设计方案，这可算一个探索型的方案。

具备探索型思维的人员在互联网时代尤为重要，因为长达百多年的制造业管理已经形成了定势思维，传统制造业之间的管理差异和技术差异趋于缩小，并不足以显著构成企业竞争的优势，形成企业优势的方式是通过持续的创新去满足客户的使用体验。这种创新需要敢于挑战传统做法，质疑已有知识，敢于提出新的观点或知识体系来解决面临的问题。而探索型创新人才所具备的敏锐的观察能力、深刻的洞察力、见微知著的直觉能力和一触即发的灵感和顿悟，能够不断地将观察到的事物与各门类的知识联系起来分析的能力，正好符合创新的特质。

由于推算型的工作不大可能取得更大的增加值，因此正如之前我们提到的，美国企业对包含密集型劳动力（包括传统制造业及脑力劳动为主的 IT 业）工厂通常采取外包管理，而将创新型的管理活动留在内部。麦肯锡顾问公司预算，美国现在只有 30% 的工作增长来自于推算型的工作，其余的 70% 均来自于探索型的工作。

美国最著名的产业孵化地、创新型技术基地硅谷就提供了探索型工作的绝佳环境。硅谷是美国高科技人才的集中地，也是美国信息产业人才的集中地。扎根在硅谷的著名公司包括：微软、英特尔、谷歌、苹果、Yahoo、Oracle、Borland、AMD 等。在硅谷，每周有 10 多家新企业诞生，平均每 5 天就有一家公司的股票挂牌上市。美国近六成的高科技风险投资砸在这块狭小的土地上。据世界银行统计，硅谷 2011 年 GDP 总额约为 0.731 万亿美元（参考中国 GDP 约合 5.75 万亿美元，美国 GDP 约合 14.62 万亿美元）。硅谷开创了一种不断进行技术创新、怀抱热烈创业精神的特殊的商业模式。在人才方面，硅谷集结着美国各地和世界各国近 100 万以上的科技人员，美国科学院院士在硅谷任职的就有近千人，获诺贝尔奖的科学家多达 30 多人。这些人员，绝大部分从事未知领域的开创性或创新性的工作，也就是我们前面所提到的从事探索型工作的人员。2012 年，美国知名公众政策研究机构布鲁金斯学会（Brookings Institution）对美国的 358 个大型城市/地区进行了调研，证实位于硅谷中心地带的圣克拉拉有着全美最强的创新实力。该地区的雇员人均产生 12.57 项专利，比排名第二的科瓦利斯市（俄勒冈州）5.27 项超出一倍多。

探索型的人才能够创造巨大的商业价值。我们来看支配其工作的动力源。毫无疑问，一个人没有工作激情，是不可能持续改进工作的，即使目标偏移，也会不太在意。那么工作激情从何而来？枯燥乏味的推算型工作可想而知不能成为其内在动机，只有一个人对某项事物很有兴趣，在对其研究的过程中不断挑战更高的难度，最终在研究中进入着迷的状态才是产生工作激情的内在动机。但我发现，在这个过程中，削弱甚至消除激情的因素有很多，比方说，过度的行政管理，从事与兴趣相悖的工作，被塞入一个不能协调的团队中，被外界目标驱使形成的工作压力长期不能得到释放。过度的行政管理削减了员工的自主管理权和能力；从事与兴趣相悖的工作使之索然无味，破坏了自主性创新的需求；到了一个难以协同的团队中则破坏了其归属需求，削弱了工作上的情感纽带；而长期的工作压力转移了对感兴趣的工作的注意力。相反，如果这些条件得到满足，那么就会激发起工作热情。自我决定理论认为人类有三种内在的需求：能力的需求、自主性的需求、归属的需求。这三种需求是来自于人的天性。如果这些需求得到了满足，个人行为就会积极乐观，心情愉悦；如果不能满足，就会得到相反的结果。在谷歌一些大开间的办公室里随处可以看到有许多科技人员正在埋头工作。一位项目经理说："公司不限制你的工作时间，但对课题有一个截止时间。这让人很自由。不过，你知道，一旦你投入技术研究的时候，是很难停下来的。你没日没夜地干，却不感觉疲惫。"夜幕下的谷歌总部灯火通明。按照当地有关部门的规定，晚上公司的亮灯率要达到60%，而谷歌的亮灯率接近100%。

管理探索型的人员与推算型的人员需要采用不同的方法。推算型人员的工作就像在导轨上的机车一样，前进的方向有着明确的指引，位移也受着铁道导轨的严格约束，只要搭载货物到达指定的地点就算完成了任务。因此，最优的管理方案就是对导轨和机车进行精细化的保养，配给充足的燃料。但对于探索型的人员，他以创造或创新为工作目标，好比一次搭乘气球的环球航行，这是一次全新探索的旅程，除了出发前准备的装备和指示书外，没有人清晰知道过程中将可能遭遇的事件及其对航程的影响，但领导这一次环球旅行的人认为，完成这样一种航行最关键的是选择一名富有创造力的领航员，他拥有符合要求的知识，具备探索的勇气和不屈不挠的解决问题的精神。

作为管理者，我们时常担心或假设：如果放开对探索型人员的管理，那么工作中没有人可以保证他们的责任心。但在现代，有越来越多的观点认为：对工作感兴趣和玩乐、休息可以一样自然，很多人都善于创造，只要情况允许，他们就会接受甚至主动寻求责任感。我们可以看到，绝大部分创造历史的发明家、划时代的艺术工匠和成功的企业家，他们之所以孜孜不倦地沉迷于工作，行为规矩并不断超越内心和现实的困难，实质上是他们有着探索型人员的特质，并将此作为能量之源。

当然，创新的成功同时伴随着创新的失败。相比之下，失败的次数会多得多。毕竟，大发明家爱迪生发明真正意义上的电灯，也曾经失败了 6000 多次。但如果我们的心态调整过来，为什么不把失败看作是一次可以更接近成功的探索与试验呢？事实上，一个探索型人才必须拥有的特质是，永不妥协的精神。在美国硅谷，创业失败从来不是一件丢人的事情，因为只有勇于冒险的人才可能失败，而不敢创新就永远不会有成功。创新者身上这种普遍具有的特质形成了硅谷独特的文化。硅谷的文化鼓励人们去创业和冒险，但同时不会嘲笑失败，因为有多少成功者，就肯定有更多的失败者。一次成功之前或许是数次的失败，只要总结失败的经验，就可以从新再来。相比之下，美国东海岸鲜有极负盛名的创新性企业。戴维森（Gordon Davidson，硅谷泛伟律师事务所 Fenwick & West 董事长）分析称，东海岸的人偏于保守，人们通常跳槽不多，害怕事业失败，也不太敢辞职创业。而那里的银行也缺乏冒险精神，更多希望通过贷款获得稳定的利息，不敢从事成功概率较低的风险投资。而小小的硅谷却吸引着全球超过 60％的风投资金。这就解释了为什么美国加州硅谷会成为全球创新的源泉。

创建连接和协同管理也是现代探索型人员的一个特点。一个世纪前，你只需要拥有一定的知识和投身科研的精神，你就可以对一整片未知的领域独自进行科学探索，并成为一个伟大的发明家或发现家。但是当今的商品社会却是一个复杂的系统，越来越多的产品成为跨专业和跨学科的产物，这些产品从设计那一刻起就是一个复杂、兼容的系统，这个系统内部所包含的知识将远远超出一个人所能学习和理解的范畴。因此，只有借助于他人的能力和贡献，才能促成自身的进步。那些高级管理者自认为通过权力的控制或管理的细化就可以获得创新产品的想法已经过时，未来创新的产品来源于创新的组织形式。在创新型企业内部，所有人都愿意成为这样的参与者，在问题出现或一个创新点出现时，主动走出来一起协作，解决问题，为同一个目标自发组成工作社区，共同应对最困难和最复杂的情形。这种组织形式，正是互联网企业管理的一个特征。

企业之所以被市场抛弃，很大一部分原因是丧失了对外部环境的感知能力和对内部环境敏捷的反应能力的缘故。按照我们通常的理解，企业决策者对市场的敏感度是很高的，应对市场的波动能够做出正确的决策，只是内部执行力的缺位导致了目标的偏移。但是这种推断只适用于互联网时代之前的环境，那个时候反应速度并未成为竞争的核心要素，管理层有充足的时间坐下来详细讨论商业方案，调整组织形式，根据已有的经验和知识进行推演并做出决策。但到了互联网时代，一切都改变过来了，信息的来源本非依靠单一的渠道，知识的迭代以更快的速度进行，竞争对手的策略已经不容易看清，你难以推断对手的行动方案和战略意图，甚至你连真正的对手是谁都不知道，你会陷入一种不知所措的境地。此时，最好的方法是放弃一部分控制权，让企业的组织形式发生变更，组成具有主动性的网络感知型的团队，让这些团队尽量自行收集和分析海量信息，了解市场，直面客户及竞争对手的行为，进而主动采取针对性的行动，快速地进行响应。最终，企业将这些团队活动变为一种组织生态形式，替代以往的管理体制。这里还要多说一句，大型组织都是偏向于稳固型的，有着难以突破的管理体制。这种体制对外界快速迭代的知识体系的适应能力反而极弱，极不容易实现转型，因此，我们一定要对管控型管理手段提高警戒。

探索型的人才在生态自由、思想活跃的团队中扮演着关键的角色，这是因为，他们具备快速学习的特质。在互联网社会中，学习的速度越快，获得的机动性越强，就越能够抓住稍纵即逝的机会，走到别人的前面。其次是他们拥有协同领导力，他们能够通过建立一个大家热情相随的目标来形成团队精神和凝聚力，可以走进别人未经涉足的领域来取得成功。

而此时，企业的决策者及管理者主要有两种形式的转变：一是减少对团队行为和行动的控制，转而给予目标和行动方向。美国军事指挥官的作战方法是：如果环境太复杂或者非常不确定，最高指挥官就不会对军事小组给出详细的指令，转而采取"意图指令"来管理。意图指令包括一系列的目标和可能用于达成目标的指导方案，并保证这些方案在军事行动小组中的每个人都能理解，前线的士兵也能自由对其进行解读，并依据实际情况自主采取行动。二是强化企业内外部的互联，简化授权和制度控制。在互联网企业中，越高级别的管理人员的互联范围越广，要更好地了解创新，高级管理者需要将时间花在培育知识源上，促进团队协同工作，建立信息互联的通道，大力倡导学习，并愿意倾听想法，支持员工的创意创新。

3 战略输入与绩效评估

通过高效运营"战略输入与绩效评估管理"体系（见图 3.1），保证企业战略的有效落地。

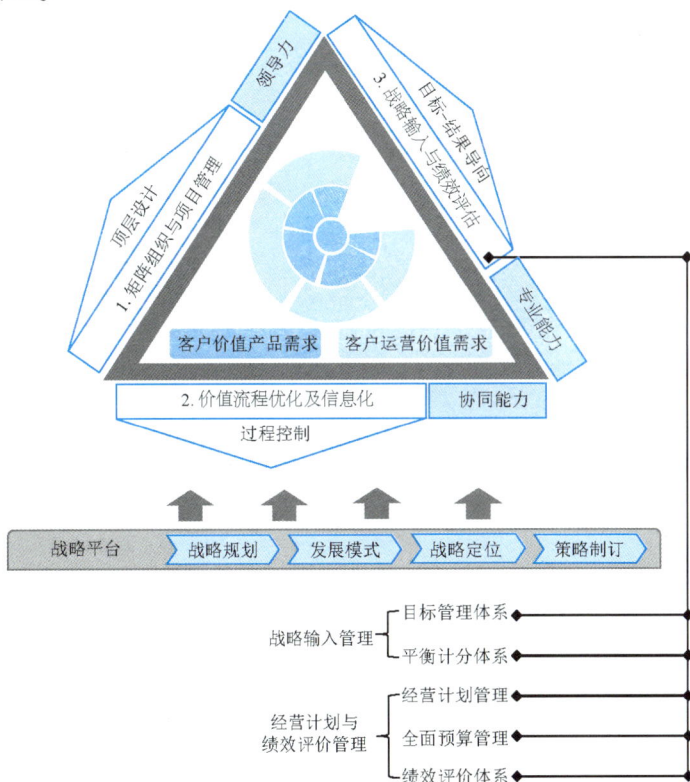

图 3.1 战略输入与绩效评估体系

企业战略通过目标分解与管理、平衡计分卡、年度经营计划大纲、全面预算管理、绩效管理体系中一系列的管理活动，确保企业每一层级的业务/职能管理者和人员清晰了解自身的业务内容、管理目标和战略的关系，使人人都成为企业有效的管理和项目履行主体，使得"战略输入与绩效评估管理"体系对战略具有实质性的执行力及控制力（见图 3.2、表 3.1 和表 3.2）。

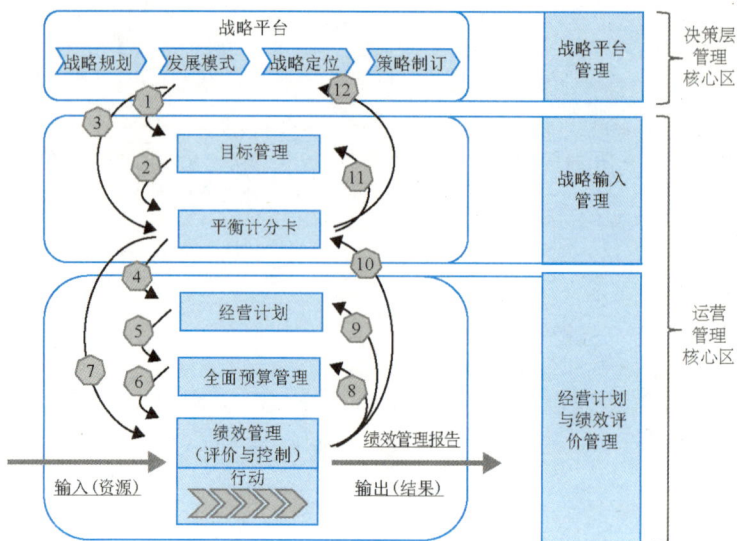

图 3.2　战略平台—战略输入管理—经营计划与绩效评价管理逻辑关系及核心要素

表 3.1　战略平台—战略输入管理—经营计划与绩效评价活动说明

编号	活动说明
①	战略—目标体系。把战略以任务结构的形式分解和固化下来，是战略向目标管理转换的关键环节
②⑪	将目标体系在平衡计分卡的体系内进行分解，直至找到可以测量目标完成程度或管理进度的指标，平衡计分卡需要向目标管理输出结果
③⑫	战略—绩效（平衡计分卡）体系。评估战略对目标管理指引正确与否，参考平衡计分卡进行战略决策
④	企业经营计划的制订。目标是在平衡计分卡的框架内，要求经营计划下人、财、物等各种资源的使用效率达到最高值。企业在一定时期内确定和组织全部生产经营活动的综合规划，指根据经营决策方案有关目标的要求，对方案实施所需的各种资源，从时间和空间上做出统筹安排，并确定综合预算
⑤	在确认各业务/职能单元的经营计划后，即开始执行全面预算管理。全面预算是对未来的经营活动相应时务结果、对资本运营策划和投资活动结果进行充分、全面的预测和筹划，并通过对执行过程的监控，将实际完成情况与预算目标不断对照和分析，从而及时指导经营活动的改善和调整，以帮助管理者有效地管理企业，最大程度实现管理目标
⑥	全面预算管理是实施绩效管理的基础，是对部门及员工绩效考核的主要依据，通过预算与绩效管理相结合，可合理引导资源分配，强化内部控制，发现管理中的漏洞和不足，降低日常经营风险
⑧⑨	输出绩效管理报告
⑦⑩	从平衡计分卡设计出绩效指标及控制范围，作为绩效评价的依据。企业管理者必须设计一套高效有力的绩效管理方案，利用绩效管理方案激发员工的工作潜能，使组织运转通畅，促进组织长、短期目标的实现。有效的绩效管理能实现公司发展战略、目标管理、经济计划和预算管理保持高度一致 绩效评价与实施改进后，向平衡计分卡输入年度管理结果，并作为下一轮的绩效控制范围的依据。平衡计分卡与绩效评价与控制是一循环，目标是确认绩效目标，制订执行绩效计划的方案，进行绩效沟通与辅导，实施绩效评估，进行绩效管理控制，制订新的绩效目标与管理计划

表 3.2 战略平台—战略输入管理—经营计划与绩效评价活动执行时间

工作内容	一季度			二季度			三季度			四季度		
	1月	2月	3月	4月	5月	6月	7月	8月	9月	10月	11月	12月
战略平台管理												
战略分析			■	■	■							
更新战略规划						■	■					
更新发展模式								■				
更新战略定位										■		
展开战略管理									■			
更新董事会战略											■	■
战略输入管理												
目标管理	■											
更新平衡记分卡											■	
经营计划与绩效评估管理												
编制经营计划大纲										■		
编制综合预算											■	■
董事会批准年度综合预算												■
更新组织绩效评估方案												
薪酬评估/奖金池确认	■											
中心/个人绩效评估管理												
编制发展计划												
编制目标管理项目清单												
设立中心/个人KPI												
薪酬评估/奖金发放												
管理层绩效回顾												
绩效分析会议	▲	▲	▲	▲	▲	▲	▲	▲	▲	▲	▲	▲
绩效评估报告	▲	▲	▲	▲	▲	▲	▲	▲	▲	▲	▲	▲
全面预算总结与滚动预测												

3.1　战略平台

本节仅对战略制订过程和管理的要素进行提炼，为后续的目标管理与经营计划的输入做一铺垫。

战略制订过程如图 3.1.1 所示。

| 战略平台 | 战略规划 | 发展模式 | 战略定位 | 策略制订 |

图 3.1.1　战略制订过程

年度（战略）发展环境分析

表 3.1.1 提供了对企业/产品战略的 SWOT 分析（见表 3.1.1），这些分析源于：

- 市场需求及顾客的期望；
- 经济形势的变化；
- 竞争环境及竞争能力；
- 资源配置能力；
- 组织的环境适应；
- 执行力。

表 3.1.1　战略 SWOT 分析

优势	劣势
• 企业提供的产品具有丰富的产品线、可靠的技术、优良的品质，为客户提供广泛的区域适配性 • 可提供全价值链增值服务。目前企业的商业模式从产品导向过渡到服务导向，例如，在销售产品的前期，提供咨询服务或融资服务；在销售产品的后期，提供运维服务；在产品整个生命周期，提供整体解决方案 • 客户追求最优"综合成本"，企业在此领域有着丰富的认知，并可提供项目前期、项目期和项目后期解决方案	• 各业务主体尚未整体成完善的整体交付能力 • 各职能主体未对业务形成充分和高效的支持 • 公司管理水平亟待提升。追求零浪费、零投诉的目标未成为集团普遍遵循的工作标准 • 成本费用仍然较高。公司成本费用利润率仍然较高，生产成本占销售收入比重较大 • 运营管理效率不高。公司无价值流程，低增值环节依然普遍存在 • 设备运行综合效率、设备故障停机时间仍然存在较大的改善空间

优势	劣势
• 公司设定的总体发展目标和具体目标非常清晰 • 公司有足够的财力资源能够支持所需的任何变革 • 公司财力稳定，有充足的资金投入公司业务发展 • 制造过程稳定，质量体系已经稳定运行 • 有良好稳定的供应链体系 • 公司培训体系完善，各个层面的管理人员和作业人员都受到良好的培训 • 企业特有的优秀企业文化	• 质量管理体系尚需完善，产品抽检合格率有提升空间，客户满意度不高 • 库存水平不够合理。库存周转次数较低，零部件存销比及原辅料库存水平仍然可以压缩

挑战	机遇
• 德国工业 4.0 或中国两化融合带来的管理技术的变革。其中企业运营的模式将由集中式控制向分散式增强型控制的基本模式转变，目标是建立一个高度灵活的个性化、数字化的产品与服务的生产模式。在这种模式中，传统的行业界限将消失，并会产生各种新的活动领域和合作形式。创造新价值的过程正在发生改变，产生链分工将被重组 • 随着互联网经济的重新崛起、大数据分析和云计算的应用、客户从功能性产品的需求向产品＋服务的综合解决方案的需求转变，传统的产品＋销售企业设计已经导致许多行业的盈利能力不复存在，客户期待供应商能够快速响应并提供多种增值服务。这种经济模式的转变要求企业对客户的经济系统有着高度的敏感性，能够及时预测和分析客户的需求和偏好，为客户提供综合解决方案，同时设计出符合客户价值需求和满足股东利益的领先商业模式	• 国家大型发电基地建设、在东方和南方市场潜力释放、市场电力技术的开发促进市场增长 • 电力市场环境逐步规范 • 电力服务市场呈现增长态势 • 发展中国家电力市场增长率较高 • 大数据、云计算、智能化等信息技术和新能源的结合 • 国家高度重视污染防治、大气污染防治通道输电建设 • "十二五"规划明确支持节能环保行业的发展

产品战略规划

　　产品战略规划是指前瞻性地指导企业建立内部资源、产品领域和竞争环境的最优的匹配关系。

　　首先，确定产品的发展层级。产品战略规划的第一步，需要分析高阶产品的发展态势以及潜在更高阶产品的投入可行性。同理,向下分析支持性产品的开发。对每一个层面的产品,均使用 SWOT 进行分析(见图 3.1.2)。

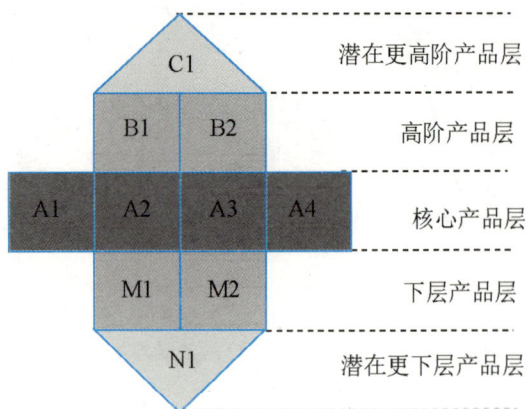

图 3.1.2　产品发展层级分析

　　确定所有产品现时的市场地位,如图 3.1.3 所示,确定产品发展方向后,需要对每一层的产品的战略规划进行描述。例如,战略的重点投入领域、重点的市场开发规划等,也包括每一个产品制订差异化的战略发展规划。

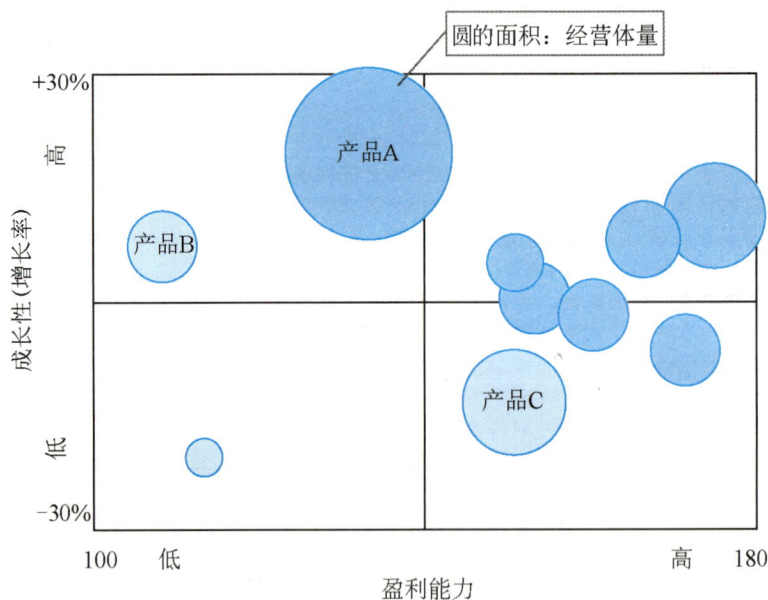

图 3.1.3　产品的市场定位

　　图形使用说明:①如果能够找到竞争对手的产品销售数据,同样可以使用该图对重要的竞争对手的同类产品进行分析,以直观确认本企业的产品的市场地位。②对单个产品可以记录过去数年的产品地位,并描出一段动态的发展轨迹,这个轨迹对产品过往的发展和向后趋势有了很直观的描述。

产业案例分析（输出成果）：

（1）产业战略领域：绿色能源和节能环保领域：

• 与本集团主营业务相关产业（装备、投资、服务）；

• 清洁能源及应用（天然气、光伏等）；

• 节能环保产业（节能、污水处理、固废处理等）。

（2）产品战略区域：

• 中国自北向南，自西向东，全球布局，重点突破美欧两地；

• 管理实现全球视野下的四化：国际化、专业化、标准化、信息化；

• 人才、技术、管理、资本对标达到国际先进水平。

战略发展模式

产品的战略规划明确后，需要确定实现战略规划的企业总体资源运用模式和产业发展模式。

企业案例分析（输出成果）：

（1）总体战略发展模式：

• 通过资产经营和资本运营实现公司均衡发展，用投资、并购和重组等资本运营手段促进公司战略性新业务发展；

• 每年技术创新投入占销售收入比例不低于 3.5%，以技术创新引领战略发展，通过技术创新和整体解决方案的提供建立差异化竞争优势；

• 善于资源整合，专注技术、产品、服务、商业模式，重视客户体验；

• 整合全球供应链资源，加快国际化发展步伐，提升海外公司可持续发展能力，成为全球领先的新能源整体解决方案提供商。

（2）战略产业发展模式：

• 装备制造：以装备制造稳固基础，通过技术创新、质量优胜和精益生产为客户提供性价比更高的产品；

• 投资：以投资推动发展，通过投资新能源和节能项目，带动装备制造和战略型新业务的发展，实现更加合理的多元产业布局；

• 服务：以服务创造未来，借助大数据、物联网和电子商务进行商业模式创新，为客户提供量身定做的整体解决方案，实现智慧能源产业升级和转型。

战略定位

在企业总体资源运用模式和产业发展模式下的具体产品/服务定位。

企业案例分析（输出成果），如图 3.1.4 所示。

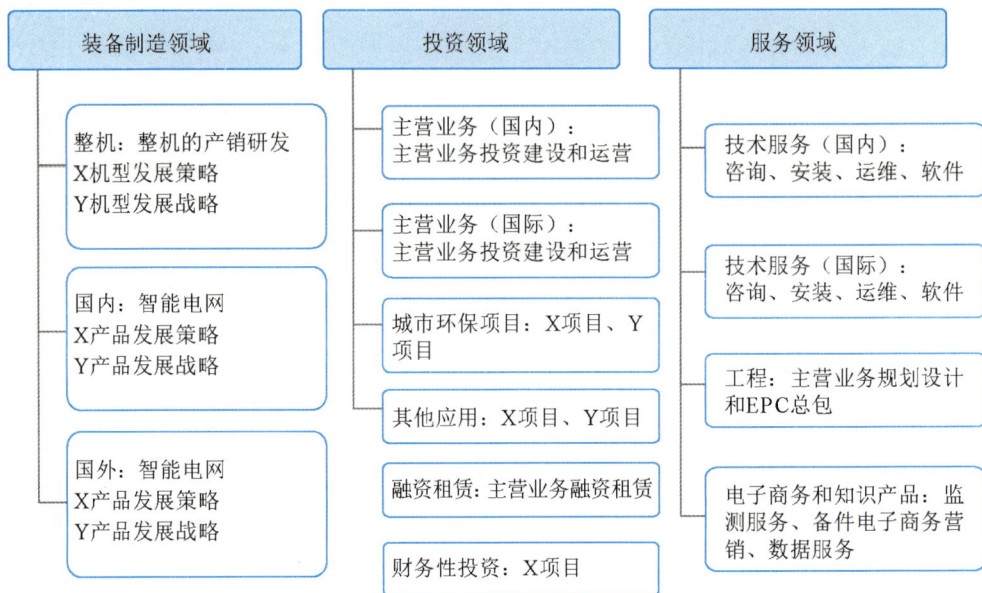

装备制造领域	投资领域	服务领域
整机：整机的产销研发 X机型发展策略 Y机型发展战略	主营业务（国内）： 主营业务投资建设和运营	技术服务（国内）： 咨询、安装、运维、软件
国内：智能电网 X产品发展策略 Y产品发展战略	主营业务（国际）： 主营业务投资建设和运营 城市环保项目：X项目、Y项目 其他应用：X项目、Y项目	技术服务（国际）： 咨询、安装、运维、软件 工程：主营业务规划设计和EPC总包
国外：智能电网 X产品发展策略 Y产品发展战略	融资租赁：主营业务融资租赁 财务性投资：X项目	电子商务和知识产品：监测服务、备件电子商务营销、数据服务

图 3.1.4　产品/服务战略定位

策略制订与战略管理

任何一家企业，只要希望永续发展，那么必然会拟定企业发展战略，以此确立每一个经营周期内达到的业绩。我所接触到的企业皆是如此。然而，并不是所有企业的发展都能够按照战略意图的方向和目标取得成就，不能达到企业战略目标所确认的经营业绩的企业家只能无奈地重新制订战略规划，进而调整战略定位和发展模式。但如果这次经过审慎考虑的战略规划依然不能够达成目标，那么，在多数情况下，我认为不是企业家的战略目标定得超前而脱离实际，而是可能在策略制订与战略管理方面出现问题。正如一位园丁在果园里培育果树，即使这棵果树长得高大茂盛，四季郁郁葱葱，然而每一年都只开花而不结果，或者结的果子又小又涩，那么肯定没有人会称赞他是一位优秀的园丁。

　　杰克·韦尔奇对此有着精辟的论述："让合适的人做合适的事，远比开发一项新战略更重要。这一宗旨适用于任何企业。我在办公室里坐了多年，看到不少似乎很有希望却从来没有任何结果的策略。我们曾经有过一个关于超音速的很好的计划，但是，直到我们找到了一位这方面的专家，才使这个计划得以实施。在飞机引擎、动力能源和交通运输方面，我们有着多年的服务策略，但是，在我们找到一位有勇气打破陈规的人来领导这项事务之前，服务一直是'二等公民'。我们费了很多周折，才知道即便我们获得了世界上最好的策略，但是如果没有合适的人选去发展、实现它，这些策略恐怕也只能'光开花，不结果'。"

　　同样，在企业内部，打破官僚主义作风也是实现企业战略规划的一项至关重要的举措。1984 年，韦尔奇希望推动财务部门的管理变革，财务部的工作职责应当转变为类似首席运营官的角色——支持及促进公司业务的发展，而不是控制者的角色。当时，首席财务官汤姆·索尔森将自己看成为公司最强有力的职能部门保护人，对于公司任何事情和任何人，都是一副坚决而固执的态度。当变革推进到财务部时，汤姆总不肯触动自己这块神圣的禁地。财务部门拥有 12000 名员工，机构极为庞大，公司中绝大多数"有必要了解"的研究都来自财务部门，当时，仅一项经营分析就耗资 6500 万～7500 万美元。其结果是，通用电气公司拥有一个强大的但却自行其是的财务机构，它控制着下面部门的运转，但它并不想改变公司，也不想改变自己。为了推动变革，在 1984 年 3 月，韦尔奇提拔了年仅 38 岁的丹尼斯·戴默曼作为首席财务官。而丹尼斯没有令韦尔奇失望，上任后一直在与官僚作风进行斗争。他任职的前四年里，他把财务部门的职员砍掉一半，把通用电气公司在美国的 150 个工资支付系统进行了并购，改革了财务管理制度。过去财务体系所处理的事情当中近 90％都是单纯的财务记录和分析，只有 10％是一般性管理，而现在近一半的内容是放在管理和领导上面。丹尼斯改革了审计部门，现在审计部门人员成了业务部门的支持者，而不再是公司里的警察。对于丹尼斯取得的成就，韦尔奇是这样评价的："口号和讲稿不会带来变革。变革的发生是因为你把正确的人放到正确的位置上促使他发生。先是人，接下来才是战略和其他事情。在很多方面，丹尼斯都是我们所需要的理想的公司内部的'外来人'，只有他才能打碎钳制我们公司的官僚财务系统。"

策略制订与战略管理是实现企业具体产品/服务定位的管理过程，包括按照一定原则的战略定位矩阵分解（matrix），确定业务组合与竞争策略、职能战略和关键举措、战略实施路径及时间表、战略风险管理等（见图3.1.5）。

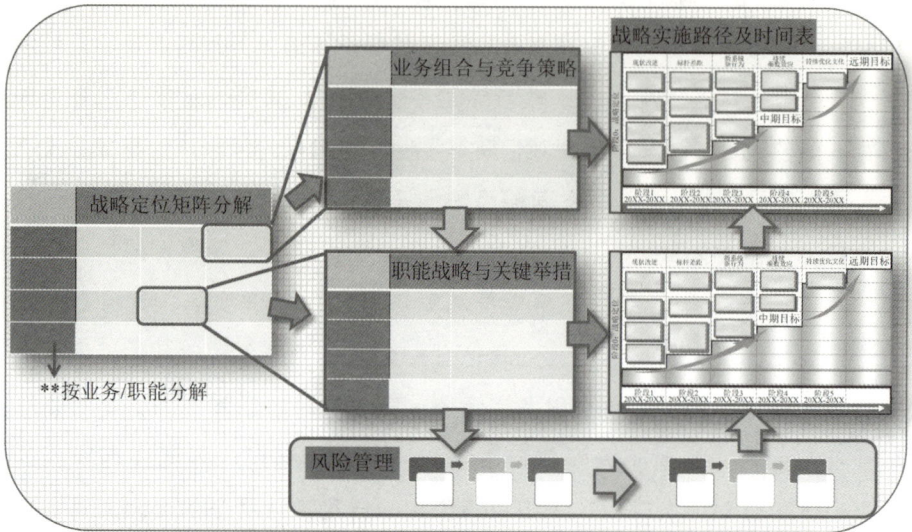

图 3.1.5　策略制订过程

具体的策略制订和战略管理参见图3.1.6、表3.1.1、表3.1.2和表3.1.3。

战略评估

分公司/业务单元完成包含有市场开发计划、业务计划、新产品开发计划和利润计划等战略规划后，需要提到集团层面对规划进行审议。在集团层面，需要对分公司/业务中心已有的业务和即将展开的业务进行评估，以决定哪些业务必须全力争取，哪些业务在集团层面可获得更大的支持（如融资支持），哪些业务可以暂缓执行，哪些业务需要进行剥离。对于更为复杂的业务系统来说，子公司/业务中心围绕同一客户或相类似的业务形成的竞争关系将不可避免。这种竞争可能有好的影响，例如客户的价值机会得到共同的认可。通过内部业务整合后，会制订出更为有利于竞争的客户整体解决方案，但同时也存在很大的风险，例如，浪费资源和可能失去更多的外部机会，影响到团队的士气。因此相关的子公司/业务平台战略规划制订后需要在更高业务层面进行整合，确保集团内部资源能够发挥最大的使用效率。

	产品战略	研发战略	供应链资源开发战略	营销策略	服务战略
X事业部	A|B|C...项目开发投资战略	关键技术研发及研发管理模式	核心零部件需求资源	替代新产品推广	产品增值服务
Y事业部	产品战略	知识产权管理	核心零部件合作开发	智能产品营销	4S维修服务
Z事业部	智能产品战略	未来技术研究规划	核心零部件需求资源	国际营销战略	软件监控
R事业部	服务产品战略	国际化研发战略布局	供应链管理	客户关系管理	软件咨询
研发中心	高压变压器	高压电器接合开关	国产供应商开发	国内重点输变电企业	提供质保期服务

核心业务：X事业部、Y事业部
战略突破业务：Z事业部、R事业部
培育业务：研发中心

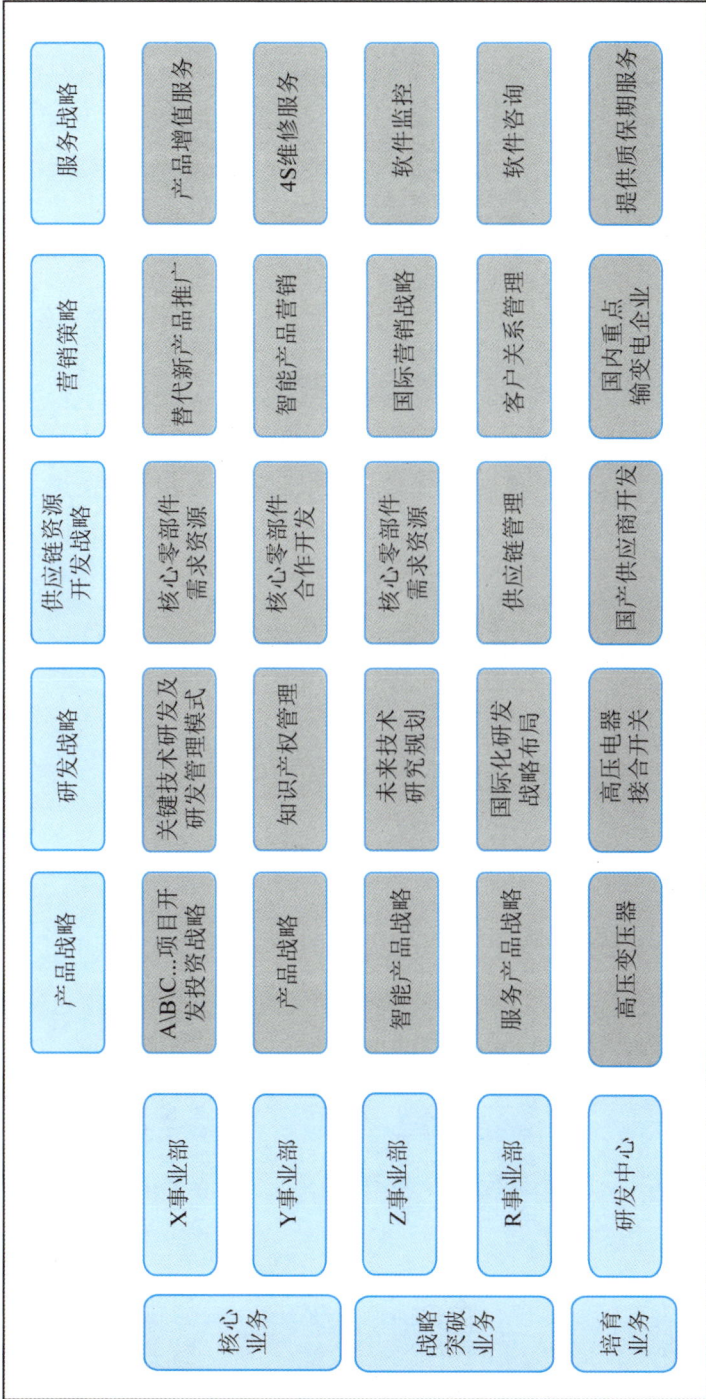

图 3.1.6 事业部战略定位分解（输出成果）

表3.1.1 装备制造领域——智能网及其他业务的竞争策略（输出成果）

装备制造领域	客户定位	产品/服务	竞争策略
智能电网（国内）	1. 智能电网产品：国家电网下属各分公司 2. 逆变器产品：大型变压器产品制造商 3. 智能电网及分布式电源投资者，特殊的用电管理单位	1. 智能电网产品：电网接入开关，电网控制电控产品 2. 逆变器产品及维护 3. 智能电网及分布式电源	智能电网产品： 1. 突出核心技术和性价比优势，在服务内部需求的基础上，积极开拓外部市场 2. 采取柔性生产模式，为客户量身定制，非关键零部件委托生产 逆变器产品： 1. 跟随整机销售渠道，与国有发电集团建立合作关系 2. 突出产品性价比优势，开拓市场 智能电网及分布式电源： 1. 重点开发新进入领域的电力生产企业 2. 与国家电网紧密结合
智能电网（国际）	1. 国际电网制造工业 2. 国际分布式发电企业 3. 其他相关产品客户	1. 智能电网产品：智能化配送电管理系统 2. 逆变器产品及维护 3. 智能电网及分布式电源	1. 跟随整机（国际）业务发展，开拓区域市场 2. 针对客户需求，提供智能电气及其他产品的设计、生产、装配服务，带动产品销售 3. 开展多元型、专业型、技术型和国际化的工贸一体型营销

表 3.1.2 战略项目实施推进管理计划

现状改进　标杆差距　新系统、新行为　持续乘数效应　持续系统优化　远期目标

中期目标

阶段1 20××—20×× 　阶段2 20××—20×× 　阶段3 20××—20×× 　阶段4 20××—20×× 　阶段5 20××—20××

历程0：资源就位

表 3.1.3　战略项目实施推进时间表——装备制造领域（节选）

装备制造领域	现状改进，标杆定位	新系统、新行为
基本策略	• 提高技术创新能力，为客户提供优质产品 • 为客户提供新能源领域整体解决方案	• 建立领先的技术创新能力 • 转移低附加值的生产环节
业务重点	• 稳定基础业务：包括智能电网 • 扶持成长业务：包括智能电网业务（国际）	• 突出高价值业务：包括整体业务、EPC 业务、智能电网一体化设计业务 • 海外成长业务：智能电网优秀供应商 • 发展培育业务：包括智能电气制造业务
管理重点	• 加强研发，提升技术创新能力 • 建立集团产品平台，并在研发主导下实施新产品推出计划，优化产品组合 • 建立和完善标准化、规范化管理制度和流程	• 建立装备制造行业标准，并加以推广 • 建立装备制造水线生产能力
	第一发展阶段 （2014—2015 年）	第二发展阶段 （2016—2017 年）

3.2 目标管理体系

运营目标管理就是：为了达成企业的战略目标，将战略进行分解，直至找到可配合组织架构和内外部资源展开的战略实施项目，采用系统的运作计划（P）（包括设立量化的评价指标）、实施（D）、检查（C）及纠正行动（A）等措施的一种管理方法。

运营中心依据战略年度及中长期计划，定出各业务/职能层面的年度暨中长期项目管理目标值，同时要督促各业务/职能展开项目管理，各业务/职能中心需设法将经营目标管理与项目实施计划相结合，并通过有效率及可评价的管理活动达成目标（见表3.2.1和表3.2.2）。

表 3.2.1　战略项目管理方案

战略定位	业务类型，例如装备制造领域、投资领域、技术服务领域
产品和服务	定义战略定位中的具体产品和服务
市场与客户定位	战略发展所面向的市场（国内、国际）及具体客户（最主要的客户清单）
战略实施项目名称	为了实现企业总体战略目标，在战略定位中所确立的战略管理项目
目标值	战略管理—战略目标体系中确立的目标值，以数据来表示
管理/竞争策略	为达成目标具体拟定的方法与策略
战略分解管理项目	为确保战略定位被有效执行订立的项目目标，需要与项目组织配合说明

表 3.2.2　战略项目管理案例分析

战略输入管理	战略定位	战略定位	装备制造领域
		产品和服务	智能电网及分布式电源接入
		市场与客户定位	国内市场，智能电网工程的投资者，军工企业，岛屿管理单位

续　表

战略 输入 管理	战略 目标	战略实施 项目名称	国内智能电网销售及市场占有率
		目标值	• 2015年销售额达到10.3亿元，净利润率5.0%，市场占有率达到6% • 2016年销售额达到13.4亿元，净利润率5.5%，市场占有率达到6.4% • 2017年销售额达到17.4亿元，净利润率6.0%，市场占有率达到7.5% • 2018年销售额达到22.6亿元，净利润率6.5%，市场占有率达到8% • 2019年销售额达到29.4亿元，净利润率6.8%，市场占有率达到10%
		管理/竞争策略	1. 重点开发军工企业和军事单位客户 2. 与电网紧密结合，从国家战略上向智能电网输出分布式智能电源 3. 突出核心技术和性价比优势，在服务内部需求的基础上，积极开拓外部市场
		战略分解管理项目	智能电网销售部： 1. 国家电网重点市场推广活动，拍摄宣传短片 2. 确立区域销售总部和销售总监的管理模式 智能电网研发中心： 1. 突破电网大功率电控开关技术 2. 通过国家电网并入电网测试项目，取得入网许可

　　此外，需对项目按照战略项目和日常管理项目分类，这样可以使不同层级的管理人员识别自身的管理目标。分类的方法可以参考表3.2.3和图3.2.1。

表3.2.3　战略输入实施项目与日常管理项目的区分

战略输入实施项目	日常管理项目
• 从企业整体发展战略角度出发，分析、识别、评价，进而确立企业发方向并识别出在较长时间范围内对企业及业务发展起重要作用的项目 • 需要采用平衡计分卡方法强调企业绩效评价的战略导向，并将企业的战略转化为战略业务项目的参与者的具体行动 • 在执行战略管理中，如果不采取长期有效的管理方案或应用工具，战略管理就会失效	• 项目的管理不会对公司整体经营目标计划有实质性的影响 • 大至能够满足现今的工作运营状态，并且希望通过持续改善的方案使今后能持续保持这种状态 • 项目的管理者现在已经了解到，只要通过某种标准的工作方法，就能取得很好结果，因此需要将这种工作方法作为基本工作准则进行遵守

续 表

战略输入实施项目	日常管理项目
• 需要确认专一部门统筹管理，企业的战略业务项目的负责人的要求有较强的管理能力 • 评价结果：组织绩效	• 分解到中心、部门、团队及个人执行 • 评价结果：部门或个人职能绩效

方向性改变

带有创新性的系统管理活动

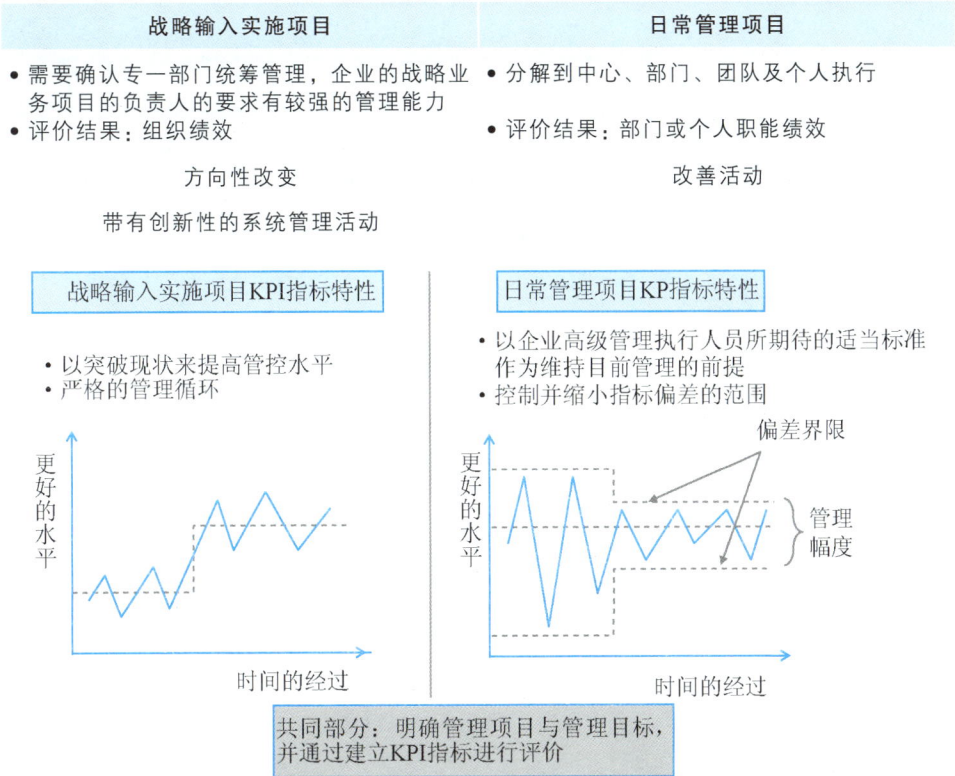

图 3.2.1　战略输入实施项目与日常管理项目评价指标的主要差异

说明，企业 KPI 指标实际上有可能是战略输入实施项目与日常管理项目的复合表现形式。在高效运营评价体系中，为了识别管理核心价值，需要按指标的属性进行独立管理（例如拆解为两个关键 KPI 指标，或将战略输入实施指标定义为考核指标，将日常管理项目 KPI 定义为监控指标。）

对于各项目标，需要确定年度的管理计划，可以参照表 3.2.4 所示的 PDCA 循环进行。

表 3.2.4　计划的 PDCA

	年度	半年	每月
P	制订和审核年度经营计划书，确定目标与 KPI 指标 (分解目标、分解项目、确认竞争/管理策略、管理项目方案、目标值、责任单位)	修订、制作和认可半年经营计划书	修订和认可活动计划书的分解项目 (分解项目，管理项目的追加、修订)

续　表

	年度	半年	每月
D	1. 每个项目进行分解，编制里程碑及活动/时间计划表 2. 执行计划 3. 建立组织 KPI 体系	1. 回顾和修订项目里程碑及活动/时间计划表 2. 执行计划	推动分解项目的执行计划
C	实施年度回顾 (管理项目进展表)	1. 未达成目标项目检讨 2. 根据项目检讨确定下一年度经营计划书的管理草案	1. 基于 KPI 实绩实施月度回顾（报告目标值和实线值）（报告分解项目的推进情况） 2. 强化目视化管理图表的实施
A	根据市场商业环境的变化、客户价值需求的变化修订经营计划	根据市场商业环境的变化、客户价值需求的变化修订经营计划	查明原因和指示（责任者）（决定问题的原因的分解项目）

　　战略项目的定位和实施成败对整个企业的发展方向和发展速度有决定性作用，但在决策阶段却面临着项目的复杂性和巨大的不确定性。解决方案是制订战略项目的战略实施路径或路线图，清晰的路线图描述了达到战略目标过程中的重大里程碑事件，而项目进度表则更加详细说明了每个里程碑实现的方法、交付物、资源配置、责任部门及其配合关系。这些管理逻辑之间存在着前者控制后者、后者补充前者的相互作用关系。战略项目分解、编写里程碑及活动/时间方案如图 3.2.2 所示。

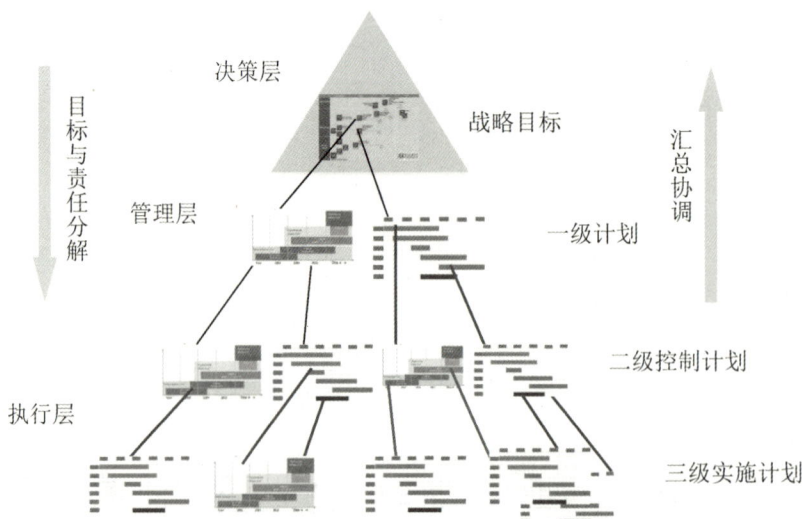

图 3.2.2　战略实施路径

此外，需要设立必要的会议，按确定的时间跨度对项目和指标进行评价（见表 3.2.5）。

表 3.2.5　战略会议规划

	会议名	参加者	主持单位	时间	内容
战略决策	战略决策会议	公司高管	战略管理部	6 月	确定公司短期、中长期发展战略
	战略规划评审会议	公司高管	战略管理部	7 月	确定公司发展战略的实施方案、时间与目标规划
战略输入管理	年度战略及经营发展规划编制计划会	公司高管＋业务/职能高管	运营中心	8 月	根据公司战略规划，推动各业务/职能单元制订发展规划、确定竞争与管理策略
	年度经营目标评审会	公司高管＋业务/职能高管	运营中心	11 月	审议、确定各业务/职能单元的年度经营计划
	半年/全年经营计划绩效分析评审会	公司高管＋业务/职能高管	运营中心	7 月/11 月	以半年/全年目标计划对经营计划进行分析评价
	月度经营计划绩效分析会	公司高管＋业务/职能高管	运营中心	每月一次	以半年/全年目标计划对经营计划进行分析评价

3.3　平衡计分体系

即使企业设计好正确的发展战略，正在向先进的商业模式转型，但管理者仍要面对这样一个事实：他们的大多数经理和雇员都没有很好地理解组织的战略和经营目标，或者不了解自己的工作会对本部门的运营产生什么样的影响，这样就会导致产生一个紧迫的决策层和一个松散的管理组织。显而易见，这个组织是没有执行效率的。例如，一些企业将财务目标作为企业第一绩效指标，然而，财务目标可能只能激励 15～30 名高级管理者，对于从事制造、服务的绝大部分的员工而言，这些财务目标通常无法激发他们的热情，反而会造成一些短期行为。

如果企业每一个人都能真正理解和认同与公司发展战略及经营目标直接相关的关键绩效衡量标准，并促进其发展，那么整个组织的协同效率便能得到显著的提高。这是因为平衡计分卡使经理不仅能够清晰地看到自己的决策的结果是否符合企业发展与进步的标准，而且还能明白这些决策对其他部门以及公司总体战略的影响。

在企业高效运营体系中，平衡计分卡是依据企业战略定位，对资本效率指标（反映股东利益）、客户价值指标（反映客户满意度）、企业价值指标（反映市场占有率）、内部运营指标（反映制造/服务等交付过程能力）、学习与成长指标（反映无形资产增值能力）五个维度所设定的指标管理体系。下面详细说明。

资本效率指标

定位：如何满足股东的投资价值回报的要求及进行价值贡献分析。例如，满足投资人在一定期限内获得比较持续稳定的现金流收益；投资人期望在短期内推出一款领先对手的有特殊功能的新产品，因此要求企业在专利技术、研发设施和人力资本上进行投入。

创造股东价值是任何战略所追逐的目标，企业应选择一个最主要的目标作为其长期发展的象征，一般可选择的指标为：

投资回报率（ROI）；

资本运用回报率（ROCE）；

附加经济价值（EVA）；

各种类型的折现现金流量（DCF）。

其他可选指标包括：投资资本利润率、净资产收益率、资本周转天数、资产负债率、流动比率、销售收入、净利润、毛利率、现金流量、人均销售额和三项费用指标。

客户价值指标

定位：分析客户的关注点和产品体验的满意度，采取有效的行动满足客户的需求。

一般而言，客户对供应商的关注点主要包括：供应商品牌在行业中的影响力、全价值链上的增值服务能力、价格、质量水平和交付保障能力。

如果能够对客户的价值主张予以支持，企业就能够做出正确的战略决策，准确把握运营方向和管理策略，对企业的资源进行有效的整合和优化。在市场竞争中，即使在同一时间节点上，客户的价值主张也会存在一定程度的不确定性，随着时间的推移，价值主张的重心也会发生偏移，因此从长远来说，企业需要及时将客户的主要价值与自身所能提供的优势价值相结合，向客户证明所提供产品的卓越性能。

参考指标包括：单位销售价格、按期交付率、订单投诉率、售后质量损失率、技术解决方案达成率、客户满意度、新增客户数量占比和新增客户收入占比。

企业价值指标

定位：行业竞争分析、产品与市场份额分析、信用分析、品牌价值等。企业价值评估超越了传统财务报表中涉及的项目，将外部环境分析（包括政治环境、产业政策、信贷政策）、行业分析等纳入评估体系中。

目前，世界知名的投资银行几乎都以企业价值或与价值相关的指标作为评价企业及其股票的主要依据。美国两家最著名的投资银行高盛公司和第一波士顿信贷银行都非常重视企业价值指标。高盛公司认为，每股盈余、股本回报等以会计数字为依据的指标可以通过会计做账手法来控制，然而关注企业价值则可以提高监管的灵敏度和改进企业管理。第一波士顿银行也做过类似的论述：每股盈余可以通过会计手段来操纵，这一指标不能清楚地解释决定企业价值的各种变量，例如企业竞争优势。沃伦·巴菲特最喜欢研究公司年报中的会计花招，他要的不是表面的利润，而是通过调整和清除人为的因素之后得到的修正后的数据，比如自由现金流量。这些分析家的分析方法实际上都是基于企业价值来考虑的。

参考指标包括：市场占有率、区域市场增长率、储备订单数量、品牌价值、无形资产价值和信用等级。

内部运营指标

定位：在实现客户驱动的价值创造流程中，如何有效提升作业效率，减少浪费，以优质的服务获得客户满意。在企业整个价值创造流程中涉及价值平台管理，进一步细分为三类流程，包括履行交付流程（ERP 为主）、市场开发与客户管理流程（CRM 为主）和创新价值流程（PDM 为主）。具体流程包括：市场与公共关系管理、线索管理、营销管理、研发过程管理，供应链管理、制造过程管理、质量管理和服务与运维管理等。另外，价值平台的运营需要支持性的管理流程。这部分流程包括环境、安全与健康管理流程、财务运作流程、招聘流程等。

精益管理为企业流程指标的改进提供了绝佳的工具和方法。

参考指标包括：质量成本指标、计划履行率、生产设备故障率、物料/能源消耗比率、库存周转率、开发项目进程履约率和细分市场/客户管理的指标（例如客户线索数量、订单转化率、战略客户数量、关键业务比率等）。

学习与成长指标（知识管理指标）

定位：塑造企业独特的管理文化，组建富有竞争优势的管理团队，将员工视为资产予以维护和培养。

知识管理包括两个部分：一是以"知识"为管理对象，通过知识创造、知识获取、知识储存、知识共享、知识应用等环节对知识进行的统一管理；二是知识服务管理，是以"员工"为服务对象，通过知识需求评价、知识交流与培训、知识应用、知识创新等环节满足员工的知识需求，促进知识应用和创新。

成熟企业的标志之一是是否进入知识管理阶段。知识是成熟企业最宝贵的财富和核心资源，是其可持续发展的关键所在，建立学习与成长指标，能够衡量企业在创新和变革方面的管理能力。

参考指标：精益管理改善提案数量、每名员工的培训天数/培训成本、员工满意度指数（员工对工作环境、工作条款及条件的满意程度）、平均服务年期（员工从入职至今相隔的年期，这是衡量员工经验的指标）、培训满意度、培训达成率、关键岗位人才符合度、改善成果数量和标准化率（经验与知识的转化）。

运营效率五个评价维度是一个在相互支撑下共同取得进步的一个完整的系统，运营效率评价指标体系通过平衡计分卡进行表达。

根据平衡计分体系，我们发现资本效率指标与其他指标之间存在紧密的连带关系，而三项管理指标——企业价值指标、内部运营指标与客户价值指标的达成是资本效率指标实现的基础，学习与成长指标则是三项管理指标的基础。通过图3.3.1 归纳可见各指标族的关系。

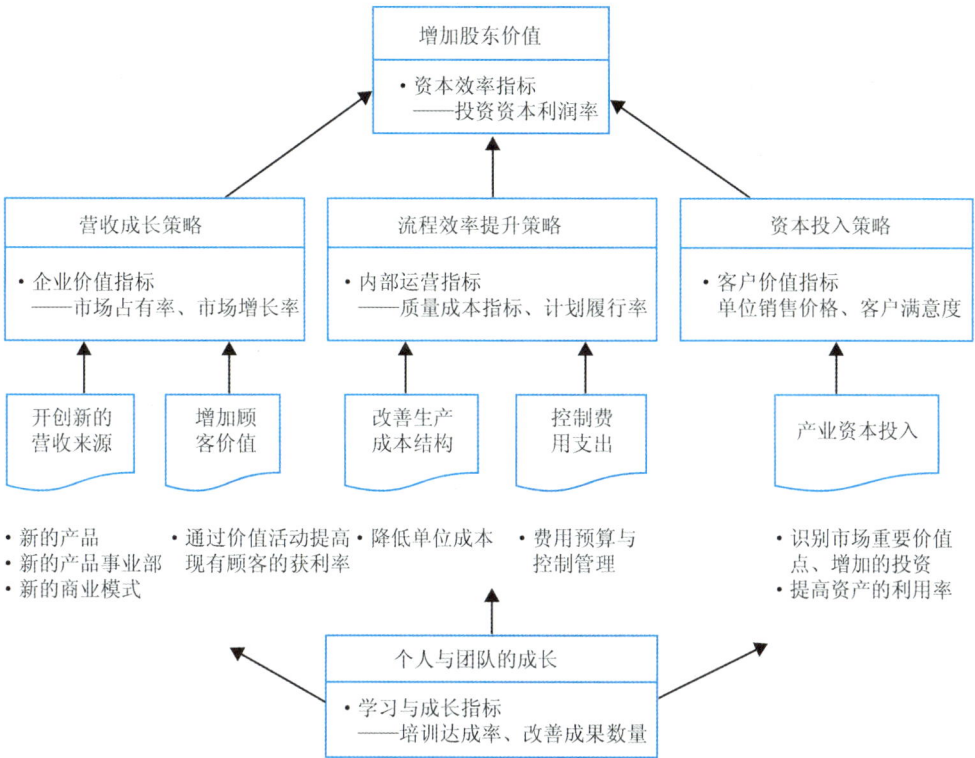

图 3.3.1 平衡计分卡内指标族的关系

依照平衡计分体系，可以对集团的战略地图重新构建清晰的逻辑关系（见图 3.3.2）。对于资本效率指标，内部指标之间亦见逻辑关系（见图 3.3.3）。依据战略——目标管理体系，企业平衡计分卡在组织间的协同形式，如图 3.3.4 所示。

• 董事会战略描述了董事会在投资者、监管机构、社会责任的战略目标。

• 企业 CEO 将董事会战略目标变为集团战略项目和清晰可衡量的 KPI 指标，从总部层面定义战略指标分解至业务和职能管理系统。

• 由集团职能系统和业务运营系统组成集团运营系统，承接高层拟定的战略项目和战略指标，并对集团战略实施测量和监控。

• 将集团业务战略项目和指标分解至各个相对独立的业务单元，组织评审各业务单元绩效结果。

• 将集团职能战略分解至集团各个相对独立的职能战略，并支撑各业务支持单元协同管理，提升集团内部治理效率，促进信息和资源共享。

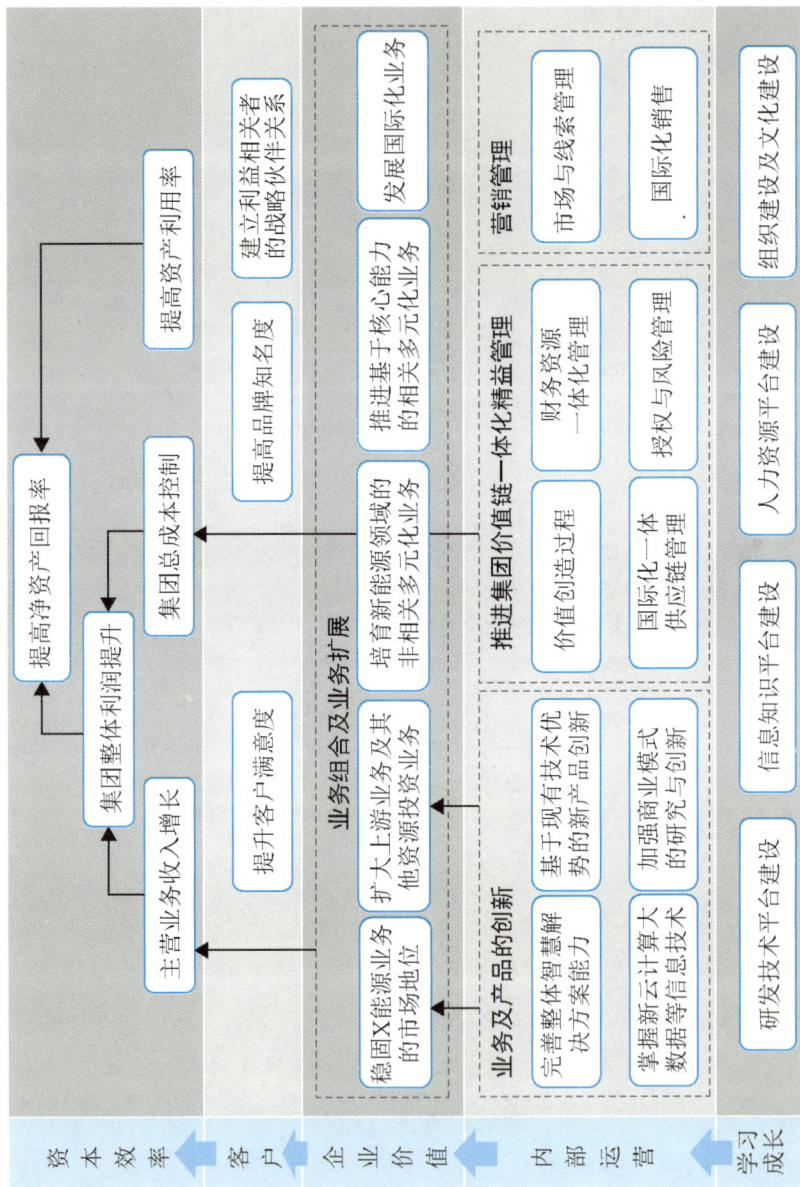

图 3.3.2　平衡计分卡体系——集团战略地图

投资资本
利润率

销售额
利润率 × 资本
周转率

销售利润 ÷ 销售额

销售额 ÷ 投入资本
（经营资本）

销售毛利 − 销售费用 − 财务费用 − 一般管理费

流动资金 + 固定资金

销售额 − 销售成本

生产成本 + 其他支出

盘存资产 + 债权 + 现金存款

变动费用 + 固定费用

材料（直接/间接/燃动）+ 劳务费用（直接/间接）

管理人员工资 + 折旧费 + 维修费+租赁+小公费 + 各种损失（安全、质量）

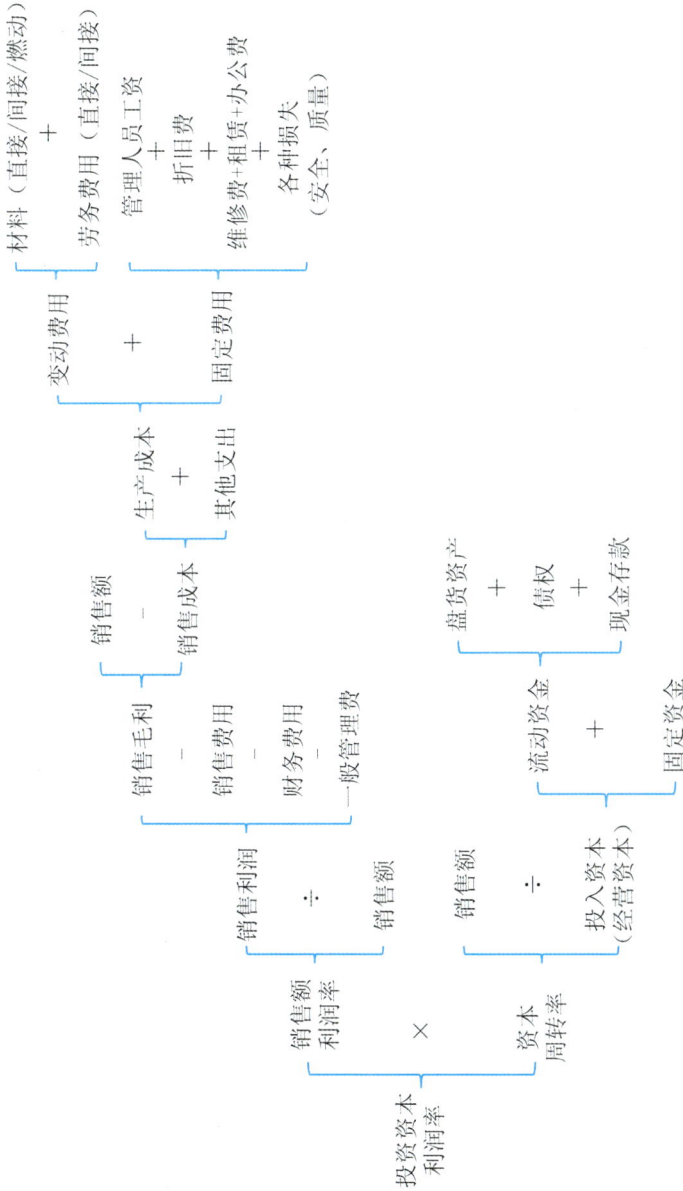

图 3.3.3　杜邦模型——资本效率指标之间的逻辑关系

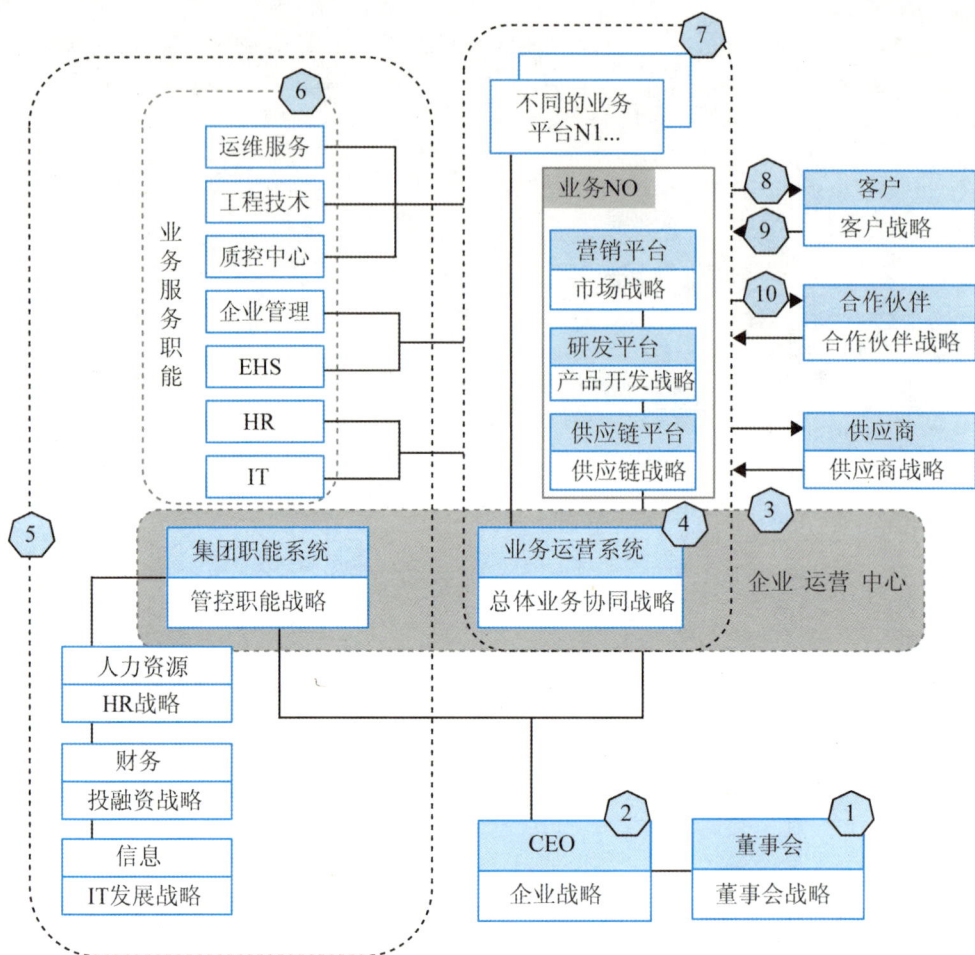

图 3.3.4　平衡计分卡在组织间的协同形式

• 业务职能战略，促进企业从客户价值发现、内部流程、学习和成长角度与业务单元管理目标中获得额外的价值，并使得业务职能从费用中心转化为业务单元的战略合作伙伴。

• 业务战略分解为战略项目和 KPI 指标，表述了不同业务的发展策略，以及在一个业务系统内部不同专业模块的平衡与协同发展。高阶目标向下分解为项目与目标，并转化为 KPI 的形式（见图 3.3.5）。

• 输出业务单元"产品"价值指标，影响客户战略导向和价值取向。

• 导入客户战略发展指标，重新定位、平衡、定义业务单元的发展战略。

• 平衡战略伙伴的利益和发展区域，共同获取额外价值的机会。

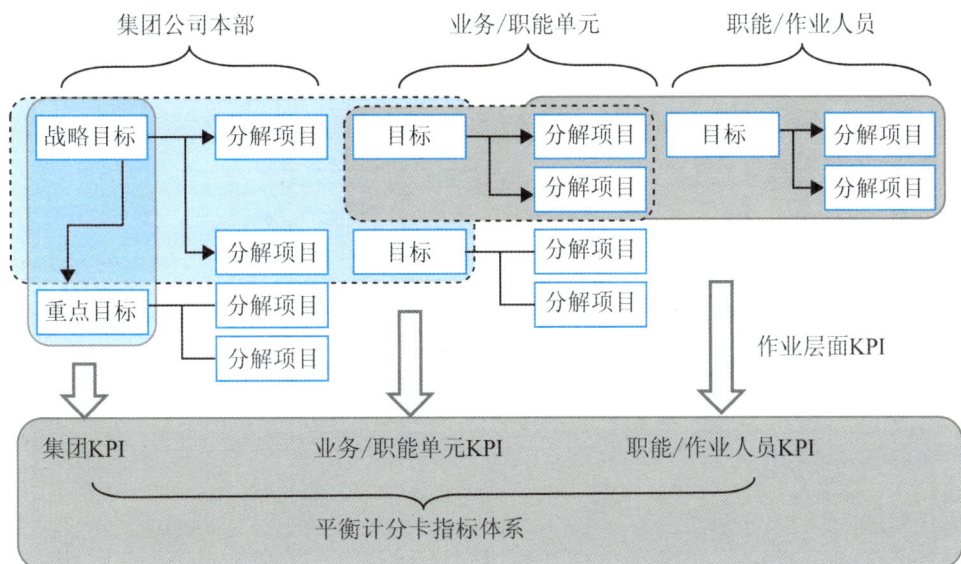

图 3.3.5　目标与项目的分解方法

如图 3.3.6 所示，平衡计分卡体系将企业的指标按各维度进行划分，并分解到业务指标实现部门。如果企业存在复杂的业务体系，反映企业整体运营的指标再向业务体系拆分（见图 3.3.7）。

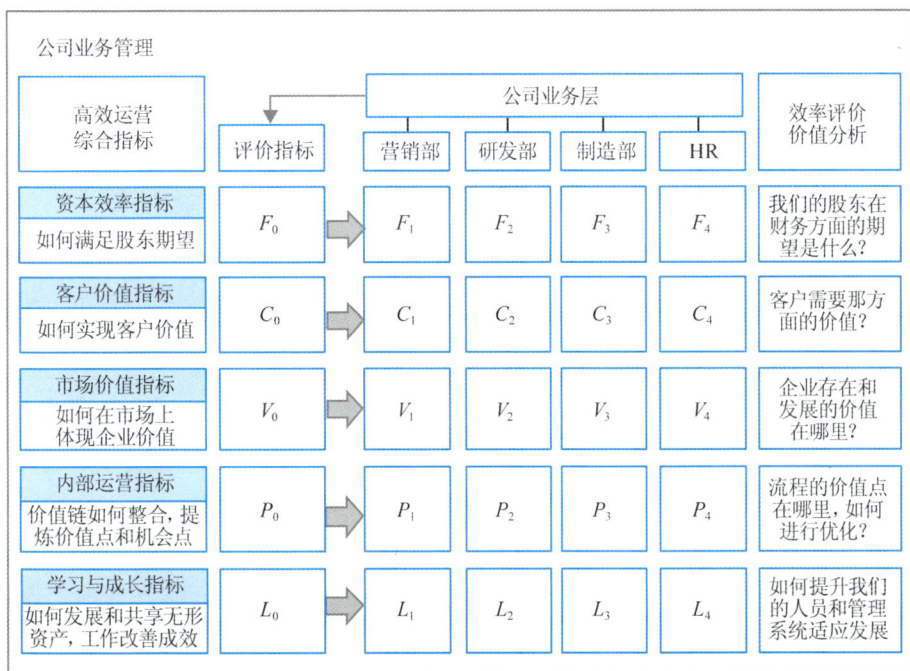

图 3.3.6　高效运营效率评价指标全景图（平衡计分卡）（一）

现有业务——新增业务

高效运营综合指标	企业指标 / 评价指标	现有业务**		其他业务**		支持职能单元
		营销部	研发部	营销部	制造部	
资本效率指标 如何满足股东期望	$F_{0\sim n}$	利润率 销售收入	开发费用预算准确率	销售收入	制造成本比率	财务部
客户价值指标 如何实现客户价值	$C_{0\sim n}$	客户服务满意度	客户技术满意度	标杆差距分析	制造周期	战略部
市场价值指标 如何在市场上体现企业价值	$V_{0\sim n}$	V_1	V_2	V_3	V_4	市场与公共关系部
内部运营指标 价值链如何整合,提炼价值点和机会点	$P_{0\sim n}$	P_1	P_2	P_3	P_4	运营管理部 企业管理部 供应链
学习与成长指标 如何发展和共享无形资产,工作改善成效	$L_{0\sim n}$	L_1	L	L_3	L_4	人力资源部

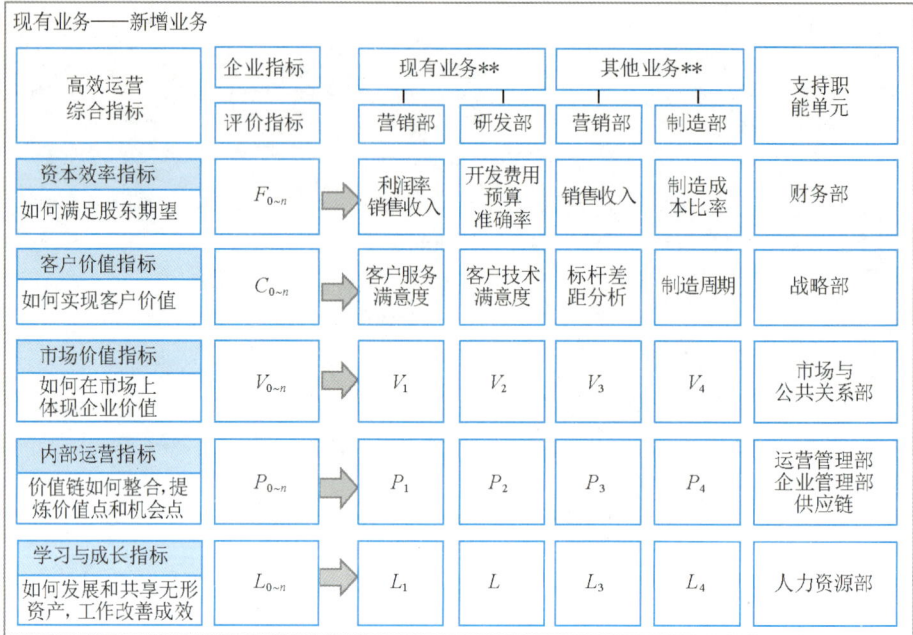

**现有业务,例如:装备制造业务。
**其他业务,例如:投资业务或服务业务。

图 3.3.7　高效运营效率评价指标全景图（平衡计分卡）（二）

平衡计分卡——协同管理

对于复杂和高风险的制造类型的企业来说,认真研究绩效指标之间的协同和平衡是十分关键的。中国企业家的一种做法是,易于感性地重点关注新一年度的某几项管理项目,这就造成了个别考核指标值的大幅提升和考核力度的无序放大,甚至背离了去年的管理主线。例如,上一年企业市场占有率不高,看到别家单位指标上去了,领导心里不爽,于是将新一年的市场份额指标摆上公司一个至高的位置。或者,上一年接收到市场和客户的投诉,为了达到警示的目的,新一年就将产品质量指标调整为一个考核重点甚至成为部门业绩否决项。在上述这些做法中,我们看到更多的是领导者个人的感性管理的倾向,而不是回归到企业理性运营本身,因此总会给企业存续经营带来一些不利的后果。这是因为,任何一个指标的调整,都需要缜密的管理策划和项目规划的过程,甚至需要三年战略目标的匹配,因此贸然对指标体系进行粗略的规划和激进的考核,会出现以下几种结果:一是业务单元干脆就不能完成,年底考核领导看着办;二是割断了指标之间的关联互补关系,其他指标客观上不再被重视,之前尚待完善的项目草草结案；三是会出现复杂的内部博弈，例如抢夺资源和控制权。

因此设计平衡计分卡的主导思想是，依据战略发展规划，实现年度指标之间的"平衡"。这些平衡包括，长短期的平衡、各方利益主体的平衡、资源投入和财务结果之间的平衡、客户满意度与质量成本之间的平衡、高效过程与风险控制之间的平衡等。

除了上述五个维度指标的定义外，基于本书的高效运营，领导者对于指标的内涵和本身的运行规则要重新认识，例如，对于资本效率指标，重要运行规则是：

• 资本将从效率低的企业转移至效率高的企业，这也是市场竞争结果的规律；

• 金融体系上，资本配置效率的提高意味着在高资本回报率的行业或项目上继续追加投资，在低资本回报率的行业或项目内适时撤出资本；

• 只要产权明确界定，交易各方就会力求降低交易费用，增加资本产出，实现资源的最优配置；

• 整个企业的资本效率的高下并不是由资本效率最高的那些环节决定的，而是很大程度上受到资本效率低的那些环节的制约。

经济学家 Jeffrey Wurgler 对 65 个国家的资本配置效率值进行了计算，发现与发展中国家相比，发达国家之所以发达并非是由于吸收了更多的投资，而是由于发达国家的资本配置效率明显高于发展中国家。

高效运营对资本配置效率的理解

(1) 高效运营团队通过对资本效率的定量分析，揭示企业的运营模式和发展规律，寻求优化企业运营体系的工具和方法，为企业决策者提供评价的理论依据，最终提升企业的综合运营水平。

显而易见，如果企业职能部门使用未能适应新市场特点的传统管理方案、技术部门使用落后的技术方案，企业即使通过资本的再投入也难以获得长期的收益。因此，要提高企业的资本效率，就必须依赖各个部门对运营要素的优化配置和协同发展。

(2) 作为股东，毫无疑问，必然追求投资回报率。具备长远投资眼光的股东，则更关注投入资本的效率。

(3) 企业资本的效率，关键在于企业资本在市场环境下的配置效率。要提高资本的产出效益，就必然寻求对资本的最优化配置，才能有效改善产业结构，发挥企业资本在市场环境下的最大潜力。而企业的运营管理能力的高低，能够在资本的效率上综合反映出来。大部分陷入困难的企业在运营资本上表现出来的结果是资本积累不足和资本效率低下，而企业内部资本配置扭曲（或结构失衡）是导致资本效率低下的重要原因。大部分企业，都会存在资本配置失衡的问题，例如本应投入研发的资金却用于投资生产设备等。

西方经济学家斯蒂格勒认为，信息应当作为经济活动的一项成本被纳入到经济学的分析范围之中。信息的不完全性和相应发生的信息成本会影响到市场机制运行的结果，从而影响到资本均衡状态和配置效率。

(4) 集团总部可以利用不同实体的资本、能力或信息来创造运营价值。举例来说，多元化的集团，如通用电气公司、艾默生公司，均由多个不同行业的独立经营实体组成。这种高度多元化的集团的运营价值定位主要来源于总部的资本运作能力，而不是靠外部的资本市场机制。

(5) 集团内部可以利用资本这一纽带实现独立经营实体间的关键主题（如企业文化、核心运营模式）和信息的共享。

重新理解人力资本

• 人力资本是指拥有成熟专业技能的、富有挑战精神并且善于创造性地接受与应用知识的核心员工。例如企业的高层管理者、核心技术人员、核心营销人员以及核心中层管理者等。可从人力资本的价值创造性、员工忠诚度、培训教育的投入等方面识别公司的关键人力资本。

• 我国目前仍是一个一般劳动力供给相对过剩，而含有较多人力资本的劳动力比较匮乏的国家。

• 就现代企业而言，经济增长中一般性劳动力的投入带来增量的贡献已经很少，而人力资本提供的贡献逐步放大，也说明要提高资本效率就必须有效提高人力资本的投入和配置比例。

绩效指标的过细与过粗都会有一些不利面。一些集团的管理者认为，对于各个事业部，只要将所有的控制点放到财务指标上即可，后续指标分解管理是事业部经营者内部的事。这看上去很聚焦，但是我必须指出一个风险：财务结果一般而言，是一个滞后的管理结果，我不知道这是否意味着高管愿意倾向于关注滞后管理，当然，如果是股东的角色则另当别论。而过细分解的指标，则很多时候会取代一个管理层面，即考核权直接越过公司高层抵达公司的支持层，这样也会带来弱化主要管理者职责的问题。因此，我们除了要平衡指标的关系外，还要对指标设置的高度和数量进行平衡。我们要关注关键指标间的逻辑关系和一致性，要以能否反映公司管理的系统性和成熟度为标准，并判断关键指标与被考核者向下分解指标过程的关系是否清晰，能否反映各层组织的核心竞争力。

有效调节平衡计分卡能够在多项业务的运营过程中获得良好的协同效应和管理支撑。这些协同效应和管理支撑可能包括：

• 通过财务资金管理部门（如投资中心）运用并购策略和资本市场运作实现资本的优化和快速增值，通过财务中心预算部门管理公司成本和利润；

• 运用相同的客户关系或统一的品牌推广企业的新业务，快速形成利润的增长点；

• 形成共享的信息化管理及项目管理机制平台；

• 有效整合产业链上的各个业务环节，形成良好的运营生态；

• 资本的配置能够在运营流程上得到优化和价值最大化，例如人力资本；

• 能够为下属企业多个项目进行指导、监督和引导以获得长期业绩及高效的治理体系。

如图 3.3.8、图 3.3.9 和表 3.3.1 所示，我们从财务协同来分析企业内不同组织间的价值定位，并以此设定各组织 KPI 绩效基准（绩效设计重点）。

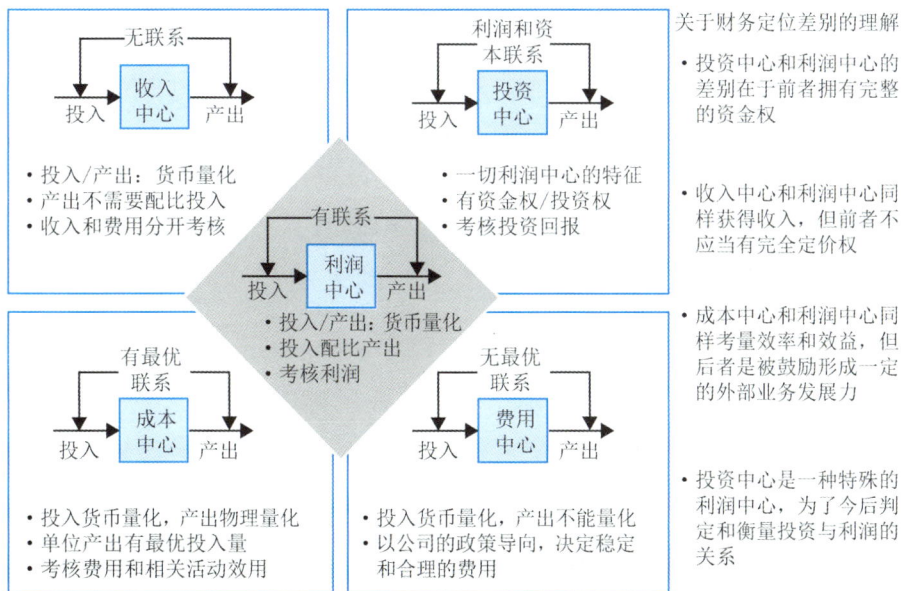

图 3.3.8 平衡计分卡——对应与集团内部不同业务/职能中心的价值定位与协同

收入中心
- 销售规模
- 市场占有率
- 应收回收额
- 排产履约率
- 储备订单
- 销售费用

备注：收入中心负责人拥有市场和销售管理决策权，包括销售渠道、销售额、销售折扣、销售商务/合同条款。当收入中心有制定价格的权力时，该中心需要对毛收益负责，若无定价，则只需要对销售量和销售结构负责

投资中心
- 实际投资项目数量
- 完成投资额
- 投资净利润
- 分红现金流
- 投资负债率

备注：投资中心是指拥有投资决策权的利润中心。投资中心除考核利润中心的指标外，还需要考核集中反映利润与投资额之间关系的指标，例如投资收益率和剩余收益

利润中心

备注：利润中心具有独立的收入和生产经营决策权。利润中心的成本计算：在无法实现共同成本合理分摊或无须共同分摊的情况下，通常只计算可控成本，而不分摊不可控成本，在共同成本能够合理分摊的情况下，需要同时计算可控和不可控成本

成本中心
- 定额（单位成本等）
- 过程交付保障能力
- 过程质量达标水平
- 库存
- 设备运行效率
- 各类损失（质量、报废等）

备注：成本中心只对可控成本承担责任。可控成本具备四个特征：可以计量、可以施加影响、有责任主体、可以进行计划管理。成本中心的考核指标包括成本（费用）变动额和变动率两方面指标

费用中心
- 各项费用预实比率
- 统计数据完整性

备注：由于缺乏投入与产出之间的关系不密切，且度量其工作质量的标准通常为本中心所把握，运用传统的财务技术来评估业绩比较困难，因此通常使用费用预算与实际完成的差异来评价其成本控制业绩。然而，即使费用支出没有超出预算，也可能由于"惰政"所致，因此需要紧密结合年度工作计划完成评价

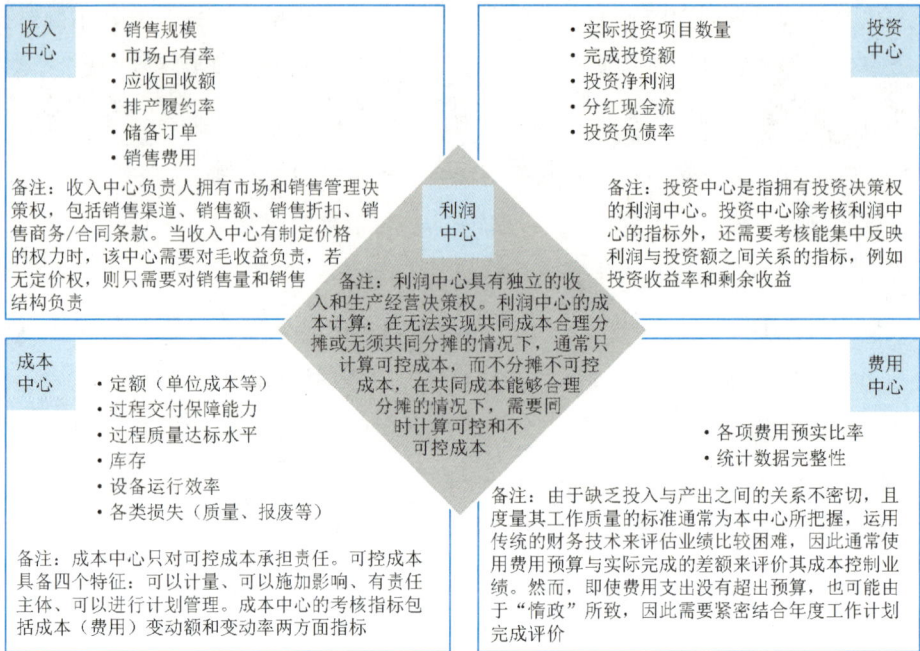

图 3.3.9　价值定位——KPI 绩效设计基准

表 3.3.1　平衡计分卡——各组织 KPI 绩效基准

指标类型	国际销售公司	企业投资中心	X 产品业务单元	企管中心	Y 产品制造中心
	收入中心	投资中心	利润中心	费用中心	成本中心
	收入	年投资收益	营业收入	—	—
	归属母公司净利润	新能源投资项目净利润	新增装机容量	—	—
资本效率	应收账款回收率	新能源项目销售回收率	归属母公司净利润	—	
	历史应收账款回收率	投资负债率	外部应收账款回款率	—	
	合同交付履约率	—	产品一次交验合格率	—	
客户价值指标	不达合同标准项目数	—	质保期内故障率	—	
	客户有效投诉	—	平均故障处理时间	—	
	—	—	客户满意度	—	

指标类型	国际销售公司	企业投资中心	X产品业务单元	企管中心	Y产品制造中心
市场价值指标	市场开发完成容量	股权项目完成额	合同履约率	—	—
	新增外部储备订单	完成已投项目转化率	市场投标中标率	—	—
	—	累计新能源项目销售规模	年度市场占有率	—	—
内部运营指标	低效资产占比	低效资产占比	产品交付期	—	制造成本定额
	管理费用占比	投资不良率	低效资产占比	—	运输成本定额
	—	管理费用占比	存货周转率（次）	—	库存周转天数
	—	—	质量损失	—	质量损失
	—	—	—	—	将会履约率
学习与成长指标	标准化工作完成率	标准化工作完成率	标准化工作完成率	评审不符合项整改完成率	标准化工作完成率
	有效改善提案数量	有效改善提案数量	有效改善提案数量	决策议案审批周期	有效改善提案数量
学习与成长指标	标准化工作完成率	标准化工作完成率	标准化工作完成率	评审不符合项整改完成率	标准化工作完成率
	培训时间达标率	培训时间达标率	培训时间达标率	部门预算费用超支率	培训时间达标率
	—	—	—	培训计划完成率	—
	—	—	—	标准化工作完成率	—

一般情形下，研发系统的绩效设计会比较困难，这是因为研发系统的高开放性（市场需求）和不确定性（市场反馈）所导致的，例如，研发成果的鉴定标准、研发项目的开发时间与进度评估、研发产品的成本控制、研发经济性评价，客户端对技术服务的满意程度等，这些似乎都较难使用标准的绩效指标进行评价。因此对研发部门的绩效设计准则是：

• 绩效管理有足够的弹性，设计项目的管理在总体里程碑设计的框架下有足够的宽容度，以保持设计精英的互动性和创造力，形成可以延续的、具备开放性和兼容性的绩效管理系统。

• 研发部门的绩效指标不仅仅关注技术本身，而且需要对这些技术推向市场后能够给公司带来多大的效益进行评价。我们必须清楚，研发方向和研发项目的总体进程如果缺乏必要约束性，那么其产业化的效率也会大打折扣；如果对研发的产品没有设定各项成本指标，那么产品很可能没有市场竞争力；如果研发的技术质量没有设定指标，那么一定会影响客户满意度。

就研发人员的特点而言，倾向于依据自身的专业技能专注地从事某项技术工作，如果在开发过程中更高的管理者不注意把握开发方向及实施适度聚焦控制，很容易会发生所开发的产品并非客户真正需求、明显超出客户价值需求导致成本失控、对急迫的质量/技术改造置之不理的情况。

将设计图纸转化为样机并等待验证时，会牵涉到多个部门的协同工作，例如设计图纸向技术图纸的转化、供应商的开发、零部件的开发和交付、安排生产计划、组装、厂内测试、现场测试、产业化、客户满意度调研。在部分或所有的环节都存在资源紧缺的情况下，依赖于"流程"本身通常未能达成理想的进度，因此与各个职能系统的人员打交道就不可避免。而与外界打交道，则需要花费相当长的时间去处理较为复杂的人际关系，这通常不是研发人员的强项，因此，整个项目的进度就会产生延误。

研发部门的指标有两类：

第一类，用于项目管理的指标，评价指标与研发项目挂钩，用于评价项目进展的质量，考核对象是面向产品模块开发的技术人员（例如一种模块支援多种产品——汽车发动机产品线下的冷却模组的开发），参见表 3.3.2。

表 3.3.2　研发部门绩效指标

序号	考核目的	考核指标	解释或计算方式
1	开发有效性	新产品销售占比	过去五年内开发的新产品占当年总销售额的百分比
2	项目进度	项目延期天数	累计项目延期天数
3	项目成果	研发项目阶段成果验收合格率	研发项目阶段成果验收合格率＝各项目成果验收合格数÷各项目成果验收总数×100%

序号	考核目的	考核指标		解释或计算方式
4		研发费用控制率		研发费用控制率＝实际发生研发费用/研发预算费用×100％
5	成本节约	技术创新使材料消耗降低率		技术创新使材料消耗降低率＝（改进前材料消耗—改进后材料消耗）/改进前材料消耗×100％
6		基础模块（零部件）共用率		基础模块（零部件）共用率＝项目共用的基础模块（零部件）数÷项目现有的基础模块（零部件）数×100％
7	技术审核准确	技术评审准确率		技术评审准确数/技术评审总数×100％
8		验证阶段错误	数量	累计验证阶段发生错误数量
9			再发生数量	累计验证阶段再发生错误数量
10	新产品可靠	量产试制阶段错误	数量	累计量产试制阶段发生错误数量
11			再发生数量	累计量产试制阶段再发生错误数量
12	产品入市的技术稳定性	升级无效更改次数		累计产品投入市场升级无效更改次数

第二类，基于客户端的产品开发。开发人员的特点是，面向客户的体验和最佳收益，提供最优解决方案，同时内部与销售部门、制造部门、服务部门有着强烈的运营协同关系。从图 3.3.10 看到，公司将主要的经营指标与研发中心的产品线协同评价，而研发中心将公司指标分解至不同的产品线，以驱动产品线经理进行管理/技术变革。不同的产品线的协同指标不同。例如，对于 4 系产品线经理来说，由于产品已经处于市场饱和区，在未来的市场占有率将逐渐下降，那么，他最主要的关注点在于：进一步降低产品的成本获得竞争力，开发延寿技术、增值服务来保留市场地位，改善产品质量以让客户有更好的品质体验。此时，聪明的产品线经理会不断走访客户，获取直接的客户体验和市场数据，然后回来协同供应链通过改进产品设计进一步降低成本。对于 3 系产品来说，由于处于市场快速接纳期，因此获得市场增长率是第一位的，因此，产品经理就会主动协同市场部人员不断进行市场推广活动。

对于这种绩效评价方式，不仅各条产品线经理的评价指标类别有所不同，相同的评价指标的考核权重也应该不同。

					公司指标
销售额	15亿元	60亿元	100亿元	110亿元	285亿元
质量指标	MTBF	500H	1000H	1500H	1200H
成本降幅	/	10%	8%	5%	6.5%
市场增长率	10%	20%	35%	/	18%
技术创新收益	/	/	3亿元	5亿元	8亿元

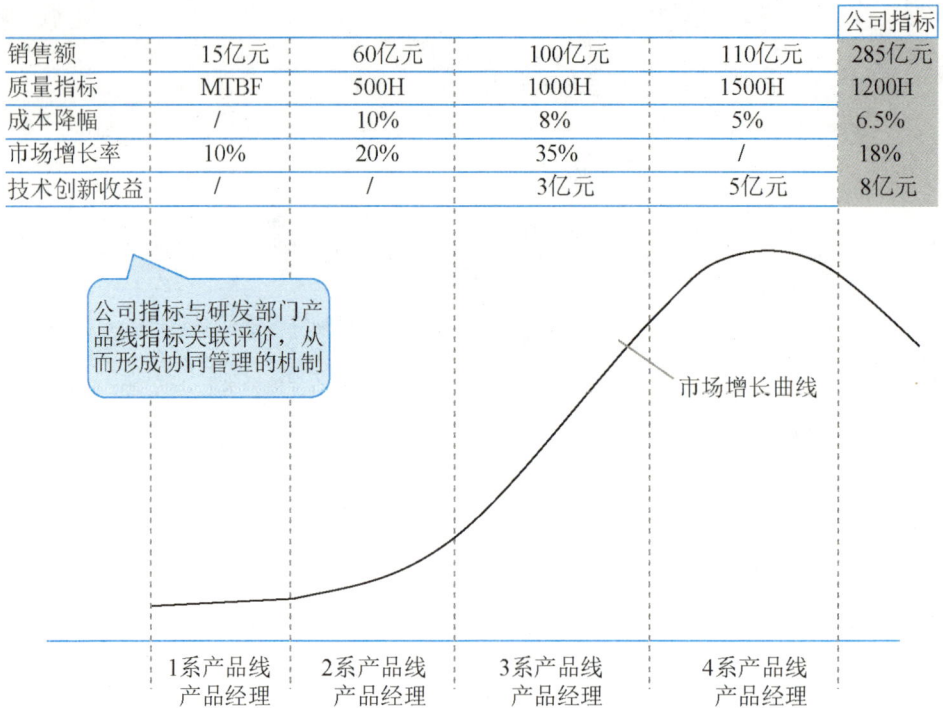

图 3.3.10　研发部与公司指标的协同

3.4　经营计划大纲的制订

公司年度经营计划大纲是基于战略年度实施计划，在重新审视公司经营环境（SWOT）的基础上，对当前的市场环境、行业竞争形势和趋势做出基本研判而确定的年度经营计划书。经营计划的编写过程如下：首先要清晰地表述公司年度的经营目标，主要包括一系列的销售目标和财务预测。例如："本公司年度销售收入目标值为 12.5 亿元，挑战值为 15 亿元，实现税后利润目标值为 0.8 亿元，挑战值为 1.0 亿元。"相比实际的销售预测（根据销售部门的客户分析数据）来说，本条是根据战略规划的年度目标得出，所以带有一定的强制性执行的意味。其次，对年度经营规划/策略进行说明，包括市场/销售策略、产品发展策略、品牌培育与渠道建设策略等。这里体现了经营管理层的发展思路和意志。第三，对年度经营目标按月度进行分解。第四，描述实现目标的保障措施，保障措施包括生产资源、人力资源、财务资源、组织保障等。这对保障企业整体高效协同运营必不可少。最后，通过财务计算将所有的经营数据联结到一起，得出公司年度的财务预算。

在具体说明经营计划大纲的编制方法前，我们先来观察全球 500 强企业艾默生公司的计划管理方式和目标。

艾默生公司管理过程依赖两个管理要素，即计划和控制。计划体系为艾默生公司提供了执行战略目标的最佳可行的实现方式，而控制体系则确保经营活动不会偏离既定的轨道。

对艾默生公司而言，计划体系是激励公司各个层面管理人员和员工的重要平台。通过这种一体化的计划体系，每一个艾默生人都能全面了解到总公司、业务平台和子公司的目标与计划，并在开展全年工作时始终将公司的总目标与各子公司的目标与计划相结合。

从每年的 11 月到次年的 10 月，艾默生公司的计划经历了一个轮回以后，又开始了新一轮的计划周期。如此循环往复，周而复始。每年重新制订计划或对计划进行回顾都能给艾默生公司带来巨大的动力，对细节的持续关注也帮助其产生稳定的、不断改进的结果。艾默生公司几乎所有的行动都是依据计划自下而上与自上而下相结合进行的。艾默生公司全方位的计划体系可以帮助其实现以下目的：

• 确定公司发展方向，为公司增长和盈利找到源泉。计划周期中的子公司利润评估和业务增长计划，是艾默生公司盈利和增长的依据。

• 识别可以为公司创造最大价值的投资机会，并按照它们的重要程度进行排序，艾默生公司往往会同时面对多个投资机会，到底哪些能为公司创造价值是不得而知的，而计划管理的精细化程度则往往能帮助解答这个问题。

• 消除计划者和执行者之间的偏差。艾默生公司所做的计划能使执行者充分领会计划者的意图，理解计划，相信计划，并愿意毫不犹豫地依据计划采取行动；

• 促使总公司、业务平台和子公司管理层对公司的目标、远景达成共识，保证公司的各种行为协调一致，并在整个公司内部形成适量压力。这种压力对促进目标达成具有积极的作用。

• 帮助培养和评估人才。计划过程对于经理们来说是一个紧张的学习过程。公司管理层在各种计划会议上所进行的交流和思想碰撞，往往会激荡起智慧的火花，这无疑是一个绝佳的学习平台。而且，艾默生公司总部的高管们能在这些会议中观察到子公司经理们的综合能力，例如战略眼光、应对压力的能力等，并对这些能力进行识别。这是艾默生公司获得管理人才的重要渠道。很多艾默生公司的管理人才都是在计划过程中表现优异，从而赢得高管赏识并得到提拔的。

• 将政治行为排除在公司之外。每一个艾默生人都对公司计划达成共识，各子公司、业务平台和总公司都是计划的共同拥有者。艾默生公司的计划过程产生的是一个无可责难的组织，即使某一个环节出现差错，也不可能出现互相责难的情况，因为这不是某一个人的错，而是整个计划体系对环境和形势的错误分析造成的。这样也使公司所有人同心协力去达成目标而不是耗费精力去应付政治行为。

• 为公司增长带来动力。这是促进公司增长的一个重要而又最少被人理解的因素之一。艾默生公司旗下 60 多家子公司，全球各地共有近 13 万员工，很容易陷入因过于庞大而停滞不前的困境，计划体系能将公司所有元素连成一线，克服组织系统庞大的问题并使规模优势最大化。

下面继续说明经营计划的编制过程。

原则

• 优化资源配置，提高应变能力；

• 提高综合预算精度，最大化包括资金在内的各项资源的使用效率；

• 通过在项目建设过程中业务计划模板的制订分析，找出影响业务目标实现的驱动因素及衡量标准，从而更有效地进行企业资源的配置；

• 避免不能为企业增加价值的业务活动，使管理层可以集中精力发现并解决例外问题、快速筛选各类机会、正确选择项目进行管理。

年度经营计划大纲的输入管理

确保在大纲中三个维度的输入（见图 3.4.1）。

• 纵向维度：各中心以战略输入项目管理——基于平衡计分卡的目标管理作为输入[①]；

---

① 如果战略输入是定性的管理项目，则可另外作为一个独立的输入维度。

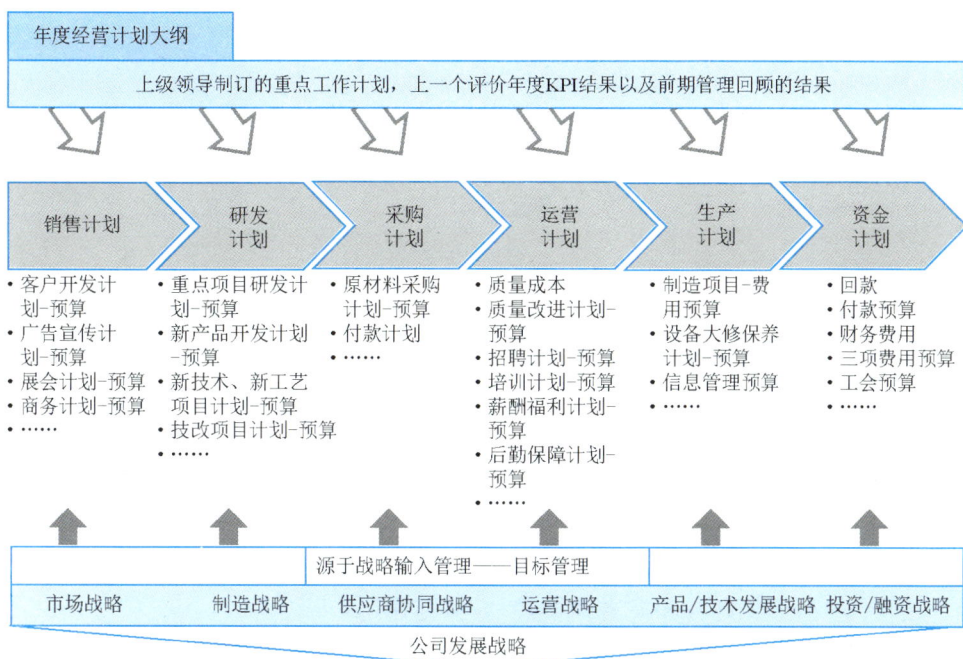

图 3.4.1 年度经营计划大纲的逻辑关系

• 横向维度：以销售计划（或主生产计划）及产品开发计划为输入，工厂制造计划、采购计划、交付计划与之匹配；

• 垂直维度：公司高层制订的重点工作计划、分解项目、目标值和边界条件管理，上一个评价年度 KPI 结果以及前期管理回顾的结果。

计划大纲中各项计划之间紧密关联，必须按照一整套规范稳定的逻辑关系协作制订，确保目标统一。其中运营计划在整体计划大纲中起到支撑、服务和评价的作用，是各项计划顺利进展的保障。

（1）纵向维度的输入。

以战略输入项目管理——目标管理作为输入。在经营计划大纲中，我们这样描述：

市场营销发展规划/策略说明：

依据市场发展战略，以客户价值需求拉动的思路，全面对接客户价值诉求，建立客户价值模型，将产品和数据服务形成销售组合。市场拓展方面，完成北方销售中心三年市场销售规划发展方案第二期，确保销售项目个数突破 20 个，市场产品占有率 14.5％。落实 20×× 年华北市场区域总部建设和市场拓展战略，制订区域年度销售目标计划，实现华北销售额突破 35 亿元。

智能 YY 产品发展规划/策略说明：

依据战略规划，YY 产品平台将于 20×× 年在稳定现有产品、技术平台的基础上，进行新技术、新产品的研究开发，提升产品的核心竞争力，为集团提供稳定性好、性价比高、具有技术领先和市场竞争力的电网产品，开发的平台化项目包括 X1/X2/X3/X4，其中 X1 和 X2 平台实现产业化。在新七代产品的策划方面，力争实现控制系统一体化、智能化。为实现强有力的竞争优势，在全面掌控关键技术的前提下，通过核心零部件模块化，第七代产品的成本下浮为 20％～30％。

产品品牌培育和渠道建设规划/策略说明：

推动品牌建设工作，集团整体 VI 更新，提升企业形象的识别度。统一全集团及各分公司对外宣传材料的设计风格、宣传内容；完成集团整体宣传品的设计、内容提炼及制作。完成公司新版宣传片的制作，同步推出产品手册，并在市场宣传活动中主动发放。

大型市场宣传活动的策划：在中国北京和上海召开两次高规格新产品发布会，在美国纽约和中国上海、北京参加能源行业展览会。

(2) 垂直维度的输入。

前期管理回顾——控制维度的输入。

控制维度一般指的是给出政策指引和业务管理边界条件，业务单位需据此对业务范围和进展进行平衡调控，不可逾越。

以财务为例，可能输入的业务管理边界包括：①X 产品销售价格以上年度平均价格下降 5％为基准计算；②X 产品采购成本以上年度平均采购价格下降 3％为基准；③鼓励市场开发费用的投入，控制增加幅度在 50％以内；④培训预算按照工资及奖金额度的 1.5％控制；⑤业务单元的资产负债率不得高于 70％；⑥库存周转天数小于 75 天，应收账款周转天数小于 65 天。

以人力资源为例，可能输入的政策指引包括薪酬政策和招聘政策。

薪酬政策有：①薪酬及激励政策总体设计应在吸引和留住关键人才、提高生产率、提升员工满意度及控制成本各维度中寻求最优选择。②实现主营行业关键岗位薪酬水平有足够的竞争力，总体人力成本低于竞争对手，提倡在增量中分享，反对在存量中分配。③根据企业发展阶段的特点，实行市场化的薪酬体系。经理人的薪酬应体现市场价值，按管理资产大小、经营规模、总体盈利能力、股东资金回报确定薪酬水平，以竞争程度和年资状况作为系数予以调整。

招聘政策有：①招聘认可本公司文化环境的人，关注应聘人员的价值观、行为准则和发展潜能。招聘时系统考查应聘者的道德素养、专业能力、沟通能力、自我评价与期望和发展潜质。②鼓励员工推荐外部优秀技术技能型人才加入公司，同等条件优先录用推荐人才，录用成功后，给予推荐者适当奖励。③公司总部招聘人员首先要满足专业化标准，要具备丰富的实践经验，至少在业务单元工作两年，公司总部管理干部须具有三年以上业务工作经验。公司总部原则上不直接招聘应届毕业生，坚持从业务一线人员中选拔或聘用有经验的专业人员。

政策指引和业务边界条件由专业职能部门分别提供，运营中心汇编下发。

在平衡计分卡的基准上确认主要绩效 KPI。以某工厂（成本中心）为例，参见表 3.4.1。

表 3.4.1　年度绩效指标管理方案

指标名称		单位	权重	20××年 1—12 月 实现值	目标值	挑战值
材料成本	XX 产品	万元	%	65	62	60
	YY 产品	万元	%	78	75	72
单台制造费成本	XX 产品	万元	%	18	17	16.5
	YY 产品	万元	%	32	30	29
交期履约率		%	%	92	94	96
库存周转天数		天	%	15	14	13
低效资产降幅		%	%	18	18	20

续　表

指标名称		单位	权重	20××年 1—12月 实现值	目标值	挑战值
质量指标	外部质量损失率	%	%	1.8	1.7	1.65
	内部质量损失率	%	%	0.6	0.55	0.5
	高温模块损耗率	%	%	0.9	0.85	0.8
	质量问题完结率	%	%	92	93	95
劳动效率	人均产值	万元	%	98	105	110
安全	重大及以上安全事故	件	扣分	0	1	0
	一般安全事故	件	扣分	5	3	1
	重大财产损失	万元	扣减	980	650	400

(3) 横向维度的输入。

以销售计划及产品开发计划为输入，参见表 3.4.2 和表 3.4.3。

特别说明：在三个维度外，还有一个特别的输入——经济条件假设（部分行业可能还有环境、气象条件假设），构成假设的前提是该指标或因素公司不可控。假设条件必须在经营计划大纲内单独的章节汇总并进行陈述。经济条件假设包括宏观要素和微观要素。宏观要素包括：政策法规假设、宏观经济假设、资本市场走势假设、银行政策假设和关键业务市场假设。微观要素包括：原材料/辅料价格涨跌幅假设、物流仓储费变动假设、产品销售结构假设、人工成本涨幅假设、市场价格变动假设、利率假设和汇率假设等。一般而言，经济条件假设为"外部"不可抗力的因素。由于假设条件一般不在企业管理人员的主观努力的控制范围内，因此，经营计划绩效完成的评价需与假设条件挂钩，比方说，允许对绩效评价指标值进行修正。

依据上述三个维度的输入，推进各中心/部门重点计划与预算，包括：销售计划、研发项目计划、生产计划、采购计划、质量计划、信息化建设计划、人力资源计划、管理费用计划、资产购置计划、投资计划等。例如：表 3.4.4 展示了销售计划——销售收入与货款回笼计划，表 3.4.5 展示了销售计划——产品毛利率估算计划，表 3.4.6 展示了开发计划——项目投资费用估算计划，表 3.4.7 展示了开发计划——研发中心费用预算，表 3.4.8 展示了主生产费用计划表的编制，表 3.4.9 展示了主采购费用计划表的编制，表 3.4.10 展示了降成本/新供方开发计划，表 3.4.11 展示了资产购置预算计划，表 3.4.12 展示了财务预算——利润计划，表 3.4.13 展示了三项费用预算表的编制。

表3.4.2 年度销售计划

单位：万元

项目	产品	第一季度			第二季度			第三季度			第四季度			合计
		1月	2月	3月	4月	5月	6月	7月	8月	9月	10月	11月	12月	
高压开关	I型	66	67	109	200	256	210	192	141	91	54	30	0	1454
	II型	—	—	—	—	—	—	—	11	11	23	—	45	—
电磁耦合组	DGD-I	—	—	—	—	—	—	—	—	—	—	—	—	0
	DGD-E	10	1	20	30	28	55	57	63	40	36	5	—	355
	SSG-2	—	—	2	32	32	22	29	11	22	—	—	—	150
	SSG-3	—	—	—	—	11	11	11	11	11	11	—	—	66
	MU-F	151	126	255	314	280	237	169	109	55	40	0	0	1774
	MU-R	10	1	20	30	28	55	57	63	40	36	5	—	355
反馈式直流电机	EU-E	30	20	40	18	45	47	63	40	36	5	0	0	354
	EU-ER	—	2	32	32	22	29	11	22	—	—	—	—	150
	F-TD	—	—	—	11	11	11	11	11	11	—	—	—	66
	T-FFE	158	123	171	228	208	156	121	74	23	20	0	—	1327
	T-FEN	—	—	—	—	—	—	—	11	11	23	—	—	45
智能控制整装项目	U-MA	30	20	40	48	45	47	63	40	36	5	0	0	354
	U-MB	—	2	32	32	22	29	11	22	—	—	—	—	150
	U-MC	18	24	27	22	13	0	0	17	18	—	—	—	139
高压锂电池组	1.5MW	18	24	27	22	13	0	0	17	18	—	—	—	139

表 3.4.3　产品开发计划

客户名称	责任人	预期产品	时间段	工作计划	预期达到的阶段性结果	需要的支持和配合
××科技有限公司	王万	智能控制整装项目	一季度	与客户进行商务洽谈签订买卖合同	签订销售合同	领导间建立商务联系
			二季度	跟进物料到货情况，确定生产计划	确定物料齐套及生产计划情况	需要公司内部生产、技术、质量等各部门之间相互配合
			三季度	跟进批量生产进度，确保发货、回款、开票等事宜	根据合同要求组织客户来厂验收、发货、回款、开票等事宜	需要公司内部生产、技术、质量等各部门之间相互配合
			四季度	1. 跟进产品批量生产进度、确保发货、回款、开票等相关事宜 2. 商务洽谈，跟进下一年度订单事宜	根据合同要求组织客户来厂验收、发货、回款、开票等事宜。确定下一年度客户项目需求	
	王万	反馈式直流电机	一季度	1. 进行前期商务交流，确定产品需求 2. 推进技术交流 3. 组织完成技术方案	完成技术交流并确定技术方案	技术交流并确定技术方案
			二季度	1. 确定技术协议并签订《技术协议》《保密协议》 2. 组织合同评审并签订样机销售合同	签订样机销售合同并执行合同	技术、商务等部门的支持和配合
			三季度	完成样机开发、调试、验证工作	完成样机并通过测试	技术支持与配合
			四季度	商务洽谈，跟进下一年度订单事宜	争取签订一个风场销售合同	领导间建立商务联系

续 表

客户名称	预期产品	责任人	时间段	工作计划	预期达到的阶段性结果	需要的支持和配合
××能源有限公司	高压开关	赵伟	一季度	完成样机开发、调试、验证工作	样机通过生产验证	技术部门确定技术方案
			二季度	商谈商务技术合同	签订合同订单	领导对接、技术、商务等部门的支持和配合
			三季度	批量发货、开票等执行合同事宜	按照合同要求发货、回款	
			四季度	跟进合同发货及回款等合同执行事宜	按照合同要求发货、回款	
××电网安装工程有限公司	电磁耦合组	东鹏	一季度	组织技术交流、签订产品技术协议	达成合作意向，签订技术协议	技术部门确定技术研发方案，领导沟通
			二季度	完成样机开发、调试、验证工作	样机研发并通过验证	技术和生产部门的支持
			三季度	商谈商务技术合同	签订合同订单	领导和客户领导之间的沟通
			四季度	跟进合同发货及回款等合同执行事宜	按照合同要求发货、回款	

表3.4.4 销售收入与货款回笼计划

单位：万元

货款回笼计划		合计	1月	2月	3月	4月	5月	6月	7月	8月	9月	10月	11月	12月
高压开关电磁耦合高压锂电 96.96%	销售额	273705	12342	9793	19347	30140	41602	39949	38171	34046	24228	18854	5234	—
	回笼额	265397	13000	9257	10430	16959	27441	38736	40362	38615	35077	26683	5198	3639
智能控制整装项目 74.91%	销售额	16518	—	—	516	1113	1950	1710	2978	3328	2761	2162	—	—
	回笼额	12374	—	310	125	358	681	1042	1091	1357	1715	2041	2445	1210
合计 95.71%	销售额	290224	12342	9793	19863	31252	43552	41659	41149	37375	26989	21016	5234	0
	回笼额	277771	13000	9567	10555	17317	28122	39778	41453	39973	36792	28724	7643	4849

表 3.4.5 销售费用估算计划

名称	20××年销售收入合计			20××年材料成本合计		制造费用/元	毛利/元	毛利率/%	其他费用/万元	利润总额/万元	利润率/%
	数量/件	单价/元	金额/元	单台成本/元	金额/元						
高压开关		小计	233935	—	187308	5707	22071	9.43	18287	3783	1.62
电磁耦合组	1186	55.96	66370	45.45	53908	1760	10702	16.12	5188	5513	8.31
直流电机反馈式	1282	18.48	23687	15.10	19354	177	4155	17.54	1851	2203	9.73
整装项目智能控制	344	24.19	8321.27	22.07	7952	56	672	8.08	650	21	0.26
高压锂电池组	148	148	106.50	15761.37	91.73	340	1844	11.70	1232	612	3.89
其他	—	—	101845.25	—	76014	2919	22911	22.50	7961	14949	—

1. 20××年销售收入合计：按(20××－1)年1月对外销售价格计算
2. 20××年材料成本合计：按(20××－1)年12月库存材料价格测算
3. 其他费用：账面三项费用＋营业税金－政府补贴＋非账面利息

表 3.4.6　新产品/新技术开发计划

立项项目名称	负责人项目	起止日期	20××年项目经费/万元	立项	项目成果
第五代智能开关项目	刘望	20××—05—×× 20××—12—××	540	已立项	第五代产品小批量生产并交付使用一次验收合格率达到97.5%
第六代智能控制项目	许晴	20××—03—×× 20××—10—××	460	已立项	样机开发达到设立的技术标准,并通过第三方电网测试公司的准入标准
第七代智能开关产品关键技术研究和技术规划项目	唐文才	20××—01—×× 20××—12—××	165	预立预	按开关产品《技术规划管理标准》验收
互补智能控制整装项目	吴七家	20××—01—×× 20××—12—××	765	预立项	1. 电网三个产品开发:(1)能量管理系统开发完成;(2)逆变器开发启动(3)通用软件平台开发启动; 2. 电网监控系统布置; 3. 完成并网运行策略优化
第四代智能控制降故障率项目	张雯	20××—01—×× 20××—12—××	202	预立项	1. 降低模块质量损失至合理水平 2. 建立CDLE模块失效分析能力 3. 完成CELE模块失效分析基础平台建设

表 3.4.7　研发中心费用预算　　　　　　　　　　　　　　单位：万元

研发费用类别	(20×× － 1) 年实际数据	20×× 年预算
占收入比	3.5%	3.9%
总计	8000	9500
日常费用（实验、办公、招待等）	30	80
职工薪酬	2500	3200
折旧、摊销费用	80	130
认证费	65	400
差旅费	60	90
咨询及审计费	75	65
已立项项目费	866	1200
预立项项目费	400	900

表 3.4.8　主生产费用计划表　　　　　　　　　　　　　　单位：万元

项目产品		第一季度			第二季度			第三季度			第四季度			合计
		1月	2月	3月	4月	5月	6月	7月	8月	9月	10月	11月	12月	
反馈式直流电机	MU－F	151	126	255	314	280	237	169	109	55	40	0	0	1774
	MU－R	—	—	—	—	—	—	—	15	15	15	—	—	45
	EU－E	40	30	45	20	45	40	50	35	49	—	0	0	354
智能控制整装项目	T－FFE	158	123	11	228	208	156	121	74	23	20	0	—	1327
	T－FEN	—	—	—	—	—	—	—	11	11	23	—	—	45
	U－MA	30	20	40	18	45	47	63	40	36	5	0	0	354
高压锂电池组	1.5MW	18	24	27	22	13	0	0	17	18	—	—	—	139

表 3.4.9　主采购费用计划表　　　　　　　　　　　　　　单位：万元

项目产品		第一季度			第二季度			第三季度			第四季度			合计
		1月	2月	3月	4月	5月	6月	7月	8月	9月	10月	11月	12月	
反馈式直流电机	MU－F	126	255	314	280	237	169	109	55	40	25	0	0	1610
	MU－R	—	—	—	—	—	—	15	15	15	—	—	0	45
	EU－E	30	45	20	45	40	50	35	49	25	0	0	0	339

续　表

项目产品		第一季度			第二季度			第三季度			第四季度			合计
		1月	2月	3月	4月	5月	6月	7月	8月	9月	10月	11月	12月	
智能控制整装项目	T-FFE	123	171	228	208	156	121	74	23	20	20	—	0	1144
	T-FEN	—	—	—	—	—	—	11	11	23	10	—	0	55
	U-MA	20	40	18	45	47	63	40	36	5	10	0	0	324
高压锂电池组	1.5MW	24	27	22	13	0	0	17	18	12	—	—	0	133

表 3.4.10　采购降成本/新供方开发计划

单位：万元	20××年12月材料采购未税成本/万元	(20××+1)年12月材料采购未税成本/万元	整体价格降幅/%	降价导入数量/件	节约采购成本/万元	商务谈判降成本幅度/%	技术降成本幅度/%
反馈式直流电机	15.10	14.58660	3.6	1020	523.6680	2.0	1.4
智能控制整装	22.07	21.01064	4.8	250	264.8400	3.9	0.9
高压锂电池组	91.73	86.13447	6.1	128	716.22784	2.0	4.1

表 3.4.11　资产购置预算计划

序号	项目名称	使用部门	20××年资产购建费用/万元
	总计		2358
设备采购（建造）项目合计			841
1	试验室设备采购	开发部技研科	255
2	维修及实验设备	生产部	79
3	铁制托盘/货笼/货架	仓储物流部	25
4	厂内流转设备平车、牵引车	生产技术部	40
扩建、更新改造项目合计			918
1	电磁耦合测试项目	质量检验部	127
2	反馈式直流电机匹配项目	质量检验部	615

续　表

序号	项目名称	使用部门	20××年资产 购建费用/万元
3	智能控制安全改造项目	质量检验部	84
4	变频电源项目	质量检验部	20
软件类无形资产合计			599
1	研发信息管理平台建设项目-PLM	总工办	148
2	流程平台集成（集团门户集成）	信息行政部	60
3	CRM 实施费用	信息行政部	268
4	车间看板可视化系统集成	信息行政部	54
5	电脑	信息行政部	69

表 3.4.12　利润计划

名称	20××-1年 实际/万元	20××年 预算/万元	占20××年 收入比/%	20××年 增长额/万元
营业收入	259381	310068		50686
减：营业总成本	241514	281414	90.76	39900
营业成本	224031	255259	82.32	31228
营业税金及附加	345	1513	0.49	1168
销售费用	3160	6620	2.13	3460
管理费用	4508	5635	1.82	1128
研发费用	7871	10705	3.45	2834
财务费用	1598	1683	0.54	85
营业利润	17868	28654	9.24	10786
加：营业外收入	919	845	0.27	−74
减：营业外支出	1027	0	0.00	−1027
利润总额	17759	29499	9.51	11740
减：所得税费用	2553	3755	1.21	1203
净利润	15206	25743	8.30	10536

表 3.4.13　三项费用预算　　　　　　　　　　　　　　单位：万元

项目	20×× 年合计	1月	2月	3月	4月	5月	6月	7月	8月	9月	10月	11月	12月
营业费用	5371	5296	406	318	501	394	525	377	505	493	471	463	428
管理费用	3606	4508	417	331	380	351	363	435	350	351	463	349	368
研发费用	6297	8564	543	580	667	686	796	717	938	698	978	695	689
财务费用	1278	1346	112	112	112	112	112	112	112	112	112	112	112
合计	16553	19714	1478	1342	1659	1543	1796	1642	1905	1654	2024	1620	1596

编制经营计划大纲后管理要点说明

一般而言，集团公司需要与各分/子公司、业务单元、职能单元签订年度目标责任书，年度目标责任书中至少包括量化的指标、半量化指标和年度重点工作任务，年度目标责任书作为绩效考核的依据。而绩效考核方案中需对目标责任书中各项指标按照月度或季度、年度不同频次进行分解和监控。例如：对于质量指标、交货期指标，就需要采取月度监控；重大项目的核准，市场订单的总量，可能需要以季度为单位；而市场占有率就可能需要以年度为单位执行考核。因此，在经营计划大纲中需对绩效指标的考核频度进行描述。

3.5　全面预算管理

全面预算是在一定的时期内（一般为一年或一个既定的期间内）经营、财务等方面的总体预测，包括业务运营方面的预算（如营业收入预算、营业成本预算等）、资本预算、财务方面预算（如资金预算、利润预算、现金流量表预算、资产负债表预算等）。预算的编制与执行涉及各个业务/职能部门的经营活动。全面预算管理包括预算的编制、预算的控制以及预算的考核三个方面。

从股东评价资本运营效率的最终角度去看，企业全面预算从侧重于销售规模、净利润向关注资本成本、净资产回报及 EVA 等转型，并以此作为资源优化配置、投资决策的基本依据。

全面预算的管理目标

• 对企业营业预算、资本支出预算和财务预算进行管理；

• 保证企业短期—中期战略和经营计划得到有效执行；

• 在管理过程中优化资源配置，降低经营管理成本；

• 通过优化财务信息的回馈网络提升项目综合预算准确度，有效进行风险规避；

• 财务中心与业务部门共同进行业务驱动因素分析及资源配置计量，在预算管理中起到事前、事中和事后控制者的作用。

全面预算管理机构设置

图 3.5.1 展示了某企业的财务预算机构。

预算管理分为经营预算、资本预算和财务预算管理，内容如图 3.5.2 所示。

预算风险分析

(1) 经营预算风险分析：

在企业经营预算管理中，必须强调成本控制来规划企业的目标利润和目标成本，然后将目标成本分解到涉及成本发生的所有管理部门或单位，并对各预算单位的预算行为和预算成本形成约束。

(2) 资本预算风险分析：

资本性支出金额大，影响的持续期长，投资风险也大，资本预算应当力求和公司的战略以及长期计划紧密联系在一起。因此资本预算必须在审慎的原则上重视决策的逻辑性。包括：

• 从可行性方面考虑项目支出的必要性和可行性。任何投资项目在投资前需认真进行市场调研，并出具多套可行方案，从中优胜劣汰。

• 从资本需要量方面对投资项目总支出进行规划。

• 在时间序列上考虑项目资本支出的时间安排。

• 研究筹资方式，制订筹资预算，保证项目资本支出的需要。

• 确定资本预算的审批程序和资本支出的监督控制。

最高决策机构	日常决策机构	日常管理机构	预算责任单位
董事会	预算管理委员会	预算管理办公室	业务/职能中心
公司预算拥有最终决策权	CEO领导，负责审议、协调，裁定集团预算方案，对预算管理提出改进意见	CFO领导，负责合同履行的客户满意度	负责本部门业务预算以及相关的财务预算的编制、执行、分析、控制
• 审批集团年度预算目标值 • 审批集团年度预算方案 • 听取预算执行情况的汇报，并提出相应意见和建议 • 审批集团年度资本性支出超出预算0%以上时的调整方案 • 审批集团年度经营目标（收入、利润）未达预算目标时的调整方案	• 审议集团年度预算目标 • 听取集团二级责任单位预算责任人就其年度预算执行情况的报告并确定二级责任单位的报告年度预算目标 • 审议集团的年度预算方案，经CEO批准上报董事会审批 • 根据董事会批准的集团年度预算方案，批准二级责任单位年度预算 • 审查集团预算管理办公室的预算调整方案，依据提交授权进行审批或转报 • 听取集团预算管理办公室关于预算执行情况及其分析报告，发表意见 • 听取二级责任单位就其预算执行重大差异的分析报告，并向董事会进行汇报	• 集团财务中心——财务部为集团预算管理办公室的日常办公室归口管理部门，负责协调、组织各组员部门开展预算管理相关的日常工作 • 各组员部门根据其职责组织各项预算的编制审查，及其预算执行情况的跟踪分析、预警和报告工作	• 配合预算管理办公室做好总预算的综合平衡、协调、分析、控制、考核等工作 • 其主要负责人参与预算编制工作，并对本部门预算执行结果承担责任

图 3.5.1 全面预算管理——机构职责定义

经营预算

经营预算反映在预算期内的经营业务发展目标及其各项构成要素

- 生产量预算
- 销售量（工作量）预算
- 收入预算
- 生产成本及制造费用预算
- 物资采办（材料）预算
- 主营业务税金及附加预算
- 资产减值准备预算
- 期间费用预算
- 营业外收支预算及各单项预算

资本预算

资本预算是集团在预算期内与资本性投资有关的业务安排

- 资本性支出预算
- 更新改造（设备）
- 更新改造（建筑安装）
- 软硬件升级及购置
- 基建项目
- 办公设备购置和股权投资预算
- 投资收益预算和融资预算

财务预算

对财务三大报表的预算管理

- 预计资产负债表是按照资产负债表的内容和格式编制的反映集团预算期末财务状况的预算报表
- 预计利润表是按照利润表的内容和格式编制的反映集团预算期内利润目标的预算报表
- 预计现金流量表是按照现金流量表的内容和格式编制的反映集团预算期内预计的经营活动产生的现金流量、投资活动产生的现金流量的预算报表
- 现金收支预算汇总表反映集团在预算期内的资金运作安排，包括预计各项资金收入、预计各项资金支出和筹资预算
- 筹资预算是集团在预算期内向银行各项借款或其他机构融资及归还借款、债券还本付息的预算。

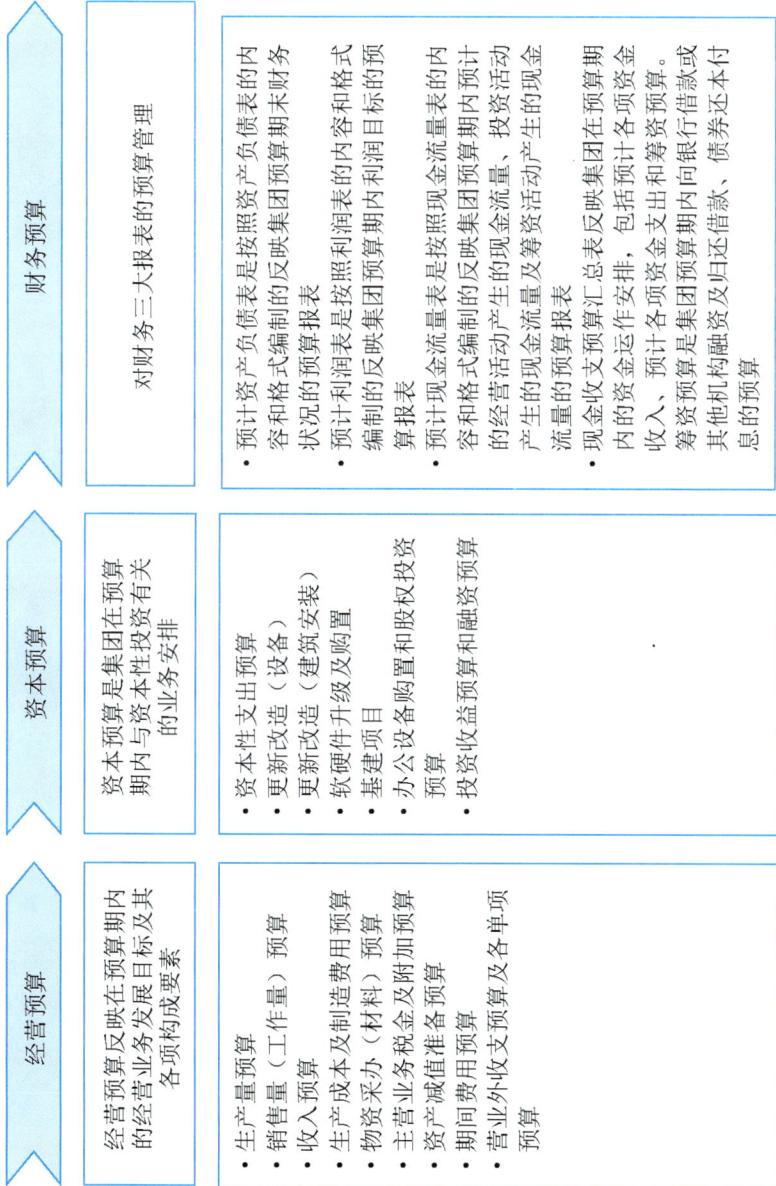

图 3.5.2 全面预算的内容

(3) 财务预算风险分析:

现金预算。现金流量预算是企业全面预算管理的核心,是企业经营活动能够顺利开展的前提。合适的资金管理可以减少企业经营风险,扩大企业经营利润。因此财务部需定期对企业现金流量进行分析,采取措施化解潜在的风险和提高资金利用率,并据以编制现金流量预算。

全面预算滚动预测主要是对业务计划和财务计划的预测。如果在滚动预测中,发现制订业务和财务计划的假设或基础条件已发生较重大变化,原有的计划和预算已经不再适用,或者因种种条件限制,原有的投资计划等难以实现,则需进行计划和预算的调整。

3.6 绩效评价体系

在《艾默生——技术与收购的双冕王》一书中,对计划的执行和评价有这样清晰的表述:

《商业周刊》上流传着这样一句话:"缺乏执行力的远见与幻觉并无分别。"前任总裁奈特也曾经说过,很多公司业绩不好并不是因为没有做出计划,而是在执行计划的层面上出了问题。的确有很多公司都做计划,但是它们在执行层面上却很容易与计划脱节,从而无法实现预期的目标。出现这种失败主要有以下四个方面的问题。首先是制订计划者并不为计划的有效运作承担责任,制订的计划往往被压在执行经理的办公桌抽屉底下,执行力不够直接导致了计划得不到有效的执行。其次便是公司没有一套相应的激励体系来确保计划的执行力度。当员工的预期收益与他们所付出的努力不对等时,很难相信员工会有动力去执行计划。再次便是关键管理职位缺乏连续性,完成当期计划的管理人员一旦升迁或调任,其继任者缺乏努力和激情去实现战略目标。最后,沟通不足可能成为计划执行的障碍,执行者可能由于计划不清晰的表述而对如何完成目标不知所措。

为了避免这几类常见的问题,确保计划得到有效的执行,艾默生公司建立了一个强有力的控制与跟进系统。在艾默生，制订计划的人就是执行计划的人。一旦计划被制订出来，他们就应对计划的执行负责。艾默生公司根据计划执行的情况来为管理者支付报酬，即所谓的"按结果付酬"。艾默生公司每年会根据各层次计划设计一套绩效指标体系，考核结果将成为薪酬支付的标准。艾默生公司的员工坚信，如果计划是周密的，环境也没有发生变化，工作又足够努力，就必然能够实施计划。他们具备很高的工作承诺——包括锲而不舍的努力、严格的纪律约束、高强度的工作和坚忍不拔的毅力——来使得计划获得成功。

绩效评价体系设计方案

建立绩效指标管理与评价机制，如图 3.6.1 所示。

对指标进行准确的定义，包括澄清说明，参见图 3.6.2。澄清说明非常重要，它能够对指标计算的范围进行约定。例如，对于合同交付履约率，我们的定义是：依据正式合同或具有法律效力的执行文件，按时执行合同交付标的物数量与合同计划数量的比值。但当我们在执行合同时，会发生由于客户方面的原因导致合同不能按照原来约定的交付时间或数量交付的情形。很明显，这种情形应当排除在合同交付履约率的计算范围外。因此，需要增加的澄清说明是：①如未能在客户约定的交付窗口内，征得客户书面同意，认可在延期交付时间内完成产品交付任务，且未产生客户索赔的，视同完成；②因为客户的原因造成未能在合同规定的交付期内完成交付的，按双方重新达成的交付期进行考核。

在高效运营绩效评价体系中，对考核指标按照平衡计分卡的内容设计，是给所有指标赋以一定的权重，权重之和为 100%（见表 3.6.1）。特别说明的是，在绩效指标体系内，除安全与环境事故外（该指标单独管理），相关指标不采用单项指标否决总体指标的形式（单个指标的绩效结果的影响范围最大仅为自身指标的评价结果，如等于零），也不采用单项指标的绩效结果与总体指标进行复合评价的形式。例如，赋以单项指标的评价结果一个系数，该系数与总体指标相乘得出总的评估结果。上述的种种做法，皆将行政意志（行政意志往往是由个别事件触发的）强加给一个科学的评价体系内，结果看似合理，但在一个长周期去看，数据评价体系是无规律的。

绩效评价管理部门	被评价部门	数据统计部门
运营中心	业务/职能责任主体	职能责任主体
制订绩效评价细则、评价流程，负责绩效评定	履行目标责任书	对目标责任书内容的月度绩效计算进行验证
• 组织拟订责任主体年度目标责任书; • 组织各责任主体对年度目标责任书按月进行分解; • 对各责任主体绩效完成情况进行评价，处理评价结果申诉;出具《月度绩效评价分析报告》，下发《月度绩效评价通知单》及监督被评价责任主体整改进度; • 实现信息化管理。	• 确保年度目标责任书相关目标的达成; • 完成各项月度经营计划的申报工作; • 向绩效评价管理部门提供的年度、月度考核结果确认; • 对未达标项制订整改措施，按进度改进、接受绩效评价管理部门验收; • 依据月度评估结果兑现责任主体管理团队月度绩效奖金; • 依据年度评估结果兑现责任主体全员年度绩效奖金。	• 对被评价责任主体分解制订的各项计划目标值提出意见; • 按时上报被评价主体绩效评价结果、证明文件，确保数据准确性; • 参与对被评价责任主体制订的未达标项整改措施验收。

图3.6.1 绩效指标管理与评价体系——机构职责定义

区块	编码	种类
财务	F8	外部应收账款回收率
定义		外部应收账款回收率：统计期间内实际回收的款项总额与应收账款占用及发生额之间的比率。 注： 1. 仅统计应用单位发生情况。 2. 指标说明： 2.1 该指标仅按考核单元集团外部应收账款回收率。 2.2 数据出自管理报表口径。 2.3 以财务统计为准，包含到期、未到期应收账款。
公式		应收账款回收率 $=\dfrac{\text{本期回款}}{\text{期初应收账款结存数}+\text{本期应收账款发生额}}\times100\%$
测量单位	百分比	计算模态	月：过去1个月数据 年：年终值
记录频率	月/年	数据来源	财务中心	改善趋势	↑
应用	××企业
20××年指标设置	目标值：75% 挑战值：80%

图 3.6.2 绩效考核计分卡

表 3.6.1 绩效考核的计算

序号	指标	比重	责任部门	数据提供部门	目标	全年目标	1月	2月	3月	第一季度
1	销售收入/万元	20%	销售部	财务部	基本目标	22548.9	1560.0	1578.7	1781.6	4920.3
					挑战目标	24352.8	1684.8	1705.0	1924.2	5313.9
					实际值	—	1886.0	1481.1	1714.1	5081.2
					完成率	—	1.0%	0.5%	0.5%	0.6%
2	可控制造费用占生产成本比例	15%	工厂	财务部	基本目标	17.0%	17.0%	17.0%	17.0%	17.0%
					挑战目标	15.3%	15.3%	15.3%	15.3%	15.3%
					实际值	—	20.3%	12.0%	15.9%	16.1%
					完成率	—	0.5%	1.0%	0.8%	0.8%
3	毛利/万元	15%	工厂	财务部	基本目标	4394.9	275.0	262.6	343.3	880.9
					挑战目标	4801.6	300.4	287.0	375.1	962.4
					实际值	—	3551	2491	3162	9203
					完成率	—	1.0%	0.5%	0.5%	0.6%
4	净利润/万元	5%	公司	财务部	基本目标	798.2	9.1	−0.1	50.7	59.7
					挑战目标	1298.2	42.4	33.2	84.1	159.7
					实际值	—	144.3	19.0	58.8	222.1
					完成率	—	1.0%	0.8%	0.6%	1.0%

考核指标

续　表

序号	指标	比重	责任部门	数据提供部门	目标	全年目标	1月	2月	3月	第一季度
5	人均产值/元	10%	工厂	财务部	基本目标	135000	9176	9286	10480	9647.6
					挑战目标	145000	9856	9974	11257	10362.3
					实际值	—	7825	7116	11983	8976
					完成率	—	0.5%	0.0%	1.0%	0.5%
6	库存周转天数/天	10%	工厂	财务部	基本目标	55	60	58	58	59
					挑战目标	50	56	56	56	56
					实际值	—	64	60	59	61
					完成率	—	0.5%	0.5%	0.5%	0.5%
7	产品承诺交付率（实际交付数量/承诺交付数量）	10%	工厂	计划部	基本目标	95%	95%	95%	95%	95%
					挑战目标	98%	98%	98%	98%	98%
					实际值	—	95	89	91	92
					完成率	—	0.6%	0.5%	0.5%	0.5%

考核指标

续　表

序号	指标	比重	责任部门	数据提供部门	目标	全年目标	1月	2月	3月	第一季度
8	事故率/%（按季度考核）	5%	工厂	总经办	基本目标	0.05	0.05	0.05	0.05	0.05
					挑战目标	0.03	0.03	0.03	0.03	0.03
					实际值	—	0.69	0.36	0.22	0.22
					完成率	—	0.0	0.0	0.0	0.0
9	COPQ	10%	工厂	财务部	基本目标	1.97%	1.97%	1.97%	1.97%	1.97%
					挑战目标	1.88%	1.88%	1.88%	1.88%	1.88%
					实际值	—	2.13%	1.81%	1.61%	1.86%
					完成率	—	0.5%	1.0%	1.0%	1.0%

考核指标

表 3.6.1 显示，单个指标的评价标准由基本目标、挑战目标、实际完成值和完成率构成。特别说明的是，完成率不采用线性计算方案（实际完成值与基本目标或挑战目标的公式关联比率），而是采取如表 3.6.2 所示的分段赋分法。

表 3.6.2　指标完成率的分段赋分法

	取值范围	系数 C_1
运营中心、新产品事业部	实际值≥目标值	1.2
	中间值（基准值＋目标值）/2≤实际值＜目标值	1
	基准值≤实际值＜中间值（基准值＋目标值）×2	0.8
	80％×基准值≤实际值＜基准值	0.5
	实际值＜基准值×80％	0

	取值范围	系数 C_2
制造中心、供应链中心	实际值≥目标值	1.8
	中间值（基准值＋目标值）/2≤实际值＜目标值	1.5
	基准值≤实际值＜中间值（基准值＋目标值）/2	1
	80％×基准值≤实际值＜基准值	0.5
	实际值＜基准值×80％	0

	取值范围	系数 C_3
产品开发中心、运管中心	实际值≥目标值	1.6
	中间值（基准值＋目标值）/2≤实际值＜目标值	1.2
	基准值≤实际值＜中间值（基准值＋目标值）/2	0.8
	80％×基准值≤实际值＜基准值	0.5
	实际值＜基准值×80％	0

在计算具体的子公司及部门的最终绩效分数时，按照上下关联对绩效分值进行计算。一般而言，上一级指标的权重为 30％，本部门的权重占 70％。例如，公司本月的绩效结果为 1.20，销售中心的本中心内绩效评估成绩为 1.10，则销售中心最终的绩效结果为 1.20×30％＋1.10×70％＝1.13；同样，如果在销售中心内设有下级管理——销售管理部，销售管理部当月本部门的绩效评估成绩为0.80，则销售管理部当月最终绩效结果为 1.13×30％＋0.80×70％＝0.899。

绩效评价体系管理方案

(1) 绩效评价准备：

• 绩效评价管理部门组织各业务主体/职能中心签订年度目标责任书；

• 目标责任书内的绩效评价指标最多不超过 20 项，最好在 12～15 项以内；

• 修订评价指标定义；

• 建立结构化的指标库；

• 确认《组织绩效考评办法》；

• 组织责任主体分解目标责任书，并按月确认当月责任主体评价指标和工作任务的结果。

(2) 绩效评价验收：

• 数据统计部门按月或确定的周期对责任主体的指标数据进行统计、核算，并提交至组织绩效评价部门，如运营中心。

(3) 绩效评价确认：

• 绩效评价结果对责任主体公布，绩效评价管理部门接受申诉和处理。

(4) 绩效评价总结：

• 以 KPI MATRIX 的形式按关键时间节点向公司高管提交组织绩效评估结果；

• 要求被评价部门提交当月不符合项原因分析和整改方案；

• 被评价责任主体形成管理报告并在运营例会上陈述业绩，分析存在问题，提出协助请求；

• 绩效评价结果向人力资源部推送，最终确定责任主体绩效工资。

3.7　会议管理

在高效运营管理中，会议应如何开才能提高效率。这个题目很值得深入研究。事实上，我们天天召开或参与的会议，其成效往往低于管理层的预期，并造成了诸多的困扰。我们先来看看下面几个会议。

会议一：

Frank 在每周三按例会收到各个区域产品销售中标的信息。在一次会议上，Frank 问一位销售总监，为何在武汉一个标的上输给了对手。

"为什么我们标书的价格比对手要高出 30%？"

销售总监回答："这是因为顾客提出的要求是在主要的零部件上使用精密陶瓷合金。"

Frank 问："这个方案得到设计部门同意吗？"

销售总监回答："是的，设计方案有设计人员的签字确认，销售部门是认可的。"

Frank 问："为什么你不检查设计人员的意见？"

销售总监回答："送标的时间只有一周，来不及了。"

Frank 直起身来："胡说，到底是怎么回事！"

事后深入调查表明，顾客初期提出的方案已经进行了变更，并不需要在产品上使用精密陶瓷合金。可惜在变更窗口期内销售总监忽略了这个重要信息。所以这个问题初看是设计问题，事实上却是管理问题。

分析：人们通常认为积极的鼓励的方式，例如，设立项目绩效奖，开展各种表彰大会，甚至拍肩膀这些方式都要比消极的批评更符合人性的特点，取得的效果会好很多。但在精细化的管理和严密的流程和制度管理下，消极的方法一样有用。例如，会议上部门负责人对遭受职能部门专业人员的"攻击"、对高管严厉的质询所产生的恐惧，会产生一种负面的情绪，但是长期的观察发现，大部分的部门负责人会采取积极的努力消除这种情绪，在这个过程中，人的性格和行为会变得较为成熟，更为敬业，而这正是运营管理所需要的。

会议二：

顾客对 F23 变速箱的质量提出了严重的质疑，双方工程师陷入了僵局。Frank 决定召开一次专题会议，会议除了邀请产品总监 Wendy 外，还邀请了设计部门可靠性工程师 Jack，测试中心经理 Luk，测试中心测试员

Andrew。

产品总监 Wendy 首先说："我认为这是顾客在无理取闹。"

Frank 转向可靠性工程师："Jack，F23 变速箱的可靠性试验是得到你的签字认可的，不是吗？"

Jack："我们是严格按照可靠性试验规范执行的。"

Frank："可是我的报告显示，总的可靠性试验时间要比原先的短 5 个小时，Luk，你怎么看？"

测试中心经理 Luk："事实上这款变速箱的可靠性测试经过了改进，时间已经缩短了。"

Frank 穷追不放："请你立即查明缩短了多少时间！"

5 分钟后，Luk 说："标准显示缩短了 2 个小时。"

Frank 面向测试中心测试员 Andrew："给我查明为何减少了 3 个小时。"

Andrew 憋红着脸说："在测试 F23 的时候，水压舱损坏了。这个试验缩短了 3 个小时。不过，这个信息在测试报告中是可以看到的。"

此时，Jack 已经大汗淋漓。

Frank 面向 Wendy 说："那么我们可以告诉顾客是我们的责任了？！"

分析：会议会产生压力，但也产生准确的信息和稳健的决定。对某些人而言，这种相互质询的环境实在令人生厌。但是我们从这个例子中了解到，带质询的会议形式可以粉碎借口和托词，获得最好的管理效果。

会议三：

一天，在广州开发区某汽车零部件公司会议室，Frank 坐在会议桌中央，两边是 20 多个部门负责人，正进行项目管理汇报。

Frank 对一名资深的主管说："Mark，上次会议提到的问题你怎么解决？"

Mark 回答："我打过电话给他，可是他没办法做出决定。"

"你要我打电话给他吗？"

"这倒是个好主意，你肯吗？"

Frank 说"我很乐意效劳，不过你的绩效奖金要飞了。"

Mark 狠狠地说："不用麻烦了，我会再打电话给他。"

分析：害怕被耻笑是一个有力的工具。有过几次经验后，主管就会准备妥当才来开会，而且在出席前会尽可能把工作做好。

以上三个案例有助于我们理解会议的精髓——根本性地解决问题或找到解决问题的途径。这里，我们不仅要与会者提出问题清单，事先也需要进行细致的准备。

会前准备

• 每一份运营报告必须清楚、直接、坦白、审慎，一开始就通过数据的统计与分析结果来陈述准确的事实。

• 会议前，提交的会议报告至少提前两天传达至会议相关决策和审议人员处；保证会议报告被充分阅读，考虑发言的人员需要提前收集支撑发言论据的可靠材料，做好充分的发言准备。

• 与会的部门负责人员需要从专业角度对会议报告进行审查，从不同角度提出观点或提出批评意见。

• 充分挖掘基于事实不清和逻辑性错误的结论进行发言。

• 会议上鼓励持有不同观点，鼓励针对事实的争辩与指责，通过争辩找出事实的真相。

• 各方尽可能完整听取报告单位的解释，尽可能审慎地发言。

• 没有可靠的事实前，避免凭感觉提出想法及制订行动计划。

会议决策方式

• 尽可能区分项目进程管理评审决策和资源保障能力决策。

• 基于安全、质量、客户投诉事项可以立即做出临时决策，指定专人跟踪。

• 除非有多份数据相互支撑印证，会议上对新提交的项目做出的决策通常不太可靠。在做出决策前，可以让拥有专业背景的职能部门从不同的角度进行详细调查。

• 一旦运营系统做出决策，必须将决策同时传递至执行部门和专业职能部门，专业部门负有监管进度和执行质量的责任。例如，财务部跟踪财务事项，质量部门追踪技术改造项目的质量结果。

• 决策聚焦。一般而言，长期实施的项目的系统性风险比较低，问题出在某个特定环节上。例如：项目流程上的决策，可以聚焦在某个"评审点"上；资源调配的决策，可以聚焦在单个零件或单个供应商上。

• 调查项目的重大风险，必要时由运营中心指定成立由不同专业背景的人士组成的"工作组"对特定的项目进行深入的调研（对工作组的理解，请参看本章最后一页），在调研中各单元必须提供资源，并确保工作组工作上的畅通。工作组只负责调查事实的真相，不会替代任何人员做出决策。

会议决策过程中需要特别注意问题

(1) 会议上听信一面之词，基于短期的事实来了解全面情况并做出判断是危险的事。

(2) 未确信找到事实的真相之前，没有一个人可以对一件事完全负责。

• 在专题会议前派出专责组，对问题进行客观分析：

为了找寻事实的真相，必要时采取专责组的形式。所谓专责组，是企业高管临时组建的，对含糊不清的事实进行调查的行动小组。专责组的成员由资深的专业人员担任，能够深入到业务中进行调查并得出判断。专责组的建立，能够对复杂的管理体系和业务流程的执行情况提供非常重要的帮助，事实上，大部分企业都有体系与标准化部，更大的企业设立内审部，这些部门都具备对组织内的环境与风险进行审查的权力。但是，我们知道，这些部门审核的主要是管理架构、执行合规性及运营风险，而对于业务的执行效率的判别则显得无能为力，特别是对于管理人员的故意隐瞒。而业务执行效率的高低唯有最专业的人员才能够识别。从上述三个会议所描述的问题我们可以知道，这些问题不能够依赖于体系部门和内审部的审查结果，而必须通过强有力的分析才能挖掘事实的真相。

专责组能够打开领导者的信息快速通道。我们知道，人性的一大弱点是，下级对上级一般是报喜不报忧，报忧意味着可能暴露出自身能力的不足，而报喜能够最大程度上获得老板的欢心，此事中外皆同。对于高管来说，所有的事件经过管理者层层批阅，很多关键信息已经被过滤，特别是，如果事实的结果与关系人的利益紧密相关，情况则会更加严重，在某种没有监督的情形下，人甚至会丧失诚信。因此领导者从下属的一叠报告中是否可以得出正确的结论就很值得怀疑。

在一个典型的矩阵组织内，我们知道，所有的业务平台既自行运作，同时也必须接受支持平台（如职能平台）的管理。在这个管理中，既包括了对业务的支持与服务，同时也包括了一定程度上的约束与控制。可以说，完整独立运作的业务平台是不存在的，它仍旧必须服从各类职能的"治理规则"（此条，请具体参考本书"价值平台"的论述）。因此，从机理上，我们认为矩阵组织内任意一个价值平台都可以接受由职能专业人员组成的专责组的额外审核（但是，传统金字塔形的行政管理组织，在管理机制上却否定了专责组的存在）。当然，专责组的派出一定要有正式公开场合的授权（如在运营会议上的授权），有针对性地开展工作，并有正当的理由。

为了消除读者对建立专责组的疑虑，我们先来听一下实行专责组管理的业务单元负责人的一些看法：

"专责组制度会令单元负责人比较机警，你知道如果你不找出问题，别人会代劳，事实上大多数人宁可自己先动手解决。"

"我知道根本不可能隐瞒事实，专责组随时会在背后揭你的牌。"

"专责组真要命，他们可以害死你。他们带着集团运营中心给他们的全部火力闯进来，专责组往往有特别的授权，他们的负责人绝不会空手回到公司总部。"

我们再听一下派出专责组的管理部门的看法：

"通过派出专责组成员所带回来的第一手信息，使得我能够深入了解现场的真相，这是坐在办公室中所不能获取的。"

"我们到业务单元调查数据时，有时候被视为对立方而遭到刻意规避，但我们在调查时发现，采取这种态度的管理者往往对自己的管理水平不知所措。"

"尽管在会议上和业务单元负责人当面对质，但这就像乒乓球比赛，你可以和对手打一场激烈的比赛，可是比赛结束后，你们的交情仍在。"

尽管专责组的工作目标并不确定，但是至少可以对公司治理规则的有效性进行评估，处理业务过程的争端，处置运营效率的不足，处理客户投诉。另一类例子是，专责组由高级管理者担任，在短时间内专注解决某项重要事务。

埃克森亚洲公司主管发表的战略演说，就是由一系列的务实行动所串成的故事组合而成。在他任职的 10 年中，几乎每年都可以解决某个问题。有一年，地区总部派遣一个特别小组协助整治应收账款，另一年则是关闭亏损部门的问题，还有一年是针对经销商进行创新的安排。埃克森在日本的分公司只是完美地执行一连串实际的措施，让每个问题变得容易管理，然后一一加以克服。每个计划所需的时间都很短。无疑，在这么短的时间内，这些计划自然成为大家的首要目标。由于目标明确、行动迅速，企业的战略实施就可以保持在设定的轨道上。

运营会议上提出的运营报告要明确具体撰写要求

（1）了解风险点：

• 运营报告是公司运营中心做出经营决策的来源，它将显著地影响集团公司的运作效率。存在的问题是，做出正确的决策非常困难，大多数公司的高管根据许多并非事实的感性认识，或已经被修饰和掩饰过的一手资料来进行决策（除非有丰富的实践经验作为思考的背景，否则根据外界局部的、阶段性的信息所形成的判断直觉很可能形成一种错觉）。

• 如果缺乏稳定的数据统计方法，报告列举的数据本身就会被怀疑。

• 如果没有提供绩效评估或绩效评估结果没有进行对标分析，就会不知道运营的效果。

• 不可避免的是，报告坏消息意味着得到批评或惩罚，因此几乎所有人都倾向于不去报告那些事实上已经发生的坏消息，然而得不到及时的处置，那些错误的后续影响将会加倍的放大，在组织内必须打击隐瞒事实的行为。

• 有资历的管理人员由于缺乏对现代数据统计工具的把握，所以宁愿在会议上将问题用文字或甚至语言描述出来，将问题摆在所有人的面前，其后果是制造了更加复杂的会议环境。

（2）运营报告的具体撰写要领

• 提交的运营报告必须是一个有价值的分析报告而不是一叠有分量的材料。

• 报告包括列出重要的统计数据、根据数据进行的图形化展示；对于展示的数据进行简要直白的文字描述，文字描述的对象主要是事件本身，解析差异、说明风险和提出解决办法（图 3.7.1 和图 3.7.2）。

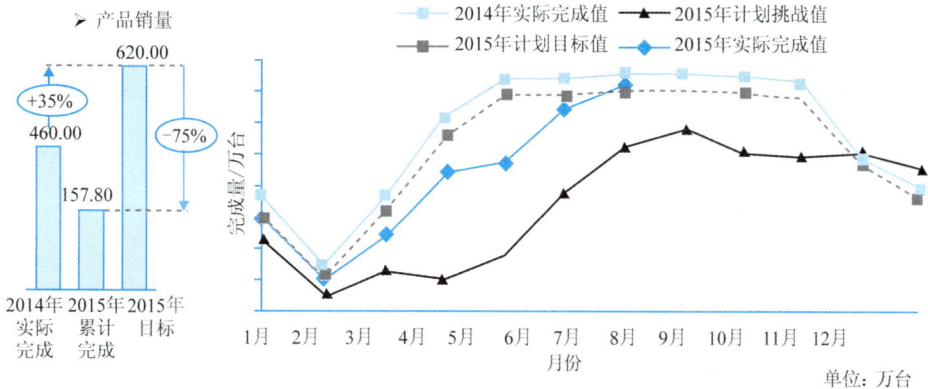

2014年	1月	2月	3月	4月	5月	6月	7月	8月	9月	10月	11月	12月
2014年完成值	21.85	4.7	12.6	10.65	18.7	38.5	52.75	58.4	49.85	49.35	49.75	46.1
2015年目标值	30.50	10.75	26.83	55.3	68.65	69	70.6	70.8	68.85	67.8	46.8	36.5
2015年挑战值	32.80	11.94	34.63	59.76	74.19	74.56	76.29	76.51	74.40	73.27	50.57	39.44
2015年完成值	30.5	10.75	24.45	44.325	47.82	65.01	73.09					
达标状况	√	√	×	×	×	×	√					

图 3.7.1　绩效指标计划——偏差分析

➤ 6月份产品销量指标未达标分析及改进措施

单位：万台

指标名称	当月目标值	当月挑战值	当月实际值	达标情况
产品销量	6.9	7.456	6.501	X

原因分析

1. YU-09型号万向节零部件供应商产能不足，无法完成满足交货要求
2. UE-76产品一次送检合格率为99.66%，低于目标值9998%，产品全数进行探伤分析，延误交货进度6天

拟采取的措施

1. 供应商开发模具从5月份开始，目前进入模具上线调试阶段，预计7月5日完成设备调整，后续可进入批量生产阶段，YU-09型号万向节可以保证我公司7月份需求
2. UE-76产品热处理阶段出现质量偏差，炉温记录显示温度偏差大于设定偏差2摄氏度，设备未及时报警，经检查报警装置失效，PDCA要求将热处理炉报警器纳入定期检修标准表

图 3.7.2　绩效指标偏差原因分析

• 完成一个报告后，需要有计划进行删减。如果某条信息不能有助于决策分析，不能有助于价值创新，那么很可能需要删除。

- 半年/季度/月度经营报告必须基于计划和偏差分析撰写报告，包括：

使用业务单元统一的标准展示模板；

画出绩效趋势图，包括本年度实绩线，上下管理偏差曲线（目标线，挑战线）；

展开偏差分析（基于绩效趋势图，如需要，图形化展开二级或三级偏差分析），列举根本原因，制订带时间节点和责任人的行动计划；

重大项目进度报告，按照时间计划图报告；

需告知运营或需运营提供额外支持的重要风险点报告（不包括能够在管理范围内自行协调的事项）；

最后在文档中嵌入必要的支持文件，用于接受现场质询时补充说明。

- 周经营例会报告，进行项目风险点和资源能力控制风险点的陈述：

回顾上期管理计划的执行情况；

按项目风险点和资源能力控制风险点由运营部门指定专人（例如计划管理部专员）对各业务单元的周工作计划和存在问题、提案进行聚合陈述；

各业务单元在会议上提出报告内容必须提交相对应的建议管控办法（临时、中长期，涉及部门）。

4　企业文化与创新管理

现代杰出的制造型企业，在价值链中都毫无例外地体现着创新管理的深厚理念和卓越成效，因此能够获得长期可持续发展。在以"互联网＋"及大数据为基础的新商业时代，企业能够加快产品、技术、知识等领域的创新速度，成为一个全新的智慧型与敏捷性兼备的经营实体。在面向客户的服务中，能够以为客户创造价值为中心，提供整体解决方案，为客户提供定制化的产品和服务，在内部运营方面，能够快速整合生产经营过程的内外部资源，协同组织创造综合竞争优势。

对比中国传统本土企业，前期得益于本土低成本、低风险的资源要素，在市场迅速扩张中带来的爆发式增长，但是在竞争日趋白热化的市场环境中和在资源价格持续上升经济调整下，要获取可持续的发展将举步维艰。本土企业多年来在管理中投入大量的人力物力，尽管时刻在寻求突破，但依然无法从根本上提升工厂的质量水平、制造效率、物流效率和资金效率，对管理产生的效益感觉模糊不定，追求潮流下引入各种的管理方案多数沦为一种分布式的辅助工具。市场竞争压力下，利润、质量、制造成本、社会责任极难取得平衡，很大一部分本土制造型企业逐渐沦为低收益、高风险甚至是政策性的行业。

对比在新商业环境下仍旧快速发展的外资企业，分析和了解他们制造效率的巨大优势，以及一次次商业模式的成功转型中，我们能充分感受创新管理为企业带来的巨大好处，对外资企业高效管理中折射出来的领导者的战略意识、员工的执行力和协同一体的运营效率大为折服。许多人将外资企业与本土企业的发展落差解释为管理制度的不同，但是我通过细致深入的分析，对比曾经访问过的欧美企业（如奔驰汽车、通用汽车及其供应链体系）和日资企业（丰田汽车、本田汽车及其供应链体系），发现制度优势仅是这些世界级企业卓越于世的一小方面。

在这些企业中了解到，他们的管理层和员工甚少言及公司制度，因为大部分制度已转化为可执行的标准化文件，而对管理体系做出重大的变更更是十分罕见（有改变时，称之为适应性调整）。但是在本土企业，我发现，制度管理，包括各类先进管理体系的引进、经营体制的变更，几乎充斥着企业的发展过程。一旦发现存在执行纰漏，高级管理人员依赖体系改进和增添制度进行管理已经成为常态，又或者是，复杂的组织机构和多层授权结合员工在流程作业中的高离散性导致低效的执行力，但仅寄望通过流程优化单一手段来达到目的。

我对很多本土的国营和私营企业有着深入的了解，发现这些企业的制度并非不健全，相反，堪称完美，各种制度和标准化体系交相叠加（2008年我聘请一名日本高级顾问对企业管理进行咨询，日本顾问花了十多天时间进行工厂调研，然后向我提出十项管理不足的问题。说根据他的看法，我们有必要加强体制管理。我马上找来管理者代表，他迅速拿出各项对应的管理制度，其表述堪称完美，令日方人员大感意外）。于是很多管理人认为，中国企业不缺制度，只缺执行力。那么什么是执行力，很多人为此深入探究，发现中国的员工似乎并不擅长遵守作业守则，这显然是一个致命的缺陷。于是，又产生了大量诸如细节决定成败的论述，建议企业高层必须深入了解管理细节，并监督员工的执行力。但是我们知道，一个企业的高层是无法长期关注企业细节的。松下幸之助曾经说过："如果你有一百个员工，只要你站在最前线上，即使你骂他们、打他们，他们也会跟随你。但是如果员工膨胀成一千人，你就不要站在前线，而要留在中间。一旦机构内拥有一万人，就要常向他们表示谢意。"所以细节的问题理应交由专家去处理，企业高管应当致力于制订和修缮公司的管治、经营战略及市场策略。

那么好的战略和策略能否起到好的作用呢，我们回看近十年许多中国大型的企业，其早期的战略规划绝对堪称经典，其雄才大略的思路和咄咄逼人的出手哪怕是比尔盖茨见识后都会大吃一惊。然而目前企业的处境，不是摇摇欲坠，就是困守一隅，在发展中仅仅形成了庞大的体量和复杂的架构。究其竞争能力还是虚弱的。在曾经风起云涌的"品牌战略""质量战略""市场战略""人才战略""文化战略""战略转型"尘埃落定后，我们很多企业家终于要面对大浪淘沙的客观现实，承认战略规划固然重要，但更重要的是考虑目前如何捧住饭碗，走出困境——于是又鼓吹新一轮的降本增效活动。

于是乎我们在管理的泥潭中转来转去，时间过去一年又一年，当国内资源成本逐渐走高，海外产品的竞争力开始赶超中国，而新兴市场的五彩光环逐渐消退，仍然找寻不到核心竞争力的中国本土企业面临的风险和危机也就越来越大。当行业危机到来时，似乎唯有寄希望于政府出台产业保护性政策或出现宽松的投融资环境。但是明眼人了解，政策调节或干预下的市场经济或会加深受益企业的未来危机，因为从本质上来讲，企业的体制即使获得短时的输血然而并未获得实质性的强化，企业发生危机的时机只是依赖注射强心剂而一再推迟而已。

是什么原因导致本土企业出现这种结果呢？我认为缺乏浸润每一名员工的以良好品德和行为为主体并形成良好的创新环境的企业文化是要因。

企业文化与中国的传统文化是息息相通的。与西方管理思想源于政教合一的方式不同，中国传统文化沉淀和发酵于中庸、自然、社会人生一体化，天人合一，阴阳平衡等类似"道"术并结合传统皇权制和家长制的而形成的一种术制思想体系。这种体系下，以人治/治人为本的精神理念和管理思路几乎贯穿了所有的中国的组织，因此中国的行政组织以人员及层级增加为特征，绝大部分发展为类似金字塔式的稳固结构，这种结构非常适合高职层的管理人员构筑复杂精巧、莫测高深的权力通道，在这个通道中又设置了若干个利益门，位于塔式组织内各级别的人员一般乐意运用或力求掌握支配权去维持体系的稳固，而不是去主动承担协调职责。此时专业让位于管治，责任让步于盲从，自我为是、各人自扫门前雪的封闭性群体—部门逐渐形成。在这种体制中的所谓"授权"，其实质是行政管理者收权和让权的游戏，对于组织效率能有多少提升很值得怀疑。所谓实行"组织扁平化"，更像是一个临时压缩的弹簧。而在各个稳固的权力中心之间，所有原发的创新精神和个体的努力只会徒劳无功。

以人治为本的管理与中国社会特有的经济、文化、信仰、伦理、人际关系紧密关联，很大程度上导致了法治观念和行业道德的缺失。所谓人治，在企业中表现为对管理权力的集中和控制，追逐和欲望，并形成一种主观控制的思维惯性（主观判断胜于事实分析）。企业中的"法治"特指采用科学的工具、客观的评判标准、系统性的数据分析、尊重客观现实的制度和体系，企业法治的特点是力求尊重客观事实、找到客观规律并加以准确运用。中国企业往往交织着人治和法治的思想，重点时或交替，常常使执行者如堕雾中，不能辨别前进的方向，这样就导致中国企业管理文化呈现多变易变的特点。同样是垄断企业，尽管欧美和中国表现出来的形式——占据市场支配地位——是一致的，但究其根源和本质却截然不同，欧美企业的市场垄断是依靠企业法治（科学技术的长期积累和人文精神的深厚沉淀）所获取的，但在中国，却是依靠人治（权力的干预和掌握）所形成。因此，在破除垄断的方式上，西方大都通过拆分企业专有技术的形式，而在本土垄断行业大多进行权力的分割。

不容否认，"术"与"制"，在中国的管理文化中已经深深地刻下了烙印，我认为是一种需要尊重的事实（特别是对专业的管理人员，以我的经验来说，要获得更好的实践效果，也有必要对中国传统管理文化进行探究），关键是如何在术制的管理中不断融合更多的科学精神，学会放手并逐步让科学精神去倡导一种崭新的企业文化。这种文化基于尊重客观事实、尊重个体的创新意愿；习惯系统性采集数据并加以分析，力求准确地把握客观规律；在务实理性的工作中尽可能减少带有情绪化倾向的个人意志和主观臆断；培养守信行为；鼓励主动互联和信息互换，以此为基础进行组织变革和产品创新，方能巩固企业发展基础，并取得长远的效益。

综观当今全球企业，企业文化确有很多解释和构成，如营销文化、竞争文化、管理文化、产品文化、质量文化甚至历史文化等。诠释企业文化内涵也可能包括企业使命、宗旨、经营理念、目标、愿景、精神、价值观等凝练大气的文句。而我在这里表明，以科学研究方法为实践工具，建立透明有效的创新活动方式，通过信息互联和知识共享，充分调动员工热情、主动性、责任感和团队合作意识，面对危机或机遇能够做出快速反应的创新文化却是构成企业文化的重要基石，而企业在创新文化下的引领下能够在制造效率的提升和获得客户良好的价值体验方面产生实质性的变革。

4.1　企业文化的组成

透过一般性的社会文化和企业文化的研究，我设计了图 4.1.1，显示了从社会价值取向到形成企业信念的递进关系，其中部分术语我做如下定义：

• 信念：个人确立的对某种思想或事物坚信不疑并身体力行的心理态度；

• 精神价值观：个人行为普遍遵循的价值观，起着维系个人和团体思想情感，约束、指引和推动个人采取符合整体利益最大化的行为的一种精神力量；

• 自律：自我审视并适应环境或组织的行为；

• 改善或创新：创新文化的主体，在接受训练、实践、变革的影响下形成的不断追求卓越的观念，是本文的讲述的主旨。

• 个体意识，一般观念：指个人对事物的直接反应和一般看法。例如，生产过程中的质量意识、安全意识、环保意识；合作中的团队意识、协同意识；设计过程中的客户意识、成本意识等。

由图 4.1.1 中可见，企业文化与社会一般文化有所区分，社会文化对企业文化具有不能忽视的影响力，创新文化属于企业文化，并构成了企业文化的基础。

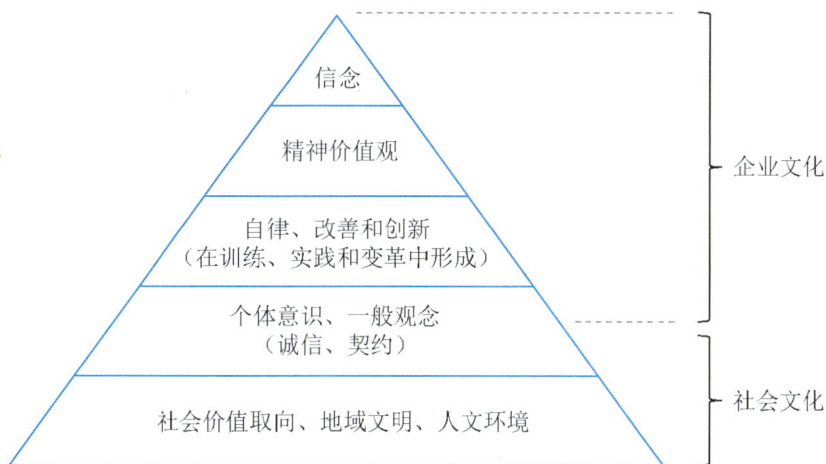

图 4.1.1　企业文化和社会文化递进关系

日本松下公司的例子

下面通过日本松下公司的案例来进一步阐述图 4.1.1 所展示的企业文化内涵，并理解创新文化在企业文化中的地位。日本企业的管理风格源于其执着的人性理念和企业精神。这一特点自 20 世纪日本战败以来，一直堪与西方的制造效率相匹敌，弥补了他们在创新能力方面不足的缺陷，使庞大的制造工业能够长久地精密运作，并且深远地影响着日本企业内的每一名员工。因此，我先以分析日本企业文化组成为引子，启发我们思考如何推动企业创新文化。

在日本松下公司的企业文化中，该公司基本的原则、信条和精神如下：

（1）基本企业原则：

认清我们身为企业家的责任，追求进步，促进社会大众的福利，致力于世界文化的长远发展。

（2）员工信条：

唯有本公司每一位成员和亲协力，才能促成进步与发展。因此，我们每一个人都要时时刻刻记住此一信条，努力促使本公司不断地进步。

（3）松下七精神：

产业报国的精神；

公明正大的精神；

和亲一致的精神；

力争向上的精神；

礼节谦让的精神；

顺应同化的精神；

感谢报恩的精神。

对松下公司的基本企业原则和员工信条，中国企业的员工读后多少感觉到更具象征意义，日本员工却能普遍产生心灵的共鸣。这大概是文化差异导致感受不同所致。当我们日复一日接受理想信念的教导而对这些概念性的文字开始产生厌烦的时候，日本企业却将其视为管理哲学毋庸置疑地融入企业和个人的发展目标中，并且能够恪守不渝。

对于松下七精神的提法，我每次看到总是会有所触动，特别是从中感受到在具象的文字中折射出来的人性光辉和民族精神。尽管它来源于日本企业，但我相信作为企业精神的表达，它总结和代表了人类历史上人与人之间、人与社会之间共存共荣的普遍的价值观和主张，因此这种提法所包含的内容和给予我们的启示能够超越国界和视野，作为接触企业务实管理的中国员工，我们不应该夹带民族情绪的固化的种种偏见而漠视或嘲弄。设身处地想一下，假如我们的确能够置身于这样一个相互尊重、拥有深厚凝聚力和力争上游的工作环境中，是否也能够产生一种安全、受尊重的感觉，是否也能够激发我们的工作热情？（再试问一下，工作十数年后，我们现在还保有几分工作热情和创新激情？）松下公司在全球拥有数十万名员工，不同的地区的文化大不相同，然而在一个文化地域极为宽广、技术系统十分复杂、权力分散的世界级公司里，松下精神能够使各地的员工都抱着一致的理想，让所有的员工都能从工作中获得进步的信念，对从事松下产品的制造产生自豪的感觉。对于日本企业的精神信条，一些学者评价说，尽管某些日本企业因为技术路线失误导致经营困难，但是企业大部分的员工都能够与公司并肩战斗到最后一刻，而在西方公司，一旦企业出现经营不善，除非及时重构商业模式，否则很难继续保持原先的活力，这就反映了企业文化价值的力量。

我留意到松下公司一向提倡将生产事业与社会价值相结合，除了表示企业不可能置身于社会环境之外，还能够巧妙地利用日本社会较为单一的价值观协同企业理念共同塑造员工高度统一的精神价值观，而且自然派生出一种结合社会利益与企业利润的经营哲学，这是日本企业具备的巨大优势。

在这种经营哲学的指导下，松下公司一直能够在发展企业的同时，主动地承担社会责任。例如，松下公司针对日本各地发展不平衡现象，采取了一个特殊的工厂布局措施，在发展不足、人口大量减少的欠发达地区设厂。尽管在欠发达地区（如鹿儿岛）设厂会增加企业成本，但却能带动当地的经济和社会发展；1973年，80岁的松下幸之助为"社会福利基金"捐赠了50亿元；1980年，幸之助设立了"松下政经塾"，致力于培养面向未来的新型人才；1988年，幸之助向国际科学技术财团赠送松下电器株式会社股份1000万股。我在想，企业自觉的社会责任一旦成为企业信念，其实践行动将能够以最快的速度通过精神力量的形式印证在企业每一名员工心中，并在企业文化中形成一股强大的向心力——员工将变得更加自律，更加具有大局观，更能够经常反省自己的日常行为是否与公司的价值取向出现偏差，最后成为良好的企业文化传承下来。

美国 IBM 的例子

为了明确这种企业文化并非仅存在于日本企业，我同样引用了美国著名大企业 IBM 的案例。IBM 多年来的管理风格，令其企业信念有着成功的共同历史作为基础，成就了西方最为知名的信息系统解决方案供应商。IBM 的基本信念表述如下：

我们在工作上的成就感与骄傲往往得力于我们对个人和公司的了解。IBM 幸而有其永恒的目标——基本信念。

这些信念的真正意义可以由 1962 年 Tom Watson. Jr. （前任总裁华生之子）在哥伦比亚大学麦金塞基金会上的演说表达出来。他说：

我坚决相信，首先，任何一个组织如果想要生存并且获得成就，就必须有一套健全的信念，它的政策和行动均以此为前提。其次，我相信公司成功最重要的因素就是信守这些信念。最后，我相信如果一个组织希望迎接变动世界的挑战，它就必须在公司发展过程中，准备改变自身的一切，唯有这些信念除外。

换言之，一个组织基本的哲学、精神和原动力和公司成就之间的关系远超过技术或经济资源、组织结构、创新能力和时机。这一切因素对成功都有很大的影响力。但是我认为，它们都比不上组织里的人员对基本原则的强烈信仰，诚恳笃行。

Tom Watson 所说的信念共有三项，包括：

- 尊重个人。尊重组织中每一个人的尊严和权利。

- 服务顾客。提供全世界所有公司中最好的服务给顾客。

- 杰出。相信一个组织的目标应该是以卓越的方法完成所有的工作。

此外，IBM 当局还有一套基本原则，用来指导企业的行为，这些原则如下：

- 为企业订出明智、负责任、能干的方向；

- 尽量为我们的顾客提供有效率、有成果的服务；

- 要提高我们的技术，改善我们的产品，开发新产品；

- 以发展工作来扩大我们人员的能力，让他们有机会从工作中得到满足；

- 为所有我们的人提供平等的机会；

- 认清我们对股东的责任，使他们的投资得到适当的报酬；

- 尽力促进我们公司所在地的福利；

接受我们作为美国及我们在全世界经营业务的所有国家之公司法人的责任。

松下公司和 IBM 的对比

对比日本松下公司和美国 IBM，我们可以发现，二者都强调了取向单一的企业信念，这种信念是创新精神、科学原创精神、实现企业存在价值、执着追求并实现客户和社会满意的服务的综合体。然而在现实中，日本企业将这种企业的信念放置于团队之中，认为通过团队的精诚合作，和衷共济，才能将基本信念转化为良好的结果。而欧美企业则强调和渲染了个人持有这些信念所能达到的管理目标，在企业成就上更多的是体现了个别人员所具备的独创精神而获得的伟大成功。以上的不同，导致了日本企业重视团队建设，如个人视融合到团队中为成功，关注团队成员的感受，努力维系团队的感情纽带，将培养和提升团队的作业能力视为己任，因此日本企业文化是基于团队合作精神结合企业经营理念的结果。而欧美企业则尊重、关注、向往和崇拜实现个人价值，即使在一个合作的环境中也绝对不能埋没个性，个人想法和观点无须刻意掩藏，因此企业文化中往往存在个性张扬、异彩纷呈的一面，成为引领现代工业文明的主力军。

在员工能够普遍接受的企业文化方面，日本企业和欧美企业则能够保持一致。例如，确立了企业家的责任和公司经营的信念，这些信念表述有所不同，但都强调了个人在组织中的伟大价值（松下公司提出"每一位成员和亲协力"，IBM"尊重个人""为所有我们的人提供平等的机会""扩大我们人员的能力，让他们有机会从工作中得到满足"），提出了企业的社会使命（松下公司提出"促进社会大众的福利，致力于世界文化的长远发展"，IBM提出"促进我们公司所在地的福利""接受我们作为××公司法人的责任"，二者均体现了对产品创新的不竭追求并提到持续进步的必要性，这些信念和精神已经被根植在松下公司和IBM全球各地的企业员工心中，在企业文化中的地位永恒不变，每一名员工都有恪守不渝的责任）。

在旨向一致的企业文化中，我们看到，日本和欧美的管理理念和运营模式尽管略有差异，但是采用的先进的经营方式方法却是相互融合、互为补充的。现代制造业的管理方法诞生地在美国，出现了泰勒的科学管理方式、戴明的质量管理方法、德鲁克的经营管理理论。日本利用本土兼容并蓄的文化特点，能够博采各家所长，集各国管理之大成，同样形成了为世界所接受的先进的生产管理体系，如丰田生产方式 TPS。如丰田生产方式与现代企业管理理念和 IT 相结合，诞生了先进制造方式。

4.2 日本和欧美企业看待创新文化的角度

上面描述过，创新文化的主体在于变革与改善，我们来观察创新文化在日本和欧美企业的表现方式。尽管员工是作为生产者的角色进入工厂，但是松下公司对员工的培养分开为两种独特的训练：一种是基本的技能训练，公司会针对每一名员工按照岗位和自我发展的想法制订培训计划。另一种是更为重要的松下精神的训练，包括自律、变革的理念，并在生产的过程中悄然地让二者融合。例如，所有工作团体的成员，每一个人每隔一个月至少要在他所属的团体中进行十分钟的演讲，说明公司精神与公司和社会的关系，说服别人乃是说服自己最有效的办法。第二种训练在日本企业内具有普遍性。一般而言，日本员工的自律性自小受社会文化的影响而塑就，几乎相当于人格的标签。而变革是一种在不断学习和思考如何改进工作的方式，他们认为这样的探索过程，会使个人融合到更有挑战性和趣味性，乃至达成目标所产生的喜悦中。因此，日本企业一般视改善能力与本职工作同等重要，从影响力而言，改善所形成的精神与风气则胜于前者。这种变革（或称改善）的精神，一旦与实际工作相结合，则形成了我们提及的创新文化。相比较而言，欧美企业在商业创新中屡创奇迹，或使企业重整旗鼓，或实现华丽转型。然而，我们认为这些商业创新多产生于特定的社会、特定的经济时机，由特定管理风格的人所缔造，要想模仿或复制十分困难。而松下公司倡导的改善所形成的创新文化则不同，它不是一种风尚，更不是理想，而是实实在在存在员工身边的工作方法。大量的实践表明，通过改善，我们的确能够体现自身的价值，为企业的发展助力，并且感受到由此带来的成功感和分享同事合作过程的欢乐。

尽管欧美企业的管理者有时候会嘲笑日本同行业的苛刻的思维方式，看似呆板、缺乏创造性的、循环往复不知疲倦的基层改善活动，但是仍旧对日本企业内部管理的精密有序、员工低调而虔诚的敬业精神交口称赞。改善管理所包含的一个个相互支持、相互融合的管理工具，欧美企业在认真审视后，也一致认可这种体系的确能够通过持之以恒的"QC 小组活动"以及"合理化提案制度"的持续改进为企业带来源源不断的进步动力，是企业维持全体员工、供应商甚至是客户共同利益和价值取向的最好模式。一种普遍的共识是，持续改善所积累的成果不亚于革命性创新所形成的成果，但风险更低（见图 4.2.1）。

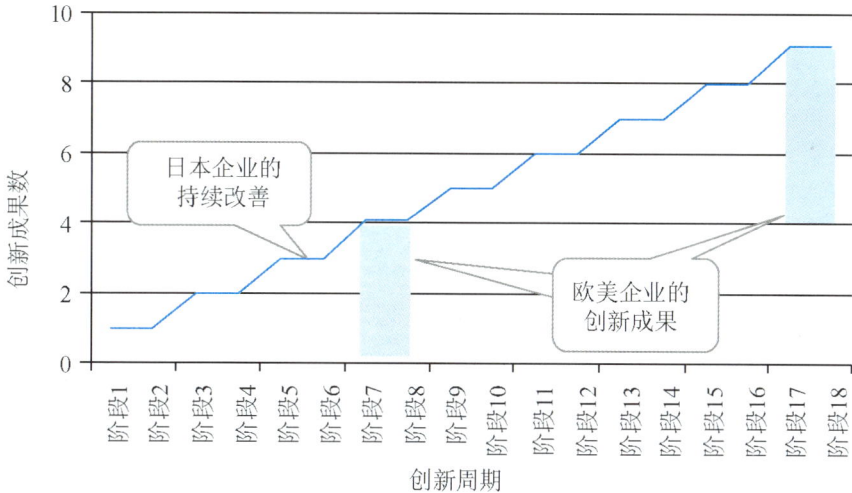

图 4.2.1　周期的改善与创新成果对比

4.3　中国企业的反思和前进的方向

对比中国社会和日本社会，我认为由于地域文明、历史渊源、社会制度的不同，两国的社会价值取向是有明显差异的。日本趋向于单一的价值规范，任何人如果未能适应大众的观点，或不具备"团队精神"，那么很容易就会被组织排挤。而在中国，辽阔的幅员和悠久的历史造就了多元文化，尤其在近三十年，迅速发展的经济改变了大部分人的生活方式和经济意识，本土文化在不断承受外来文化的冲击洗涮。对于当代中国人的价值观来说，市场经济下的竞争意识、财富意识既激发了创新精神，同时也模糊了精神信仰，人文精神的式微导致了个人理想的茫然，社会文化甚至出现了物欲横流、个人主义膨胀、利益挤兑的不良价值观。在这个背景下，作为一名中国企业管理人员，我相信最令人头痛的事情普遍是人难管、事难协调。尽管企业高层管理人员在员工中一再强调奉献精神，期待通过各种文化宣传引导和教育职工将工作视为自身的事业去热爱和完成，但多数情况下，员工依然我行我素。许多中国企业员工，衡量工作的标准是做完而非做好，是被动接受工作安排而非将工作过程视为挑战性的任务，怠慢专业，热衷于圈子文化。这是社会价值观与个人价值观共同作用在员工身上所产生的结果。这种结果，如果被多数人默认或成为一种普遍行为，那么不管我们愿不愿意接受，它就是我们身边现实版的企业文化。

不同的区域，不同的人文环境，总会形成不同的文化，受不同文化熏陶的结果必然会产生不同的思想观念，待遇、地位的不平衡又会形成心态的失落和行为上的差异，接受的理想教育与生活现实的极大反差所造成的怀疑情绪一直没有平息，这就是中国职场劳动力的现状。因此企业家将员工不文明的举止、思想观念的偏差、没有进取精神以至于难以塑造归咎于时代文化的渗透和影响是有一定道理的。

然而在当今，少有企业家意识到以身作则，在自身企业内营造一个良好的可供员工仿效和尊重的企业文化氛围作为企业的责任。在这种情形下，当然不能够形成持久一致的创新理念。多数公司的问题是，过分强调了利益的引导和知识的灌输，忽视了员工敬业精神来源于仿效和自律、文化与秩序、追求和改善。事实上，一名员工一生中有效的时间，超过一半在企业中度过，而这一半的时间远超过员工接受其他社会文化和各种所谓有影响力的媒体所影响的时间。换言之，每一名的员工，其生命的主体时间大部分沉浸在我们的企业文化中，不自觉地接受企业文化的熏陶和影响。因此，我认为如果企业文化能够有效定位，以某种潜移默化、循序渐进式的管理模式塑造企业精神，就能够将员工脑海中分崩离析的各种观念进行有效梳理和整合，塑造符合企业长远发展目标的员工精神，在这种精神引领和感染下，必将形成良好的职业品德和行为习惯，并可通过实施一系列的改善和变革活动为企业持续增加效益（见图4.3.1）。

正如前面所言，我个人认为引入和建立创新文化是较适合中国企业改善管理现状的途径，以此为基础，逐步吸收合并优良的人文文化和社会价值观以丰富企业文化。

企业推行持续改善必将能形成有效的创新文化，并构成了企业文化的重要载体。中国企业需要从根本上建立能够被普遍接受的创新文化，其要诀是：将创新文化牢固地铭刻在企业管理者的价值观中，并通过企业文化传播出去。3M公司

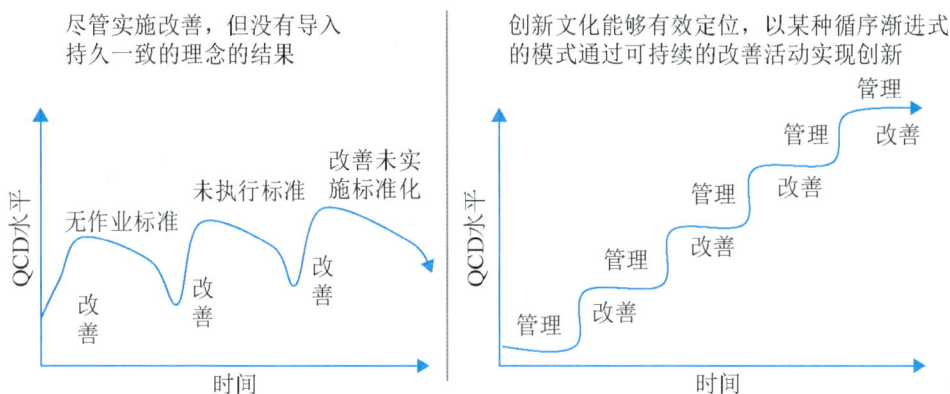

图 4.3.1

历史之悠久和创新产品之多令全球瞩目，3M 公司的成功不是仅仅依靠建立如创新激励、创新小组活动机制、有容忍失败的气度，建立富有弹性的公司组织结构，没有过多的书面材料和繁文缛节等管理要素上。3M 公司能够成功，很大程度上因为公司流传着诸多的英雄故事，这些故事描述了一个个创新者屡经挫折和失败最后取得巨大的商业成功的案例，而这些传奇故事经常被各个级别的人员挂在嘴边，激励了一代又一代的员工。

社会学家塞尔兹尼克就提到企业传奇故事在传递价值观上扮演的重要角色：建立企业需要依赖许多技巧，在员工日常行为中灌输历久弥新的使命感和意义。这些技巧当中，最重要的就是在公司里流传传奇故事，以激励和理想主义的表达方式说明公司的目标和经营方式有何独到之处，证明成功的例子绝非仅是通过操控驾驭。这些传奇故事要发挥效果，就不能只在正式会议上传颂，而要在日常决策当中反复咀嚼、解读。这些故事有助于凝聚共同的使命感，促进全公司的和谐。不管这些故事的来源为何，都是建立公司的要素。创意领导的艺术，就是重新运用人力和技术资源，赋予其历久弥新的价值，从而为公司奠定基石的技术。

塞尔兹尼克认为，价值观通常不是通过书面程序，而是通过比较软性的途径来传递的。他对价值观是这样描述的：

企业的建立是靠决策者对价值观的执着，也就是决策者在决定企业的性质、特殊目标、经营方式和角色时所做的抉择。价值观的抉择通常不会诉诸文字，也很可能不是刻意塑造的……企业领导者主要是促进以及捍卫企业价值观的专家……如果只注意守成，这样的领导者是失败的。企业的生存，就是价值观的维系，以及大家对价值观的认同。

建立有力、稳固和可持续发展的创新管理体制。所谓有力，指的是公司最高层领导对创新管理极为重视并亲自倡导和参与，能够为创新项目的推行建立较为弹性的组织，去除多余的繁文缛节，为创新管理组织一系列的宣传和鼓舞活动，确保全员积极参与；所谓稳固指的是建立一套实施办法和流程，以绩效为牵引，和顾客保持密切联系，产品开发流程循序渐进，每次行动的成果都是可以衡量的；提供创新实验室，并保持阶段性的更新和投入；可持续发展指的是对比更高的标准（卓越指标值）明确差距，通过自我管理不断挖掘存在问题，提出意见并在管理体制的支持下得到有效改进。此外，高层领导公开的表彰和评价是促进创新管理必要手段之一。

通过听取、沟通、理解、接受员工的普遍诉求特别是创新想法，让员工知道公司高层一直在关注员工的意见；信任员工，利用各种方法激励员工的创造性，让员工的改善提议变为现实，让员工的愿望转化为成就感。我们相信，只有让员工真心相信公司是关心他们的，他们才会付出心力帮助组织改变。

有项调查报告显示，受访的20位惠普主管当中，有18位指出，惠普公司的成功秘诀在于以员工为导向的理念，也就是所谓的"惠普之道"。创始人休利特的说法是：

我觉得如果用一般的文字来解释，这个信念就是一种坚定的想法生成的政策和做法。这个想法是：不论男女，大家都希望得到富有创造力的好工作，而且只要有适当的环境配合，大家就会全力以赴。公司的传统向来是体察、尊重每一个人，肯定他们的个人成就。这听起来或许有些陈词滥调，但是戴维（惠普公司的创始人之一）和我真心相信这套哲理……个人的尊严和价值是惠普之道非常重要的环节。秉持这样的信念，好几年前我们就淘汰了打卡机，最近还引进了弹性工作时间。这表示我们对员工的信赖和信心，让他们有机会根据自己的生活调整工作时间……许多新进人员和访客都注意到惠普公司的另一项创举，那就是，我们不拘形式，大家都彼此直呼名字的风气。我还可以举其他的例子来说明，不过问题是，惠普之道的精髓不是这些例子可以完全体现的，也无法以统计数据来说明。它是一种精神，一种观点。惠普之道是一种感觉，让大家都觉得自己是惠普团队不可或缺的一分子。诚如我一开始所说的，这是一种以个人为根本的理念。这样的理念能够存在，是因为员工亲眼看到它的成效，并深信惠普公司能有现在这样的局面，完全是这种感觉所造就的。

在《追求卓越》一书中描述了惠普公司的"开放实验室存货"政策，充分展现出对员工的信赖。

惠普公司的实验室存货区存放着电子和机械零件，开放实验室存货政策让工程师可以自由取得这些设备，甚至还鼓励他们：拿回家用用看！惠普公司的构想是，不论工程师对这些设备的运用跟他们从事的项目有没有直接的关系，都能从中获取一些心得，而且有助于加强公司对创新的热忱。有个传奇故事是这样的：休利特某个星期六去工厂，发现实验室存货区居然上了锁。他立刻回到维修区，抓起切锁锯，把大锁切断。他还在门上留了个纸条。周一早上，大伙上班时候看到纸条上写着：这道门再也不要锁起来。谢谢合作。比尔·休利特。

管理层，尤其是高层领导，必须身先士卒地投入到改善活动中，启发员工的创新意识，持之以恒地审视我们现在和过去视之为正常的工作习惯，要让创新牢固地扎根在脑海中，成为流淌在每一名员工心中的血液；管理层要视培训员工获取专业知识为己任，不厌其烦地指出管理不善之处，善于警醒身边每一名员工意识到企业和自身所处的生存环境，悉心地呵护和关怀创新活动中每一个阶段。尽管有时候困难的程度使我们犹豫和退缩，但是作为企业的管理者必须采取长期和阶段性的管理策略使其继续得以保持运行。

4.4　建立创新文化的个人要素

从本质上讲，创新管理源于现状与标杆的对比分析，尔后产生变革的愿望。判断企业是否具备良好的创新文化氛围的要素是：激励与竞争、诚信与自律、持续进修和源于员工自发的互联创新活动。

引入激励与竞争的工作氛围

企业中的绩效管理和激励制度是创新文化不可或缺的一环。在日常生活中，人如果没有使命感和某种动机，就难以确立自己的方向，更没有动力或采取指向一致的团队行动以达成目标。企业中情况相类似，因此企业家需要认真考虑通过绩效管理和激励制度赋予员工工作使命感。我一直在企业中推行绩效管理和各种评价准则作为创新管理的核心要素。许多管理人员会提出疑问，绩效管理会不会禁锢员工的创造力？老实说，在产品发明和创业阶段，指标的确只是创新的从属条件之一，但要一个企业持续运营数十年乃至百年，没有指标衡量和绩效管理是不可想象的。事实上，最讲求人性化的日本企业（如松下公司）对待部门主管的绩效考评的严厉程度与欧美企业并无差异，业绩表现不佳者将会被调离岗位，其目的在于利用绩效指标的考评形成激励与竞争的工作氛围，希望管理人员在工作中能够全力以赴。

因此我们了解到，企业的绩效管理，它不仅是企业的战略方向和经营过程的具体衡量标准，而且有助于建立一个团队，并赋予团队中成员工作使命感，激发成员在实现工作目标中创造自身价值的欲望和竞争向上的精神。在有效力的绩效管理作为前置条件下，我们可以来讨论激励措施。

在一个公开、公正的竞争环境下，激励制度有助于推动员工自觉适应公司管理文化，遵循公司管理制度，增强本职工作责任感，并且能够激发员工潜能，创造性完成超出其个人能力的任务（如需要负责超出其活动空间和满足跨功能组别的团队的工作目标）。

一名员工对高管和我说道："在以往的企业，我觉得十分疲惫和压抑，加在岗位上复杂的考核方案和规章制度越来越多，越来越细。我不否认这些制度的本意，但是它常常令到我和我的同事不知所措，我无法想象我哪怕是超出一点自由度的行动会带来什么样的后果。但是来到这家企业，在实现激励方案过程中，我忽然发现身心感受到前所未有的放松，我有能力自我管理、与他人协调，周围所有的人都愿意承担责任，提出挑战性的工作计划，努力实践自己的承诺，我特别高兴我们可以一起如期完成改善计划。而与此同时，公司的制度同样被十分完美地遵守。"

对于每一项具有突破性的改善的内容，企业管理人员应当利用竞争的机制和激励制度鼓励各种团队活动的积极性，对于管理层设定具有挑战性的 CQCD（客户满意/质量/成本/交付期）目标，同样需要运用激励制度激发小组的创造力。

我们可以将激励方案与绩效管理相融合，形成绩效—激励系统，激励方法也可以独立运行。建立有效的激励制度应注意：人的心态和心理有多重需求和不同的满足方式，确定性激励方案也有可能使人置于压力之下，从而减损了一部分的敏感性和创造力。因此，要注意考虑物质激励和精神激励适用范围和方式，以获得最好的行为结果。

在产品创新上，绩效管理有助于管理者了解公司产品目前在市场上的状态和趋势，评价部门主管在产品创新上的做法和效果，从而采取有效措施，提升产品创新力度。我们来观察艾默生的案例：

艾默生公司开发了一项专门衡量公司新产品开发的指标，即过去五年内开发的新产品占当年艾默生公司总销售额的百分比。这种新产品必须在功能、质量和效能上都是最新的。结果发现，1973 年艾默生公司新产品销售仅仅占到总销售额的 2.1％。这意味着，艾默生公司要想更换整条产品线需要 50 年的时间，如果不进行改进的话，艾默生公司的产品必然摆脱不了被淘汰的命运。于是，新产品开发的领导者史泰利（Robert W. Staley）开始与各个子公司紧密合作，以加快新产品推出的步伐。在艾默生公司内部几乎所有的业务领域，新产品销售指标都是通用的比较尺度，并一直沿着至今天，这使得艾默生公司内部几乎在所有业务上都使用这一指标对新产品开发进行监控，新产品销售成为公司各级计划会议上必须讨论的议题，带来的结果是，艾默生公司每年将销售额的 3％投入到新产品的研发中，通过准确预测客户的需求，开发出优于竞争对手的产品和解决方案。高投入带来的是高产出，1983—1993 年的 10 年间，新产品销售额比例从 13％提高到 24％，这是 10 亿美元投资的结果。1995—2008 年年间，在艾默生公司持续进行总额达数十亿美元的技术投资后，新产品的销售额进一步上升到 36％，新产品销售额已经成为艾默生公司衡量经营业绩的硬性指标。所谓硬性，就是指整个管理层从上到下，从产品设计、制造到销售，以及各业务平台和个人的年终业绩都与整个公司的新产品销售比挂钩。

除了在总体上肯定技术的重要性之外，艾默生公司还特别强调对技术人员和管理者的表彰，以激励他们继续进行技术创新，进一步加强公司的技术领导地位。从 20 世纪 80 年代中期开始，艾默生公司就设立一项技术奖励计划。这项技术奖励计划包含两项奖励，分别是艾默生技术奖（Emerson Technology Award）和艾默生技术领导奖（Emerson Technology Leadship Award）。艾默生技术奖主要表彰员工在某个项目或行动计划上所取得的成就，而艾默生技术领导奖则表彰管理者在技术创新方面所做出的贡献。前者每年会颁发 2～3 个奖项，而后者自从计划实施以来已经颁发了 12 项。艾默生技术奖表彰那些创造了以先进技术为基础，并在市场上获得成功的优秀新产品团队。每年公司对 20 个以上的产品项目进行提名，然后选取其中最优秀的 10％给予奖励。最终胜出的产品团队将被邀请到位于圣路易斯的公司总部，在公司计划会议的晚宴上整个艾默生管理团队会为他们进行庆祝。这已经成了公司的一大传统，激励着每一个艾默生人持续不断地创新。

此外，充分尊重劳动者个体，把握好约束、绩效与激励三种机制的平衡关系。好比一列正在爬坡中的火车，在头尾各设置了一个动力机车，前面一个负责牵引和拖动，相当于绩效目标，后面一个机车能够增加额外的推动力，好比激励制度，火车必须行驶在导轨上，这个导轨就是约束机制。企业必须有约束性的制度，然而约束并非一味依赖制度，正如社会行为规范不仅是依靠法律制度一样，它同样依赖一个组织中被一致认可的企业文化。在美国通用电气公司，公司有一项员工需绝对遵循的准则是"诚信"，个人一旦逾越了这个准则，将立即接受处理。

诚信与自律

诚信是个人品德，自律是自我审视并适应环境或组织的行为。诚信是基准和守则，自律是行为。诚信与自律是创新的基准点。

将诚信和自律与创新能力联系在一起一定会让人觉得十分奇特，但我认为，在中国这个特定的社会中实现真正的创新与个人的品质密不可分。中国早已经迈过了农耕社会，自新中国成立以来，在工业社会也走了大半个世纪。早在 2010 年，我国科技人员发表的期刊论文数量，已经超过美国，位居世界第一。然而据统计，这些科研论文的平均引用率排在世界 100 名开外。我们看到一个严峻的事实是，中国原创的科技、产品在全球的工业创新体系内几乎无立足之地，中国的产品一直走的是复制之路，能够批量制造的大部分是低工艺水准的货品。大部分的家庭，有了一定的经济基础后，都会心照不宣地购买外国商品替代中国的产品。从个体来说，华人的聪明勤劳举世公认，但在整个工业化体系中，能够转化为商业成果的却是凤毛麟角。个中原因很多，但是个体普遍缺乏的"诚实的品质"却是一个主要的根源。如果在一个组织体系中，钻营关系替代了独立的品格，虚伪的外交替代了诚信的守则，律他的行为代替了自律的精神，传统文化中形成的务虚荒废了科学严谨的务实，拿来主义成为最佳实践，执着被认为是怪癖。那么，人与人的交往和协助由于没有了真诚而被切断，人的创新性思维的交流会倾向于保守和防范，企业心浮气躁的发展模式使到组织内每一个人实际上被还原为一个个的独立运作的个体，重要的资源由于防范诚信风险被从最需要的区域拿走，企业形成创新所需要的资源严重碎片化。而现代商业社会，不依赖于资源的有序、高效的整合和个体之间的紧密协助，几乎是不可能出现创新成果的。这就是根源所在。令人担忧的是，大部分人现在并没有意识到这一点，我们可爱的专家正不遗余力地振臂高呼："我们中国产品和科技缺乏创新能力，归咎于没有形成国家的意志，归咎于我们没有对创新体系进行顶层设计，归咎于没有从国家层面'加大力度'支持创新。"

因此，在一个组织中，诚信是组织成员相互合作的必要条件，表现为诚恳守信、言出必行、忠诚可靠、讲究品质、有良好的职业道德观，这些人都是值得信赖而可以委以重任的，这样的团队才能够充分合作，进而实现进步和创新。我们观察西方发达的商业经济社会，尽管存在一些个别的商业丑闻，但是商业运行机制完全是建立在诚信体系基础上的。我们甚至可以说，西方在科技和商业取得的令人瞩目的成就是建立在诚信的根基上——大部分的商业行为，双方交易意愿的交集基点就在于信用评估的结果。对于经营者的诚信，通用电气公司前 CEO 杰克·韦尔奇有一段精辟的自述，我们借鉴一下："做人要以诚信为本。一旦形成这种人格，不论至何种有利或不利的情形下，它都支持我做的一切。不可能所有的人在所有的事情上都同意我的看法，我也不可能任何时候都正确，但只要大家明白我做事诚信就行了。这样才能建立与客户、供货商、分析家、竞争对手及政府部门的良好关系,这是为企业确定发展基调。"而在一个成熟的商业社会,由个体普遍诚信的行为组成的企业将乐于接受信用调查,向金融机构、客户展现自身良好的资信状况,作为获得优惠贷款、开拓潜在客户和维系客户商业关系的核心要素。

在美国,每个人都拥有一个唯一的社会安全号 SSN(social security number),这个安全号把一个美国人一生几乎所有的信用记录联结在一起,个人的每一个商业行为,包括银行贷款、就业、买车都需要提供信用证明,信用记录不良的人员会遭受拒绝。这就是信用体系。有一位美国商人说过:"一个人可以失去财富、失去工作,但万万不可失去信誉。"这句话说明了个人信用的社会价值。

对于企业内部有违诚信的行为,应该建立失信诚勉或惩罚机制,让守信用的人得到保护和鼓励,让失信的人付出代价。

以诚信为基础,得以更有效地培育和训练员工的自律行为。什么是自律,直白说来,员工每天坚持按照标准或既定的目标对工作项目进行管理,发现问题或差距后积极查找问题的真正原因,善于将创新意识融入工具和方法中,采集数据分析进行改进,常常思考团队合作的意义,自我评价个人素质,不畏难而退,将这些方式养成一种工作习惯。这就是自律。

如果员工都具有了自律管理能力,企业的管理难度将会降低很多。尤其对于现代企业来说,优势不再是资金、设备或技术等硬件,更多地依赖于员工的技能、创造力和积极性等软实力,唯有自律的员工才能够让组织实现最高的效率。

企业可透过标准化作业和作业检查强化员工自律行为。企业每一项流程和标准规范都要易于阅读和便于执行。工作检查和自我评价是一种自律要素,因为事实上中国企业中许多员工都将完成工作视为首要任务,而将工作质量排在次要的位置,由于员工缺乏自律性,必然导致工作和测量过程的随意性——这种暗处偷工、明处修饰的缺失诚信的情形着实令管理者头痛,增加查检只能起到减少类似赌博行为的作用,因此在企业内部管理中不得不大量增设管理制度和考核方案,期待通过管控和考核的威慑约束员工的行为。而对比优秀的企业,员工的行为自始至终贯穿着"一次性将工作做对"的理念,企业将依靠诚信和自律来完成任务视为工作管理的第一守则。

只有自律才能律他，才能够建立相互信任与合作的团队。根据国际劳工局的统计资料，有 79％ 的财富 1000 强公司的变革与改善团队采用 "自我管理" 制度。数据显示，在充分调动团队积极性时，企业的生产力、产品质量和员工士气会得到明显提高。有效的团队可以：

- 提高整体工作效率，像迁徙中的雁群，团队的合力远大于优秀个体；
- 有向心力和吸引力，像磁力一般，吸引更多优秀员工加入；
- 岗位轮替，共同领导并承担责任；
- 成员间相互鼓励和照顾。

持续进修

持续进修的目的在于思索和巩固创新管理的精髓，以此作为追求卓越管理的基础。

在互联网商业时代，员工学习能力和知识把握应当成为具备企业使用价值的标杆。换言之，你具备的知识越丰富，个人的价值点越多，也越能够获得竞争优势。这种能力，被动地依靠外部培训只是一部分，更多地需要员工增强学习和训练的意愿而获得。在这条道路上，并没有额外的天赋降临，任何回报都是知识和技能获取的结果。心理学家安德斯·埃里克森（Anders Ericsson）告诉我们，根据他对职业成就进行的开创性的研究结果证明，"很多特质以前被认为是天分，但实际上它们是至少 10 年的高强度练习的结果"，比方说体育、音乐和商业在取得成就的进程中，伴随进步的是持续的学习和训练，甚至是痛苦的努力，需要全身心的投入。这个过程，社会学家丹尼尔·钱布利斯（Daniel Chambliss）称之为 "卓越的平凡"。

在工厂的任何时候、任何地点，我们都要以改进的眼光看待每一个流程。为了达到这个目的，花时间持续学习先进的管理的理念和实用的工具实在必不可少。虽然高层管理人员总在倡导企业管理的核心和实质，要求员工通过减少浪费，控制成本，提升设备运转效率，从而提升企业生产效益。但是将理念付诸行动，却是无比艰难。其主要原因在于，创新管理未作为企业的常态性工作，在理念的宣贯和工具的应用中未能涉及企业日常运营的每个环节和每一个人。对一个企业来说，要在创新管理上取得成功，不仅要依靠企业高层对创新文化的理解，而且要依赖每一个员工主动把握和实践创新的核心理念和工具，并成为该领域的特殊专家，持续进修和体验式改善活动显然是实现这一目标的要素。

源于员工自发的互联创新活动

鼓励员工积极组建创新团队。作为立足点，我们先来研究一下日本企业行之有效的工厂改进团队——QC品管圈的组织形式。QC品管圈活动的宗旨并不仅限定于工厂质量方面的改善，而且包含了成本、安全及制造效率等方面的革新课题，甚至有时候，QC小组成立的目的是为了在讨论问题时培养一种同事间有活力的、融洽的、互助的工作气氛。一般而言，组成品管圈的人员视项目性质决定，参与人数2～6人不等。品管圈活动不仅是启动管理改善的单元，而且能够用来证明：工厂员工是否已经积极地参与到改善中去，工厂是否已经建立了行之有效的改善体系。QC品管圈的创新提议由员工根据现实提出，管理层采纳或予以支持。这样的好处是，相比较由管理层直接发出指令而言，更能够让员工愿意自觉采取改善的行动，而不会产生不舒服的感受。事实上，日本公司高管普遍认为，许多渺小的员工每天注意如何在工作中寻求进步，其成效胜过总公司所有生产工程师和策划人员的成果。

而从谷歌、Facebook、特斯拉等以高效创新闻名于世的企业中，我们可以了解到，这些企业推出的创新型技术/应用尽管一开始对其市场价值并不十分确定，但仍在不停地推动产品创新，这些创新产品中，当然有市场分析员提供比较明确的开发项目，但我们看到更多的是自发组织所形成的创新。围绕一个创新项目组建起来的团队成员都对产品的应用前景充满了想象和期待，团队的创造力来源于多个热忱而努力的个体的组合，这是创新型互联团队的一个特质。他们围绕着共同的爱好，抱着对技术应用前景的乐观，将机会和挑战组合到一起。在团队的努力下，最初会在一个应用场景下找到并形成一个确定性的创新项目，但是围绕这个项目建立一个实现产业化的平台并不十分稳定，后续，就需要更高安全性和更高协助组织能力来支持这些创意继续发展。

我们看到，在一个竞争激烈的商业环境下，企业都在奋力寻找可以使自己获得更快发展的机会，而创新产品即成为这样一个载体。一个创新产品是这样产生的，最初，某一个人在特定的场景下在头脑中产生一个概念并形成创新的兴奋点，然后这个兴奋点会在大脑中持续的发酵，并不断构思、评估和修订这个创新项目的可行方案，包括技术方案、资源获取分析和市场应用前景等方案。然而在现代工业环境下，一个个体要将创新概念转化为现实的产品并不太容易，绝大多数情形下，这种创新一般是多学科多专业边缘整合的复杂项目的产物。如果需要将这个项目付诸实施，则需要不同专业知识和研究方向的人员加入进来。

前面我们说过，在一个按照价值逻辑关系建立的平台化运营的企业内（详见平台运营的专述），最紧密相关的职能聚合在一个平台中。例如，在一个典型的营销平台中，一般具备客户职能、商务职能、产品整合销售、项目职能、销售策略管理职能，在每一个职能下会聚该领域下专业性的人才，正常情况下，每一名专业人员将会执行若干项目的一部分或驱动项目实施。

成功召集一个项目中的关键专业人员成为一个项目成功的必要条件。尽管一般性专业人员可以通过确定的渠道获得，但是找到具有相同兴趣和爱好的人员(项目共同发起人) 十分不容易，项目成员缺乏内在的热情驱动的共同动机，创新项目将举步维艰。因此，一个好的项目在寻找创新资源的最开始只能在各个圈子中碰碰运气，渴望找到自己认为参与这个项目的理想人选，这个过程极其关键，实际上体现了系统内的互联工作的效率。我们可以了解到，大部分员工的创新概念，都是由于无法有效地组织内外部资源而导致夭折。

有一些方法可以揭示在上述过程中提升效率的途径，或是，建立一个创新互联工作环境一些要点。比方说，鼓励不同的技术平台不定期召开专业产品/技术发展/创新方向的发布会，或邀请供应商、第三方技术组织对前沿技术、创新产品进行研讨，这些会议，应该成为新兴技术边缘的汇集点。那么积极参自己感兴趣的专业会议，在会议上发现与自己想法与兴趣相符的人员就成为一个途径。因此，这些大会的组织者应当邀请充满激情和充满创新想象力的人才，他们愿意通过他们的才能改变现状和创造价值。另外，企业必须提供实现快速互联的硬件和软件，例如，无所不在的硬件接入设备，信息互换极为流畅的软件环境，这样为人才的聚集和高效沟通提供了额外的便利。

5　了解德国工业 4.0

关于工业 4.0，《德国工业 4.0 战略计划实施建议》有详细描述：

在一个"智能、网络化的世界"里，物联网和服务网（the Internet of Things and Services）将渗透到所有的关键领域。智能电网将能源供应领域、可持续移动通信战略领域（智能移动、智能物流），以及医疗智能健康领域融合。在整个制造领域中，信息化、自动化、数字化贯穿整个产品生命周期、端到端工程、横向集成（协调各部门间的关系），成为工业化第四阶段的引领者，也即"工业 4.0"。

根据工业 4.0 的计划，德国的装备制造业会不断将信息和通信技术集成到传统工业上，维持其全球市场领导地位，以便成为智能制造技术的主要供应商。与此同时，德国还将为信息物理系统（Cyber-Physical Systems，CPS）技术和产品，建立、培育新的主导市场。所谓 CPS，即通过 3C（Computation、Communication、Control）技术的有机融合与深度协作，实现大型工程系统的实时感知、信息服务和动态控制。

2014 年，为了深入了解德国工业 4.0，我访问了斯图加特德国工业工程（MTM）协会、德国 Fraunhofer 国家工程研究院，参观了德国包括奔驰汽车、西门子、博世等一流企业。在德国国家工程研究院，德国专家利用先进的信息虚拟与实体结合的技术，在我们面前展现了一个智能、网络化的世界：物联网和务联网（服务互联网技术）将渗透到所有的关键领域，创造新价值的过程逐步发生改变，产业链分工将重组，传统的行业界限将消失，并会产生各种新的活动领域和合作形式。在德国企业访问，我们看到企业无一例外都在使用"智能制造"的方式进行工厂管理，体现为基于数字化交互信息的制造流程、设备智能管理和物流信息自主交互。德国学术界和产业界认为，未来 10 年，基于信息物理系统的智能化，将使人类步入以智能制造为主导的第四次工业革命。产品全生命周期和全制造流程的数字化以及基于信息通信技术的模块集成，将形成一个高度灵活、个性化、数字化的产品与服务的生产模式。

(1) 更加灵活的生产过程。

工业 4.0 将使得工业生产过程更加灵活（可以实现更多、更快捷的客户定制）、稳定（这里包括质量的稳定、流程的稳定、交付能力的保障）。这将使得动态的、适时优化的和自我组织的价值链成为现实，并带来诸如成本、可利用性和资源消耗等不同标准的最优化选择，包括在制造领域的所有因素和资源间形成全新的循环网络、智能产品独特的可识别性、个性化产品定制以及高度灵活的工作环境等。

在斯图加特参观梅塞德茨—奔驰汽车生产线时，我们可以看到，每一条繁忙流水装配生产线上的每一台汽车都是贴有"购买者标签"的，第一台白色的汽车购买者来自中国，接着一台黑色的购买者来自美国，后面一台棕色的购买者来自印度。我们被告知，这些定制购买者的订单信息可以直接传达到生产线。负责人介绍，所有的汽车在完成车体框架结构焊接后，就可以贴上购买者标签了，随后的所有装配零件都可以实现购买者定制。例如，不同材质的座椅，不同的电子功能组件，不同尺寸的轮胎等，充分体现了智能生产独特的可识别性、个性化产品定制以及高度灵活的工作环境。

(2) 建立智能工厂和实现智能生产。

"智能工厂"是未来智能基础设施的关键组成部分，重点研究智能化生产系统及过程以及网络化分布生产设施的实现。"智能生产"的侧重点在于将人机互动、智能物流管理、3D 打印等先进技术应用于整个工业生产过程，从而形成高度灵活、个性化、网络化的产业链。生产流程智能化是实现工业 4.0 的关键，工业 4.0 将无处不在的传感器、嵌入式终端系统、智能控制系统、通信设施通过 CPS 形成一个智能网络，使人与人、人与机器、机器与机器以及服务与服务之间能够互联，从而实现横向、纵向和端对端的高度集成。

在博世工厂、西门子工厂，我们看到绝大部分生产要素都拥有智能控制的元器件。生产线自适应管理，设备—质量监控、工艺参数调整不用说，即便是生产线边看似简单的一个储物盒，内里都镶嵌了监控储物盒存贮零件数量并能够发送信息的电子装置，这种高度集成智能信息网络的生产方式确实令人吃惊。在这里我们可以看到以往的操作工人，其角色已经转变为生产线的控制者，生产线智能辅助系统将工厂大部分工人从执行例行任务中解放出来，使他们能够专注于创新、增值的活动。

(3) 工业 4.0 将促进形成全新的信息物理系统平台。

全新的信息物理系统平台能够联系到所有参与的人员、物体和系统，将提供全面、快捷、安全可靠的服务和应用业务流程，支持移动终端设备和业务网络中的协同制造、服务、分析和预测流程等。

利用全新的信息物理系统平台，可以完成从生产线到产品的协同设计，那么同样可以进行协同制造、服务和数据分析。我们可以预测，将来基于类似的数据应用平台，企业之间通过价值链以及信息网络能够以一种前所未有的方式进行资源整合，实现企业平台间和客户—企业—供应商层级的无缝合作，提供实时产品与服务。这里的关键是，企业需要在数字化三维设计与产品虚拟制造、运行的能力方面有大的提高，才能与高技术供应商之间实现数字信息的交互，极大地缩短产品开发周期和降低产品开发风险。

在这种信息物理系统平台上，可以建立网络化的制造体系，以期在未来智能工厂中，实现个性化定制生产，替代传统的固定式生产流程（如上面提到的奔驰汽车的个性化定制的生产流水线）；未来制造的发展趋势是，客户定制的产品信息可以直接传输到供应链和制造工厂。

• 作为传统的方式，有人看到库存低了，就会拿起电话要求供应商补货。但未来，你的 MES 系统会不断跟踪库存量，一旦库存达到了一定限值，会从你的 ERP（企业资源计划）系统发电子信息给供应商，中间没有任何人为的干预。

• 对产品数字化的呈现，不仅限于商品，甚至商品当中非常复杂的部件也可以实现数字化呈现。ERP 系统以及供应商可以计算所有成本，根据现有机器运转情况去确定供货最大量是多少，或者最优价格是什么，所有的这些都不需要你去参与和干涉。这个时候，你的 ERP 系统可以做出决策建议。

(4) 工业无线网络技术的广泛应用。

工业无线网络是一种由大量随机分布的、具有实时感知和自组织能力的传感器节点组成的网状（Mesh）网络，综合了传感器技术、嵌入式计算技术、现代网络及无线通信技术、分布式信息处理技术等，具有低耗自组、泛在协同、异构互连的特点。工业无线网络技术是继现场总线之后工业控制系统领域的又一热点技术，是降低工业测控系统成本、提高工业测控系统应用范围和满足设备智能调节与控制的革命性技术，也是未来几年工业自动化产品新的增长点。

• 随着计算机技术、通信技术和控制技术的发展，传统的控制领域正经历着一场前所未有的变革，工业控制系统智能化正体现巨大的技术优势。控制系统的结构从最初的CCS（计算机集中控制系统），到第二代的DCS（分散控制系统），发展到现在流行的FCS（现场总线控制系统）。现阶段，对诸如图像、语音信号等大数据量、高速率传输的要求，又催生了当前在工业控制领域以太网与控制网络的结合。

• 工业生产系统及过程、网络化分布式生产设施的实现、生产物流管理、人机互动、新技术的使用以及使用嵌入式传感器来监测有关的环境参数和生产等都需要智能化设备的支持。

• 工业无线网络技术将通过使用微型化处理器、存储装置、传感器和发送器来实现，这些装置将被嵌入至几乎所有机器、未加工产品、材料、智能工具类型和用于组织数据流的新型软件。所有这些创新将使产品和机器能够相互通信并交换命令。换言之，利用工业无线网络技术，未来工厂将可以在很大程度上自行优化和控制其制造流程，而不需要人为干预。

• 通过工业无线网络技术实现所有事物之间的连通，并产生大量的数据。系统必须能够对所有数据进行管理，并且要足够智能，在无人为操作或较少人为操作的情况下通过这些数据来提升工厂效率。

• 物联网正是连接虚拟和智能制造之间的一座桥梁。由此，未来的工业生产、管理、经营过程中，将通过信息基础设施，在物联网集成平台上，实现信息的采集、信息的传输、信息的处理以及信息的综合利用。

(5) 产品/设备自主智能管理。

通过各种传感技术与制造技术融合，实现对产品/设备操作使用记录、设备故障诊断的远程监控。通过传感器和网络对设备进行在线监测和实时监控，并能够及时提供设备维护和故障诊断的解决方案。

我们参观的位于德国安贝格的西门子电子工厂即是一个很好的实例。该工厂负责生产 Simatic 系列 PLC，其大部分生产都实现了数字化，并可独立于实际生产进行制造仿真和工艺优化。通过数据矩阵码扫描器和 RFID 芯片，采集产品信息，生产线每天约有一百多万个测量事件涌入中央系统。因此控制系统可以掌握每一件产品的信息，如产品当前状态、是否通过检验等。若该产品未能通过检验，控制系统将对其按照原有程序进行干涉，如自动发送一封邮件到品控部门，为技术人员提供维护信息等，品控部门的员工将会收到一份内容包含装配计划和故障诊断的信息清单。正是因为应用了这一技术，西门子公司的这家工厂几乎成了误差最小的工厂，百万缺陷率仅为 12，相当于工厂产品合格率达到了 99.9988%。

在博世工厂、奔驰汽车生产线，我们看到工厂整片多条复杂生产线上的设备都在自动运行，大批量连续地制造出品质可靠的产品。工厂负责人介绍，在自动化生产过程中，要用各种传感器来监视和控制生产过程中的各个参数，使设备工作在正常状态或最佳状态，并使产品达到最好的质量。

在"工业 4.0"时代，数字化的管理应用（包括云计算）将更强烈地影响客户—供应商的价值体验。而要实现数字与现实的交互，不仅要提高外部信息传输与分析技术，更要从产品内部进行改造。企业在研发产品时，要考虑其是否能自动高效适应外部变化的环境。另外，要利用虚拟技术，将物理活动变为数字化活动，以使开发活动变得更加灵活。

企业需要大幅度提升产品的自动感应或自诊断的能力，对关键和核心零部件，需要增加不同的传感器以满足在不同条件下的对各类复杂的运行参数的测量，感知特定零部件的状态和变化，并能够首先通过控制策略进行自我诊断和维护。

(6) 关于能源管理。

通过推进工厂智能化，不仅能够大幅提高生产效率，还能够解决能源消耗问题。现在，能够根据工厂的开工和休息的情况实时调整能源供应，大幅削减总体的能源消耗量。

在西门子工厂的介绍中，就有一个篇幅专门介绍工厂能源监控管理。据介绍，最近，西门子工厂在周末停产的过程中，他们新装备的能源消耗值监测显示约为日常正常生产的近 40％，而即使在长假期（圣诞节期间），其能源消耗也超过 20％。工厂负责人说这个情况超出了他们的想象。按照工业 4.0 要求，在工厂停产状态，也应该将能源消耗降低到最低程度。

企业的产品也应当设计能源管理，也就是说，设计人员需要进行统计，产品能源是如何消耗的，具体消耗到哪个零部件或子系统上。

（7）员工角色从单纯的操作人员向管理者转变。

工业 4.0 将带来工作方式和环境的全新变化。全新的协作工作方式使得工作可以脱离工厂，通过虚拟的、移动的方式开展。员工将拥有高度的管理自主权，可以更加积极地投入和调节自己的工作。

从德国国家工程研究院展示的虚拟现实人机交互系统中，我们可以知道，在一个虚拟数字平台上，可以有大量的不同专业的技术人员在不同的工作区域（甚至在家中或不同的国家）即可进行工厂生产线/产品设计，完成后只需要将工厂生产线/产品的信息以电子数据的形式反馈到虚拟数字平台，那么总设计师即可透过虚拟现实环境对生产线/产品信息进行虚拟组装和可行性验证，甚至可以穿行在虚拟三维的生产线或产品中进行近距离观察，即可完成以往非常耗费时间和成本的工作。这个过程中，无论是零部件设计人员，或是总装工程师，他们都能够拥有高度的管理自主权。

在"智能工厂"中，员工从"操作工"转换成了主控者、协调者。未来的生产需要员工作为决策和优化过程中的执行者。员工将承担如设计、安装、改装、保养以及对信息物理融合系统和新型网络组件维护的工作。

后记　未来运营

　　运营管理的本质目标是什么？我这里有一个简单答案，就是：激活组织的活性，让每一个点产生价值，然后进行联结设计。基于这一目标，企业内部运营管理采取的项目矩阵结构、组织扁平化、功能垂直整合和流程再造的形式都具有先天的缺陷，它或许提升了组织效率，通过绩效目标的强大磁场使得各向的矢量指向一致，从而提高了组织整体的执行力。但是每个人的能力和效率能否被激发出来是存在疑问的，也就是单个矢量是否或能否放大，个人活性能否充分发挥，这些都关系到互联工作的效率。

　　我认为影响组织活性的有两个核心要素：一是专业团队，由一群志同道合拥有创作激情的技术专才组成。二是专业团队之间的联结方式。这种联结方式有两种：一是弱联结，为了提升本体能力去获取资源而形成的连接，呈现为内外部协助模式；二是强联结，为实现商业目的在专业团队之间形成的逻辑算法，呈现出为客户和本体实现价值的体系。

　　组织活性可以反哺个体活性，反之亦然。我们可以观察到，美国高科技公司的组织活性是很强大的，其中一个重要来源是个体的创造力和能动力，也就是说个体活性的内因很强大，在一个软件产品中能独当设计和运营的专才比比皆是，结合西方现代企业治理文化的外因和对科学管理架构的认知，就激发了组织活性。

　　因此，激发组织活性就成为提升现代企业运营效率一个重要的突破点。例如，在一个价值流程中识别专业团队和领军人物，为这个团队的专业运作去行政化，取而代之以业务逻辑和建立数据架构之间的关联；涉及个体资源调度的裁量权的适度放大；团队和个体的激励与创造价值进行挂钩；对潜在或已经在行业内取得技术优势的团队进行识别、孵育和加速等。另外，观念转变尤其是认知能力的提高也很重要。例如，信息化管理已经下沉为基础，而分析非结构化的数据、认知企业环境和洞察商业机会才是数字化的目标。又如，将招聘合适的员工视作购买一支潜力股而不是被雇佣者或合伙人。我们知道，买股票的目的就是要实现股票升值，而股票对股东是要回报股息（企业价值）的，这样理解也深化了人力资本的概念。